KB048372

음식 하나가 탄생하는 데에도
온 우주가 움직인다.

"It's a SPAM-dandy"
there's HAM
SPAM
CHEW YUCATAN GUM
YUCATAN
GUM

전쟁이 요리한
음식의 역사

전쟁이 요리한 음식의 역사

초판 1쇄 2011년 2월 21일 펴냄
초판 5쇄 2015년 7월 27일 펴냄
개정판 1쇄 2017년 9월 4일 펴냄
개정판 2쇄 2019년 4월 15일 펴냄

지은이 도현신
펴낸이 김성실
지도 그림 김민주
표지디자인 박대성
제작 한영문화사

펴낸곳 시대의창 **등록** 제10-1756호(1999. 5. 11)
주소 03985 서울시 마포구 연희로 19-1
전화 02) 335-6125 **팩스** 02) 325-5607
전자우편 sidaebooks@daum.net
페이스북 www.facebook.com/sidaebooks
트위터 @sidaebooks

ISBN 978-89-5940-657-9 (03900)

잘못된 책은 구입하신 곳에서 바꾸어드립니다.

이 책에 실린 사진들은 가능한 한 모두 출처를 밝히고 게재를 허락받고자 했습니다. 필요한 절차가 빠진 경우 언제든 합당한 절차를 밟겠사오니 시대의창 편집부로 연락하시기 바랍니다.

이 도서의 국립중앙도서관 출판예정도서목록(CIP)은
서지정보유통지원시스템 홈페이지(http://seoji.nl.go.kr)와
국가자료공동목록시스템(http:www.nl.go.kr/kolisnet)에서 이용하실 수 있습니다.
(CIP제어번호 : CIP2017017686)

전쟁이 요리한
음식의 역사
도현신 지음
시대의창
FANTA
SPAM

나는 전쟁에 관심이 많다. 전쟁은 국가와 사회, 문화, 인간의 모습을 가장 적나라하게 보여주기 때문이다. 그러나 대부분 사람은 전쟁 하면 단순히 전쟁이 일어났던 장소와, 영리한 장군과 용감한 병사들이 적과 어떻게 승리했는지에만 관심을 쏟는다. 정작 그 전쟁으로 인해 역사가 어떻게 바뀌었고, 나아가 이후 사람들 삶이 어떻게 달라졌는지에 대해서는 별 흥미를 느끼지 않는다.

이 책 《전쟁이 요리한 음식의 역사》는 '음식'이라는 소재를 중심에 놓고 전쟁이라는 비극적이고 거대한 사건이 세계와 인간의 모습을 어떻게 바꾸었는지를 알아본 것이다. 인간의 본능 중 가장 원초적이면서 강렬한 것이 바로 식욕이다. 어떠한 상황에서도 먹지 못하면 인간은 살 수 없다. 먹기 위해 사느냐, 살기 위해 먹느냐라고 누군가 묻는다면 나는 먹기 위해 산다고 말하고 싶다. 고대 그리스 철학자 에피쿠로스도 "맛있는 음식이야말로 인간이 누릴 수 있는 최고의 즐거움"이라고 하지 않았던가. 우리 조상들도 다섯 가지 복 중에서 식복食福, 즉 먹는 복을 으뜸으로 여겼다.

전쟁 중이라고 식욕이 덜하지는 않다. 정신적인 허기까지 더해져 오히려 더 강해질 것이다. 매초마다 삶과 죽음이 교차하는 전쟁터에서 극한의 스트레스에 시달리던 군인들에게도 음식은 큰 위안거리였으리라. 역사를 살펴보면 군량이 떨어져 제대로 먹지 못한 군인들이 더는 싸울 의욕을 잃는 바람에 전쟁의 양상이 바뀐 일이 많고, 그로 인해 한 나라와 세계의 역사가 크게 뒤바뀌기도 했다. 또한 향신료 등 새로운 음식 때문에 전쟁이 벌어지고 수많은 나라의 경제가 부흥하거나 쇠락했다. 이처럼 음식의 힘은 우리의 상상을 초월한다. 이 책은 여러 음식 뒤에 가려져 있던 역사적인 이야기를 드러내는 데에 초점을 맞추었다.

처음 원고를 구상했을 때는 어떻게 끝낼 수 있을까 고민스러웠는데, 원고를 마친 지금은 뭔가 하나라도 더 넣지 못한 것이 못내 아쉽기만 하다. 좀 더 노력을 기울였더라면 더 많은 내용을 찾아 넣을 수 있었으리라는 미련도 남는다.

여러분에게 많은 것을 바라지는 않는다. 여러분이 교양을 쌓고 지적인 갈증을 해갈할 수 있다면 그것으로 족하다.

차 례

1부 난리 통에 탄생한 음식

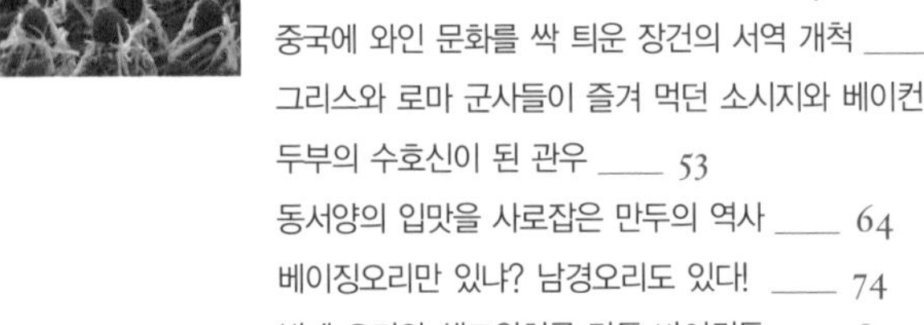

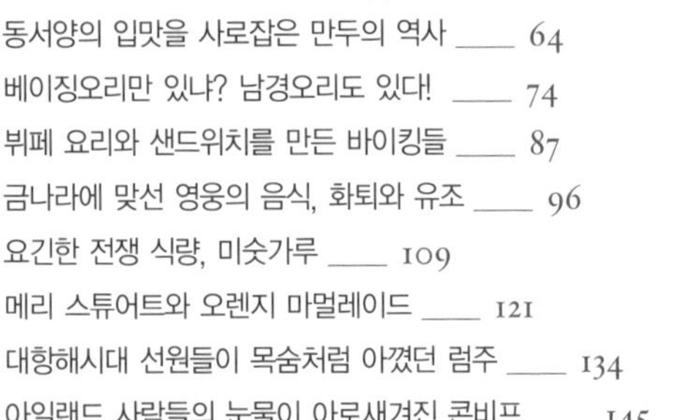

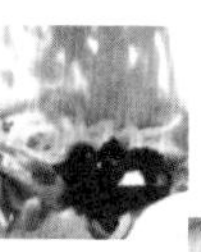

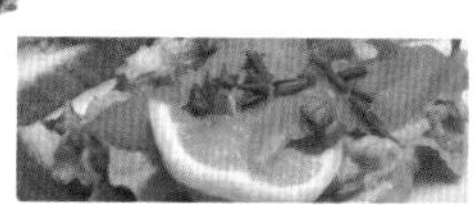

2부 전쟁이 남긴 음식

1부 난리 통에 탄생한 음식

전쟁이 일어났다고 해서 모두 총과 칼을 들고 전쟁터로 향하는 건 아니다. 난리 통에도 사람들은 먹고살려고 일을 하고, 물건을 흥정하며, 학교를 세우고 공부를 한다. 전쟁이라는 특수한 환경에서 새로운 문화가 싹트기도 한다. 음식도 그중 하나다.

인류 문명과 함께 시작된 맥주의 역사

이집트에서는 병사들에게 쇠고기와 거위 고기, 빵과 과자, 맥주를 의무적으로 지급했다. 그래서 빵을 만드는 제빵업자들이 병영 내에 병사들과 함께 머물렀으며, 병사들은 그들에게서 빵과 함께 맥주도 얻을 수 있었다.

와인처럼 고급스런 술이 되지는 않았지만 막걸리처럼 누구나 쉽게 마실 수 있는 도수 낮고 부드러운 술은 무엇일까? 이 질문에 "맥주!"라고 대답하신 분께는 일단 칭찬부터 해드린다. 필자가 가장 좋아하는 술이기 때문이다.

맥주.

그렇다면 맥주는 어디에서 처음 만들어졌을까? 맥주의 본고장으로 자처하는 독일을 먼저 떠올릴 분이 있을지도 모르나, 맥주는 유럽이 아닌 중동의 메소포타미아에서 처음 만들어졌다.

기원전 4000년경에 만들어진 우루크(지금의 이라크 남부) 점토판에는 《구약성경》에 영향을 준 《길가메시 서사시》가 쓰여 있다. 이 서사시에 노아의 방주 전설의 원형이 된 이야기가 나오는데, 우트나피슈팀이 신들의 분노로 인해 대홍수가 일어날 것을 내다보고 그전에 피신할 수 있는 방주를 짓는 부분이다. 이때 우트나피슈팀은 방주를 만드는 노동자들에게 "홍수가 난 것처럼 많은 맥주와 포도주를 대접했다."고 한다. 이처럼 맥주와 포도주는 기원전 4000년 전 우루크 시대부터 사람들이 즐겨 마신 음료수였다.

맥주를 마시고 있는 고대 수메르인들(왼쪽)과 빵을 반죽하고 있는 이집트인들 토기상(오른쪽). 장미십자회원 이집트 박물관.

우루크 뒤를 이은 바빌론 사람들도 맥주를 좋아했다. 바빌론 사람들은 껍질을 벗기지 않은 보리를 여러 번 물에 적셨다가 햇볕에 놓아두어 싹이 트도록 했다. 그다음 그것을 깨끗한 물에 넣어 끓인 후 발효될 때까지 기다렸다가 마셨다. 이렇게 해서 만들어진 맥주는 지금의 맥주와는 달랐다. 걸쭉한 덩어리 때문에 마치 죽과 같았으며 굉장히 탁했다. 그래서 바빌론과 이집트 사람들은 발효가 끝난 맥주에 밀가루를 넣어 다시 발효를 시켰다. 또 보리를 직접 끓여 발효시키면 시간이 너무 걸려, 아예 보리로 만든 빵을 불에 굽고 그 빵에 효모를 넣고 끓여서 바로 맥주를 만들기도 했다.

기원전 2200년 무렵이 되자 이집트 사람들도 바빌론 사람들처럼 맥주를 만들어 마셨다. 고대 이집트에 맥주 단지를 뜻하는 상형문자가 따로 있었던 것만 봐도 알 수 있다.

이집트인들은 풍요와 저승의 신인 오시리스가 인간에게 맥주 양조법을 가르쳐주었다고 믿었다. 오시리스가 보리죽을 끓이다가 잠시 자리를 비웠는데, 돌아와 보니 보리 반죽 덩어리가 발효되어 맥주가 되어 있었다. 오시리스는 자신을 숭배하는 사람들에게 이 맥주를 선물했다고 한다.

맥주에 얽힌 이집트 신화는 몇 가지 더 있다. 전쟁의 여신인 세크메트가 죄를 저지른 인간들을 무수히 살육해 지상을 온통 피바다로 만들자, 자칫 인간들이 모두 없어질 것을 염려한 태양신 라가 맥주가 담긴 항아리 7,000개를 땅에 뿌렸다고 한다. 맥주를 정신없이 마셔댄 세크메트가 취해서 잠들어버리는 통에 인류가 살아남을 수 있었다는 것이다. 이런 이유로 이집트인들은 태양신 라와 풍요의 신 오시리스 그리고 사랑의 여신인 하토르 등 신들을 숭배하는 제사에 맥주와 빵을 제물로 올렸다. 또한 여신 테네니트가 맥주를 주관한다고 믿었다.

이집트 사람들이 마셨던 맥주의 알코올 도수는 5, 6도였다. 당시 맥주에 불순물이 많았던 반면 무기물이나 비타민, 단백질 같은 영양분이 많아서 식사 대신으로 마시기도 했다.

품삯을 대신한 맥주

맥주는 보리를 끓여서 만들기도 하고, 이스트와 맥아를 넣어 구운 보리 빵을 잘게 부순 다음 그것을 체로 걸러 큰 항아리에 넣고 발효시켜서 만들기도 했다. 이처럼 이집트인들에게 보리는 맥주 원료였고, 보리 반죽 덩어리는 빵이나 케이크를 만드는 주재료였다. 멘투호테프 2세의 사원에서는 4000년 전의 빵 덩어리가 발견되기도 했다.

이집트에서는 병사들에게 쇠고기와 거위 고기, 빵과 과자, 맥주를 의무적으로 지급했다. 그래서 빵을 만드는 제빵업자들이 병영 내에 병사들과 함께 머물렀으며, 병사들은 그들에게서 빵과 함께 맥주도 얻을 수 있었다.

각종 공사 현장에서 일하는 노동자들도 빵과 맥주를 즐겨 먹었다. 화폐가 쓰이지 않던 고대 이집트에서는 노동자들에게 임금 대신 맥주를 지급하기도 했다. 기자의 피라미드를 짓는 데 동원되었던 노동자 2만여 명은 아침과 오후, 밤 이렇게 하루 세 번 맥주를 받았다. 정오가 빠진 이유는 그 시간대에는 너무나 더워서 일을 하지 않았기 때문이다. 그래서 노동자들은 날씨가 비교적 선선한 아침이나 오후 늦게 일하고 정오 무렵에는 잠을 자거나 쉬었다고 한다.

이집트에서 발견된 파피루스 문서에는 피라미드 건설에 동원된 노동자들이 "신에게 드리는 제사 때처럼 빵을 배부르게 먹고 맥주를 실컷 마셨다."는 기록이 남아 있다. 여기에서 "완벽하게 만족한 사람의 입은 맥주로 가득 채워져 있다."는 고대 이집트의 속담이 유래되었다.

이집트 사회에서 맥주는 군인과 노동자, 농민 등 서민들이 주로 마셨던 대중적인 음료였다. 포도주는 비싸 주로 왕족이나 사제 같은 상류층들이 마셨다. 물론 더러 마시는 이들도 있었지만, 서민들과 차별을 두려고 맥주에 꿀이나 과일즙을 넣어 달콤하고 부드럽게 마시는 방식을 선호했다.

이집트 벽화에는 농부들이 보리를 수확해 빵을 굽고 맥주를 빚는 모습이 무수히 그려져 있다. 1922년 영국의 고고학자들이 기원전 1318년 이집트를 통치한 투탕카멘 왕과 의붓어머니 네페르티티를 섬기는 사원을 발굴했는데, 맥주가 담겼던 흔적이 남은 항아리 약 1,000병을 발견했다. 이 유물들을 통해 그 시대에 이미 맥주가 다섯 종류로 세분화되어 제조되었다는 사실을 알아냈다. 고대 이집트의 도시인 히에라콘폴리스Hierakonpolis 그리고 아비도스Abydos는 맥주 양조의 중심지였다.

이집트 맥주는 이집트와 교역하던 그리스인들에게도 전해

16세기 맥주를 빚는 모습.

졌다. 그리스인들은 맥주를 지투스zythus라고 불렀으며, 이를 로마인과 켈트족, 게르만족에게 전파했다. 향연으로 알려진 심포지엄에서 그리스인들은 맥주와 포도주를 마시면서 철학이나 인생에 관해 토론을 벌였다. 그러나 그리스나 로마인들은 맥주보다 포도주를 더 좋아했다.

춥고 서늘한 날씨 때문에 포도 농사가 어려웠던 브리튼(영국)이나 아일랜드, 게르마니아(독일) 같은 북방 지역의 켈트족이나 게르만족들은 포도주 대신 맥주를 즐겨 마셨다. 맥주 주원료인 보리는 포도보다 추위에 더 잘 견뎌 북방에서도 비교적 수확하기 쉬웠다.

아일랜드에 살던 켈트족들의 신화를 기록한 신화집《에린 침략의 서》에 따르면, 대장장이의 신 고이븐이 신들에게 영원히 늙지 않고 젊음을 누릴 수 있게 해주는 독한 맥주인 에일을 나눠주었다고 한다. 켈트족들은 훌륭한 사람의 집에는 맥주가 반드시 갖추어져 있어야 한다는 격언도 남겼다.

북유럽의 게르만족들은 갈리아와 로마에서 맥주 제조법을 전수받아서 맥주를 생산했다. 게르만족들은 일상생활에서 맥주를 거의 물처럼 마셨다. 게르만족들이 살던 독일 지역은 물에 석회가 섞여 나오는 등 식수의 질이 좋지 않아서, 물을 그대로 마시는 것보다는 보리와 물을 끓여서 만든 맥주가 건강에 더 좋았다.

맥주를 너무나 좋아했던 나머지 게르만족들은 전쟁터에도 맥주를 가져갔다. 프랑크족과 색슨족 같은 게르만족 전사들은 맨 앞에 전사 한 명이 서고, 그 뒤에 두 명과 세 명 순으로 늘어서는 삼각형 대형을 즐겨 짰다. 이 전술은 전장에서 무시무시한 위력을 발휘했다.

그러나 삼각형 대형이 위력을 발휘하려면 맨 앞에 선 전사가 적진 앞에서 달아나거나 움츠러들지 않고 용감하게 싸워야 했다. 이 점을 잘 알고 있던 게르만족 지휘관들은 전투에 앞서 선두에 선 병사에게 맥주를 잔뜩 먹여 취하게 했다. 술기운을 빌려 두려움을 없애려는 나름대로의 방안이었는데, 개중에는 너무 취한 나머지 적 앞에서 제대로 칼이나 도끼를 휘두르지 못하고 쓰러져버리는 경우도 있었다.

맥주 맛을 지킨 '맥주순수령'

476년 서로마제국이 붕괴되고 게르만족들이 서유럽에 정착하면서 중세시대가 열리자 맥주 문화는 전 유럽으로 퍼져나갔다. 중세시대에 맥주의 제조와 판매는 기독교 수도원에서 도맡았다. 전쟁으로 인한 혼란에 휩쓸리지 않고, 안정적으로 학문과 기술 연구를 할 수 있던 곳은 수도원이 유일했다. 수도사들은 맥주나 포도주, 치즈 같은 것들을 제조해 사람들에게 전파하는 데 큰 역할을 했다. 맥주의 명산지로 이름 높은 벨기에에서는 1204년에 수도사들이 만든 레페 같은 훌륭한 맥주들이 지금도 전해 내려온다.

중세시대 이후 영국과 아일랜드 맥주는 에일이 주류를 이루었다. 에일은 알코올 도수가 높고 쓴맛은 강하지만 뒷맛이 깊은 향취가 독특한 맥주다. 아일랜드의 기네스맥주도 에일에 속한다. 하지만 15세기 말 네덜란드의 철학자 에라스무스가 영국산 맥주를 마셔보고 "마치 맹물 같아서 아무런 맛도 없다."고 혹평한 것을 보면, 영국산 에일이 모든 사람의 입에 맞았던 것은 아니었던 모양이다.

14세기 무렵이 되자 보리 말고도 콩이나 귀리, 밀 같은 잡곡이 맥주에 많이 섞였다. 그러다 보니 맥주 맛이 이전만 못하고, 보리를 재배하던 농부들도 보리가 잘 팔리지 않아 손해를 본다며 불만이 많았다.

마침내 1516년 4월 23일, 바바리아공국의 빌헬름 4세가 맥주에는 보리와 홉, 물 이외에는 어떤 재료도 넣지 말라는 저 유명한 '맥주순수령'을 발표한다. 독일에서는 지금도 이 법안을 엄격하게 지키며, 이 때문에 독일 맥주는 세계적으

맥주순수령을 발표한 빌헬름 4세.

로 명성이 높다.

1876년 독일의 화학자 카를 폰 린데는 암모니아를 냉매로 이용해 인공적으로 온도를 낮추는 냉장 기술과 냉장고를 개발했다. 그로 인해 무더운 계절에도 맥주를 만들 수 있는 길이 열렸다. 그리고 같은 해 프랑스의 파스퇴르가 낮은 온도로 세균을 죽이는 저온 살균 기법을 맥주에 도입해, 맥주를 오랫동안 보관하면서도 본래의 맛과 품질을 지키는 데 성공했다.

한국에는 1886년에 일본 삿포로 맥주가 처음 들어왔다. 일제 강점기에 들어서서는 맥주가 기존의 소주나 막걸리를 밀어내고 새로운 맛을 선보여 많은 사람의 입맛을 매혹시켰다. 전통적인 음식을 팔던 요정의 기생들도 손님들이 요구하는 대로 '비루(비어beer의 일본식 발음)'를 마셔야 했다. 당시에는 일본 맥주인 삿포로나 아사히, 기린이 주류를 이루었다.

본격적인 한국 맥주의 역사는 1933년에 시작된다. 그해에 일본의 대일본맥주가 영등포에 설립한 조선맥주가 창설되었고, 이것이 지금의 하이트맥주로 발전했다. 1942년 박두병이 일본의 기린맥주 주식회사가 조선에 세운 쇼와기린맥주 주식회사를 인수했고, 1948년 회사 이름을 동양맥주로 바꾸는데, 이것이 지금의 OB맥주다.

그런데 어찌된 일인지, 국산 맥주의 국내 시장 점유율이 해마다 떨어지고 있다. 유럽과 미국, 일본, 호주 등지에서 많은 종류의 맥주가 수입되면서 소비자들 입맛이 까다로워진 점도 있지만, 그보다는 국산 맥주의 품질이 떨어지는 이유가 더 크다. 실제로 하이트나 맥스, 카스, OB 같은 국산 맥주들은 외국산 맥주들보다 맛이 밍밍하다.

맥주 애호가들 말에 따르면 맥주 공장에서 맥주를 판매점으로 운송할 때, 온도를 낮추는 관리를 잘하지 않고 맥주를 파는 주점에서도 맥주를 담는 용기와 공급하는 파이프를 청소하는 데 게을러서 그렇다고 한다. 맥주를 좋아하는 소비자로서 이 문제가 빨리 해결되기를 바란다.

2010년 남아공 월드컵 기간 동안에 많은 사람이 새벽까지 응원을 하면서 맥주와 통닭을 필수품으로 챙겼다. 무더운 여름에 더위를 식히려고 맥주를 마시는 모습은 4000년 전 이집트나 2010년의 지금이나 다를 바가 없어 보인다.

설탕을 유럽에 알린 알렉산드로스

인더스 강 유역까지 다다른 알렉산드로스는 그곳에서 원주민들이 사탕수수를 끓여 갈색의 가루를 얻는 장면을 목격했다. 이 가루를 입에 넣은 그는 "벌 없이도 꿀을 얻을 수 있다니!" 하며 무척 놀랐다고 한다. 서방에 알려지지 않은 새로운 감미료인 설탕은 이렇게 해서 세상에 등장했다.

기원전 492년에서 448년까지 세계사에서 동방과 서방이 최초로 대결을 벌인 페르시아와 그리스의 전쟁은 뜻하지 않은 결과로 끝났다. 당시 세계를 지배하고 있다고 해도 과언이 아닌 대제국 페르시아가 수십만이 넘는 대군을 동원해 총력전을 감행했지만, 작은 그리스 도시 국가들의 동맹군을 끝내 이기지 못하고 물러났던 것이다.

사탕수수.

그로부터 100여 년 후인 기원전 334년, 그리스 북방에 위치한 마케도니아 왕국의 젊은 왕 알렉산드로스는 마케도니아-그리스 연합군 5만여 명을 이끌고 페르시아 정복에 나선다.

누가 보아도 이 전쟁은 승산이 없었다. 세계에서 오래되고 풍요로운 문명국가들의 영토를 전부 지배하고 있는 부유한 페르시아와 가난에 찌든 작고 보잘것없는 나라 마케도니아가 싸운다면 바보가 아닌 이상 누가 승리할지 점칠 수 있었을 것이다. 그러나 모두의 예상을 뒤엎고 알렉산드로스는 페르시아를 무너뜨렸다. 그것도 정면으로 세 번이나 승부를 걸어 모두 완승한 것이다. 먼저 그라니코스 전투에서 페르

이수스 전투에서 알렉산드로스 모습. 이탈리아 나폴리 국립고고학박물관.

시아군 2만여 명을 무찔렀고, 그다음 이수스 전투에서 페르시아 황제인 다리우스 3세가 직접 이끈 10만 대군을 격파했다(기원전 333년). 마지막으로 가우가멜라 전투에서 제국 전역에서 20만의 병력을 모아 절치부심했던 다리우스 3세를 또 한 번 완벽하게 꺾어버린 것이다(기원전 331년).

10만이라는 대병력을 두 번이나 소집할 정도로 인력이 풍부했던 대제국 페르시아가 5만 명 내외의 소수 침략군에게 멸망당한 일은 지금 보아도 도무지 믿기지 않는 사건이다. 도대체 어떻게 이런 일이 가능했을까?

우선 알렉산드로스 대왕이 거느린 마케도니아 군대는 당시 지중해 세계에서 최강의 전투력을 가진 우수한 조직이었다. 특히 페체타이로이 부대가 핵심이었다. 이 부대는 작은 방패와 5미터가 넘는 창을 쥔 보병들이 밀집 대형을 이루어 신속하게 이동하고 전진하는 것이 특징이다. 이런 보병 부대에 알렉산드로스는 그리스인들이 소홀히 했던 기병 전력도 대폭 강화했다. 마케도니아는 산과 계곡이 많은 그리스 본토와는 달리, 넓은 목초지와 평원을 끼고 있어 많은 말을 키우는 데 유리했다. 알렉산드로스 아버지인 필리포스 왕은 이런 지리적인 이점에 주목해 일찍부터 우수한 군용 말을 대량으로 사육했고, 알렉산드로스가 페르시아로 원정을 가기 직전 마케도니아 왕실은 군마 약 3만 필을 보유하고 있었다고 한다.

마케도니아 기병들은 3.5미터의 긴 창으로 무장했고, 적 보병대의 측면이나 후방 그리고 허술한 부분을 강타해 적을 무너뜨렸다. 단순히 기병을 정찰이나 도망가는 적들을 추격하는 용도로만 쓰던 그리스보다 훨씬 발달한 전술이었다. 여기에 마케도니아에서 기병은 왕족과 귀족들로 이루어진 우수한 부대였기 때문에 사회적인 대우도 좋아 사기도 매우 높았다.

이러한 군사적인 장점 이외에도 알렉산드로스는 페르시아를 상당히 치밀하게 상대했다. 페르시아제국의 심장부로 바로 쳐들어가지 않고 야외 결전으로 끌어내 페르시아 군의 주력 부대를 모두 섬멸해버렸다. 만약 다리우스 3세가 조바심을 내지 않고 무리한 전면전 대신 마케도니아 군의 보급로를 차단하며 성으로 둘러싸인 요새에서 농성전에 중점을 둔 청야전술을 선택했다면, 알렉산드로스는 페르시아제국 변방에서 맴돌다 군량과 자금 부족으로 철수했을 것이다.

알렉산드로스는 다리우스 3세가 반역자 베수스에게 살해되자 그의 장례식을 성대하게 치러준다. 그럼으로써 자신이 페르시아제국을 멸망시킨 파괴자가 아니라 오히려 제국을 계승한 황제라고 공표하여 페르시아 지배층들의 신임을 얻었다. 또한 다리우스 3세의 딸과 결혼하고, 부하 장수들도 페르시아 귀족 여인들과 결혼하도록 하여 페르시아 문화를 적극 받아들이도록 권유했다.

"벌 없이도 꿀을 얻을 수 있다니!"

가우가멜라에서 다리우스 3세가 인솔한 대군을 깨뜨린 알렉산드로스는 페르시아 수도인 페르세폴리스에 입성했고,

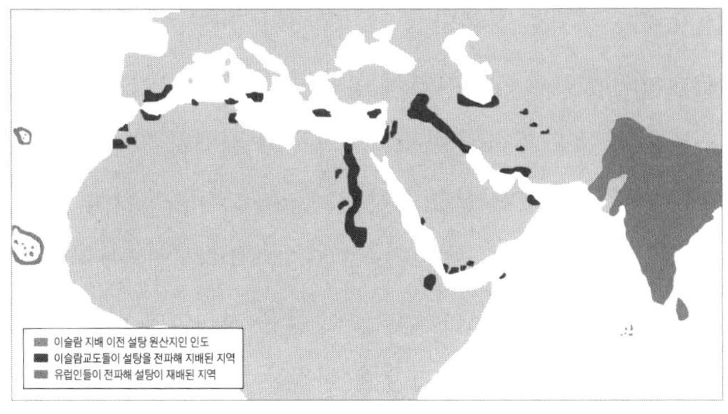

인도가 원산지인 사탕수수는 알렉산드로스의 원정과 이슬람 세력의 흥기에 따라 중동과 아프리카, 유럽으로 전파되었다.

내친김에 더욱 동쪽인 인도까지 쳐들어갔다. 인더스 강 유역까지 다다른 알렉산드로스는 그곳에서 원주민들이 사탕수수를 끓여 갈색의 가루를 얻는 장면을 목격했다. 이 가루를 입에 넣은 그는 "벌 없이도 꿀을 얻을 수 있다니!" 하며 무척 놀랐다고 한다. 서방에 알려지지 않은 새로운 감미료인 설탕은 이렇게 해서 세상에 등장했다.

초기 설탕은 사탕수수의 수액을 끓여 증발하는 과정에서 만들어졌다. 그리고 지금과는 달리 왕이나 귀족들만 먹을 수 있는 값비싼 것이었다. 로마의 학자 플리니우스는 설탕이 약으로 쓰였으며, 같은 무게의 은과 가치가 같았다고 주장했다.

로마가 동서로 분열되고 약 300년이 흘러 신흥세력인 이슬람이 지중해를 장악하면서 설탕은 전성기를 맞는다. 아랍인들은 설탕을 무척 좋아해 사탕수수의 재배가 가능한 지역마다 대규모의 설탕 제조 공장을 세웠다. 로마인들처럼 아랍인들도 많은 설탕을 풍요의 상징으로 여겼다. 그래서 이집트를 통치한 술탄(이슬람교국의 군주)들은 자신들이 사는 궁전 앞에 설탕으로 야자나무 모형을 만들어 전시했다고 한다.

설탕에 대한 아랍인들의 사랑은 여기에서 그치지 않았다. 아랍인들은 설탕으로 만든 과자도 즐겨 먹었는데, 11세기 페르시아의 학자인 이븐 시나는 "설탕 과자는 모든 병을 고치는 약이다."고 단언했다. 무자비한 투르크족 정복자인 티무르를 만나러 간 중동의 역사학자 이븐 할둔은 그에게 설탕 과자를 선물로 바쳐 환심을 샀다고 한다.

설탕을 만드는 과정에서 파생된 상품이 하나 있는데, 아이들이 무척 좋아하는 캐러멜이다. 캐러멜은 원래 아랍어로 "달콤한 소금으로 만든 공"이라는 뜻인 '쿠라트 알 밀'에서 유래되었다. 아랍인들은 이렇게 설탕과 캐러멜을 만들어 세계 각국에 수출했는데, 얼마나 많은 이익을 얻었는지 "설탕은 아랍인들이 생산하는 금과 같다."는 말까지 나돌았다고 한다.

설탕 쟁탈전

16세기 이후 대항해시대가 열리면서 유럽 각국은 설탕을 얻기 위한 무역에 앞다투어 뛰어들었다. 스페인은 신대륙의 서인도제도에 사탕수수를 재배하는 농장을 만들었고, 네덜란드도 멀리 인도네시아에까지 진출해 곳곳에 대규모 사탕수수 농장을 세웠다. 그러면서 스페인이 쥔 국제 설탕 무역의 패권에 도전했다.

그러나 설탕 무역으로 가장 이익을 본 나라는 영국이었다. 청교도혁명과 명예혁명을 거치면서 스페인과 네덜란드를 능가하는 해상 강국으로 떠오른 영국은 설탕의 가치를 깨닫고, 사탕수수 재배에 적합한 기후를 지닌 서인도제도의 섬 자메이카를 점령해 사탕수수만 재배하는 대규모 농장을 세웠다. 여기에서 나오는 막대한 설탕은 영국인들이 좋아하는 홍차에 빠질 수 없는 필수적인 첨가물이었고, 차를 마시는 풍습이 영국뿐 아니라 온 유럽에 확산되면서부터는 설탕의 수요도 폭발적으로 늘어만 갔다. 신대륙에서 새로 들여온 기호품인 초콜릿과 과일을 갈아 만든 잼에도 설탕이 들어가면서, 설탕은 국제 무역에서 절대적인 비중을 차지하는 히트 상품으로 자리 잡았다.

유럽에서 자생하던 사탕무. 사탕수수의 귀중한 대체물로 쓰였다.

설탕 무역에서 영국에 밀렸던, 현대 독일의 모태가 된 프로이센은 고민 끝에 사탕수수를 대체할 작물을 찾아냈다. 화학자인 안드레아스 마르그라프가 여태까지 식용이 아닌, 소나 돼지의 사료로 쓰이던 사탕무를 가열해 설탕을 추출하는 데 성공한 것이다.

사탕무로 만든 설탕은 국제 설탕 시장의 판도를 바꾸었다. 따뜻한 날씨에서만 재배되는 사탕수수와 달리 사탕무는 비교적 습하고 찬 기후인 유럽에서도 잘 자랐고 병충해에도 강했다. 더욱이 사탕수수보다 훨씬 빠르고 쉽게 자라 사탕수수처럼 노예들을 동원한 대규모 농장을 만들 필요도 없었다.

프랑스에 나폴레옹이 등장하면서 사탕무는 한층 각광을 받았다. 당시 나폴레옹은 영국의 경제에 타격을 입힐 목적으로 유명한 '대륙봉쇄령'을 선언해 모든 유럽 국가가 영국과 교역하지 못하도록 했다. 영국은 유럽에 설탕을 팔지 않겠다고 맞서는 것으로 보복했다. 그러자 영국산 설탕이 부족해져 당장 홍차나 초콜릿, 커피와 잼을 제대로 먹을 수 없게 된 많은 사람이 반발했다. 이런 불만을 무마시키려고 나폴레옹은 사탕무를 재배하는 농장주와 농부들에게는 4년 동안 세금을 면제해준다는 법안까지 만들어 사탕무 재배를 적극 장려했다.

1815년 나폴레옹은 워털루 전투에서 패배해 몰락했지만 사탕무는 계속 재배되었다. 영국과 정상적으로 교역하게 된 이후에도 유럽에서는 사탕수수보다 사탕무에서 추출한 설탕을 더 쓰게 되었던 것이다.

이토록 많은 우여곡절을 겪으며 생활필수품으로 자리 잡은 설탕은 20세기 중반이 되면서 지나친 당분 섭취가 비만과 고혈압 같은 성인병을 부른다는 연구 결과로 인해 소비량이 점차 줄어들었다. 미국에서는 이미 과자나 아이스크림, 초콜릿 등에 설탕 대신 옥수수에서 추출한 당분을 대신 첨가하고 있다.

설탕을 생산하는 농장주들은 "옥수수로 만든 당분보다 천연 설탕이 건강에 더 좋다."고 항변하지만, 굶주림보다 다이어트에 더 신경을 쓰는 현대인들에게는 공허하게 들릴 뿐이다.

중국에 와인 문화를 싹 틔운 장건의 서역 개척

한무제는 한혈마와 함께 포도주도 좋아해 궁궐이나 별궁의 정원마다 포도를 심도록 명령했다. 그 광경을 직접 본 《사기》를 쓴 사마천은 "사람의 눈이 닿는 곳마다 포도나무가 심어져 있었다."고 기록했다.

화약 무기가 보편화되고 대항해시대가 도래하는 17세기 이전까지 동서양을 막론하고 가장 강력했던 무력 집단은 유목민들이었다. 최초로 역사에 등장하는 기원전 600년경의 스키타이족에서부터 중국을 정복한 17세기의 만주족까지 약 2,000년 동안 유목민들은 유라시아 대륙의 패권을 좌우하는 결정적인 세력으로 군림해왔다.

포도주.

그러한 사정은 진시황 사후, 대혼란에 빠진 중국을 통일해 대제국을 세운 한나라 당시에도 여전했다. 저 멀리 북방의 고비사막 너머에서는 흉노라 불리던 사납고 용맹한 유목민족들이 수시로 국경을 넘나들며 약탈을 일삼았다.

기원전 200년 초패왕 항우를 제압하고 황제가 된 한고조 유방은 직접 대군 32만을 이끌고 흉노를 정벌하러 나섰지만, 오히려 백등산에서 흉노의 뛰어난 지도자 모돈 선우(흉노가 그들의 군주나 추장을 높여 부르던 말)가 지휘하는 40만 대군에 포위되어 절체절명의 위기에 빠졌다. 때마침 폭설이 쏟아지고 찬바람이 불어 한나라 병사들은 손과 발이 얼어붙는 동상에 걸렸고, 식량마저 바닥나고 말았다.

다급해진 한고조는 부하 진명을 보내 모돈 선우의 왕비인 연지에게 뇌물을 보냈다. 그녀가 남편에게 "한나라 황제를 죽이고 한나라 땅을 얻어보았자 거기서 살 수도 없지 않습니까? 차라리 황제를 살려 보내주고 그에게 우리한테 매년 조공을 바치게 하는 것이 더 낫습니다." 하고 부탁해달라고 한 것이다. 이런 치졸한 방법까지 쓴 끝에 한고조는 흉노군의 포위망에서 간신히 빠져나왔다.

이후로도 흉노족의 압력은 계속되었고, 제대로 대응하지 못한 한나라는 흉노족의 비위를 맞춰주기 위해 막대한 쌀과 비단 같은 공물들을 흉노족에게 바쳐야 했다. 심지어 황실의 공주마저 흉노 선우의 왕비로 보내는 일도 다반사였다.

한나라를 공포에 떨게 했던 흉노족

한고조가 백등산의 굴욕을 당한 지 약 60년 후 드디어 한나라에게 복수의 때가 왔다. 기원전 141년에 젊고 혈기 넘치는 청년 군주 한무제가 등극한 것이다.

그동안 흉노에게 조공을 바치며 굽실거렸지만, 한나라는 문제文帝와 경제景帝의 평화로운 시기를 지나면서 곡식 창고에 곡물들을 저장할 수 없을 정도로 풍요로운 번영을 누

흉노족은 멀리 서유럽까지 진출해 훈족이라는 이름으로 로마제국을 위협했다. 〈카탈라우눔 전투에서 훈족〉, 알퐁스 드 뇌비유 그림.

리고 있었다. 한무제는 이러한 자국의 방대한 경제력을 군사 부문에 집중 투자하여, 그동안 북방에서 군림하며 한나라의 근심거리였던 흉노족을 쳐부수려 했다.

흉노족을 격파하고 서역을 정복하여 한나라의 국위를 크게 떨친 한무제.

그러나 태어날 때부터 말을 타고 산다는 날렵한 기마민족인 흉노족을 농경민족인 한나라의 군대가 따라잡기는 너무 힘들었다. 자신들에게 불리하다 싶으면 말을 탄 채로 재빨리 도망쳐 숨어버리니 한나라 군대로서는 참으로 난감하지 않을 수 없었다. 게다가 흉노의 본거지인 몽골초원은 춥고 황량한 기후인 데다 제대로 닦인 도로도 없어 한나라로서는 흉노를 치러 원정을 떠난 군대에게 보급품을 운반해주기가 어려웠다.

고심 끝에 한무제는 옛날 흉노족에게 나라를 잃고 쫓겨난 월지月支라는 민족과 동맹을 맺고 함께 흉노족을 공격하려는 원대한 계획을 세웠다. 들리는 말에 따르면 월지족은 흉노처럼 사납고 날렵한 기마민족이며, 활을 쏘고 말을 타는 병사들이 무려 20만이나 된다고 했다. 이런 용감한 부족과 손을 잡고 서쪽과 남쪽에서 일시에 흉노족을 공격한다면 그동안 흉노족에게 받아온 굴욕을 송두리째 씻는 것은 일도 아니리라.

한무제는 한나라를 대표하는 사절로 월지국에 파견될 사신을 모집하는 공고를 내걸었다. 여기에 용감하게 응한 사람이 바로 장건이었다. 흉노족 출신 안내인 감보와 함께 길을 떠난 장건은 수도 장안의 서쪽인 농서를 지나던 도중, 흉노족에게 붙잡혀 몽골초원으로 끌려갔다. 하지만 포로가 되었어도 그의 가슴속에는 조국을 위한 사명감이 살아 있었다.

7세기에 그려진 〈장건출사서역도〉. 말 위에서 손을 들어 명령하는 이가 한무제(오른쪽)이고, 그 앞에 무릎을 꿇어 명을 받드는 이가 장건(왼쪽)이다.

포로 생활 10년째 되던 어느 날, 장건은 감보와 함께 흉노족 출신인 아내와 아이들을 거느리고 흉노에게서 빠져나왔다. 그리고 흉노족의 세력이 닿지 않는 머나먼 서쪽에 있는 월지국으로 도망쳤다. 그 길에서 여러 나라를 방문하며 그곳의 풍속을 눈에 익혔다. 그러나 막상 월지국에 도착했지만 월지국의 왕과 백성들은 이미 새로운 고향에 정착한 지 오래여서 흉노족과 싸울 의지가 없었다. 이 사실을 안 장건은 크게 실망했다.

고국으로 돌아온 장건은 한무제에게 다음과 같이 보고했다.

"월지국을 방문하기 전에 소신이 들린 대완국이라는 나라에서 놀라운 것을 발견했습니다. 그 나라에는 천마의 후손인 한혈마라는 뛰어난 말들이 있습니다. 들리는 말로는 한혈마들은 피처럼 붉은 땀을 흘리는데, 하루에 천 리를 달려도 지치지 않는 신화 속의 천리마라고 합니다. 이런 훌륭한 말들을 수천, 수만 마리 얻는다면 우리 한나라의 군대가 흉노족을 충분히 격퇴시킬 수 있을 겁니다!"

이 말을 들은 한무제의 눈이 번뜩였다. 비록 월지국과 동맹을 맺는 일은 실패했지만, 장건이 들려준 한혈마를 한나라에 들여와 병사들에게 준다면 이제까지 흉노족에게 밀리던 양상을 단번에 역전시킬 수 있을 것만 같았다.

마침내 기원전 102년, 한무제는 당시 이름을 떨치던 명장 이광리에게 대군 6만을 주어 대완국을 정벌하고 한혈마를 얻어오게 하였다. 모래바람이 부는 가혹한 사막을 건너 대완국 수도인 이사성을 포위하고 전투를 벌인 지 약 40일째 되던 날, 더는 견디지 못한 대완국 귀족들이 자신들의 왕을 죽여 그 목을 이광리에게 바쳤다. 아울러 한나라가 원하던 한혈마 열 마리도 내주었다.

이리하여 대완국은 한나라의 지배를 받게 되었고, 한무제가 원하던 대로 한혈마는 한나라 기병대의 전투력을 놀라울 정도로 강화시켜 흉노족을 물리치는 데 혁혁한 공을 세웠다.

한혈마와 포도주

한나라가 대완국을 정벌한 성과가 한혈마만은 아니었다. 대완국을 방문했을 때 장건은 대완국 주민들이 이상한 과일을 발효시켜 술을 만드는 장면을 보았다. 그 술이 바로 포도주로 그때까지 중국에는 알려지지 않았던 것이었다. 장건은 중국인으로서는 최초로 포도주를 마셨고, 달콤하고 진한 술맛에 흠뻑 반했다.

이광리 군대가 귀환 길에 가져온 이 포도주라는 서역의

야광배.

낯선 술은 금세 한나라 궁정에서 크게 유행했다. 당시만 해도 중국에서 술은 쌀이나 보리 같은 곡식을 발효시키는 종류가 전부였고 도수가 낮아서 많이 마셔도 잘 취하지 않았다. 날이 더우면 쉽게 변질되기도 했다. 그런데 지금까지와 전혀 다른 과일주가 들어오자 한나라 사람들은 매우 신기해하며 귀중하게 여겼다.

한무제는 한혈마와 함께 포도주도 좋아해 궁궐이나 별궁의 정원마다 포도를 심도록 명령했다. 그 광경을 직접 본 《사기》를 쓴 사마천은 "사람의 눈이 닿는 곳마다 포도나무가 심어져 있었다."고 기록했다. 한무제는 이렇게 기른 포도를 발효시켜 만든 포도주를 마시며 한나라 군대가 흉노족을 쳐부수었다는 승전 소식을 흥겹게 들었다고 한다.

한나라 때 중국에 전해진 포도주는 왕조가 바뀌고 시대가 변해도 계속 전해져 내려오면서 사람들에게 많은 사랑을 받았다. 8세기 무렵, 당나라 시인 왕한은 시 〈양주사〉에서 "야광배로 만든 술잔에 달콤한 포도주를 따라 마신다."며 포도주의 감미로움을 찬양했다.

서역을 통해 들어온 것은 포도에 국한되지 않았다. 오이와 후추, 마늘, 석류, 참깨 등도 모두 대완국 정벌을 계기로 중앙아시아에서 한나라로 들어온 것들이다. 이런 서방의 새로운 작물들은 이후 중국과 이웃 나라로 퍼져나가 많은 이의 식탁을 풍성하게 했다. 이 모든 것은 10년 동안이나 적국에 붙잡혀 고초를 당하면서도 의지를 꺾지 않았던 장건의 불굴의 정신이 빚어낸 선물이었다.

그리스와 로마 군사들이 즐겨 먹던 소시지와 베이컨

황제가 머무는 막사를 찾아간 페르시아 사신들은 제왕임을 나타내는 보라색 망토를 걸친 한 늙은 군인을 찾았다. 그는 풀밭에 앉아 딱딱하게 말라붙은 돼지고기 조각과 완두콩이 담긴 그릇을 들고 식사를 하고 있었다.

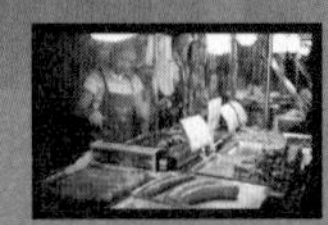

지금은 아니지만 나는 열네 살 때까지만 해도 고기를 잘 먹지 못했다. 고기를 씹을 때 입 안에 퍼지는 냄새를 도저히 견딜 수 없었기 때문이다. 한 번은 가족과 함께 차를 타고 가다 들른 고속도로 휴게소 식당에서 갈비를 먹었는데, 먹자마자 바로 화장실로 달려가야 했다. 불고기를 먹었을 때도 마찬가지였다. 여동생이 불고기 국물에 밥을 비벼먹는 것을 보면 욕지기가 치밀어 올라 고통스러울 지경이었다.

소시지와 베이컨.

그러던 나도 안심하고 먹었던 고기 요리가 있다. 소시지, 햄 같은 가공한 육류제품이다. 이 음식들은 갈비나 불고기와는 달리 아무리 먹어도 거부 반응이 일어나지 않았다. 무엇보다 천연 고기로 만든 요리들에서 나오는 이상한 냄새와 역겨운 느낌이 전혀 없었다. 내가 소시지나 햄 등을 먹는 것을 볼 때마다 어머니는 "인스턴트식품은 건강에 나쁘다."며 말리셨지만, 맛이 좋은데 어찌하랴. 지금도 기회가 생기면 틈틈이 사서 먹는다.

소시지와 햄에 붉은색을 내는 착색제인 질산나트륨은 인체에 들어가면 암을 유발하는 물질인 니트로소아민을 만들어내기 때문에 질산나트륨이 들어간 음식을 많이 먹으면 암에 걸릴 확률이 높아진다는 사실은 이미 상식으로 굳어진 지 오래이다. 하지만 여전히 많은 사람이 소시지와 햄을 즐겨 먹고 있다. 우리의 식단을 장악한 이 두 요리는 언제, 어디에서 만들어졌을까?

▬ 그리스에서 비롯된 소시지

고대 그리스의 눈 먼 음유시인 호메로스가 남긴 《오디세이아》를 보면 주인공인 아티카의 왕 오디세우스가 트로이로 원정을 떠나 집을 비운 사이 그의 아내인 페넬로페 구혼자들이 사방에서 몰려들어 집을 점거하고 행패를 부리는 장면이 나온다. 뒤늦게 고향으로 돌아온 오디세우스는 일단 저 구혼자들의 신상 정보를 파악하려고 거지로 위장하고 자신의 집에 잠입하는데, 마을의 불한당인 이로스라는 자와 시비가 붙어 싸우게 된다. 이 광경을 지켜보던 구혼자들은 "저 늙은이(오디세우스)와 이로스 중 이기는 자한테 우리가 모닥불에 굽고 있는 창자 요리를 주겠다."고 제안한다. 그 창자 요리란 염소 위장에 돼지, 염소 같은 가축들의 피(선지)와 비계를 넣어 만든 음식이었다. 이것이 소시지의 원조다.

세계인의 입맛을 사로잡은 소시지.

지중해 문명의 주도권이 그리스에서 로마로 넘어가면서 소시지도 함께 전파되었다. 로마인들은 그리스인들이 만든 소시지를 더욱 다양하게 발전시켰다. 소시지는 대부분 돼지 창자에 잘게 다진 돼지고기와 피를 넣어 만들었지만, 쇠고기와 돼지고기를 섞어 만든 튀세타 같은 것도 있었다. 이탈리아 명물 소시지인 살라미의 원형이 이 튀세타이다.

햄과 베이컨을 먹은 로마 군사들

돼지고기를 소금에 절여 훈제하는 햄과 베이컨도 로마시대에 등장했다. 카이사르를 독재자라고 비난하며 로마의 공화정을 반드시 지켜야 한다고 선동하던 정치인 카토는 금욕주의적인 인물로 유명했다. 하지만 그는 식탐이 강한 쾌락주의자라는 다른 얼굴도 갖고 있었다. 그가 가장 좋아했던 음식은 올리브기름과 식초를 발라 훈제한 햄이었다. 그보다 앞서 2세기에 활동했던 서정시인 마르티알리스도 이런 방식의 햄을 자주 먹었다.

햄 못지않게 베이컨도 로마인의 사랑을 받았다. 수분을 없애고 바싹 말린 베이컨은 자주 장거리 원정을 떠나는 로마군의 식량으로 쓰였다.

지중해 세계를 제패한 로마제국에게 가장 큰 적대국은 지금의 이란 지방을 차지하고 있던 파르티아였다. 스키타이계통의 기마민족이 세운 파르티아는 기원전 53년, 이라크 북부인 카레에서 로마군 4만 명을 상대로 완벽한 승리를 거두었다. 당시 로마군의 지휘자는 카이사르, 폼페이우스와 함께 로마를 지배하고 있던 3인 중 하나였던 크라수스였다. 크라수스는 스파르타쿠스의 노예 반란을 진압한 유능한 장군이었지만, 사막에서 날렵한 기마민족의 대규모 기병 군단을 맞아 싸우기에는 역부족이었던 모양이다.

이후로도 오랫동안 로마는 카레 전투 패배에 대한 설욕의 기회를 얻지 못한다. 그러다가 트라야누스 황제와 아우렐리아누스 황제를 시작으로 파르티아의 수도인 크테시폰을 몇 차례 함락시켜 분풀이를 했다. 로마의 공격을 받은 파르티아는 점차 쇠약해지다가 내분까지 일어나 마침내 226년 아르다시르라는 장군의 반란으로 무너져버렸다.

하지만 숙적의 몰락을 좋아하기에는 아직 일렀다. 제위에 오른 아르다시르는 나라 이름을 사산조 페르시아라고 바꾸었다. 그리고 자신이 알렉산드로스 대왕에게 멸망당한 옛 페르시아제국의 후계자임을 밝히고는 소아시아(터키)와 시리아, 이집트는 페르시아제국의 뒤를 이은 사산조 페르시아에게 넘겨주고 로마인은 전부 동방에서 물러나 유럽으로 돌아가라고 요구했다.

아르다시르의 불쾌한 선언에 로마는 전쟁으로 응수했다. 그리하여 로마와 사산조 페르시아 두 제국은 약 400년간 서로 치명타를 입힐 때까지 잔혹한 결전을 벌이게 된다. 그러나 보병을 주력으로 삼던 로마가 기병으로 이루어진 페르시아를 상대하기는 힘에 부쳤다. 260년 로마의 발레리아누스 황제는 군사 7만을 거느리고 페르시아의 샤푸르 황제와 대결하다 완패하고 그 자신은 포로가 되는 치욕을 당했다. 로마 역사상 황제가 적과 싸우다 전사한 일은 있어도 생포당하는 일은 처음이었다.

로마인들은 카레 전투에서 파르티아 기병의 화살에 로마군 4만 명이 전멸당했을 때보다 더 큰 충격을 받았다. 그리고 반드시 페르시아에게 복수를 해야겠다고 굳게 다짐했는데, 이 과업을 이루려고 선두에 선 이가 283년 페르시아 원정에 나선 카루스 황제였다. 카루스 황제가 대군을 거느리고 페르시아 국경 지역에 다다랐을 무렵, 페르시아 사절단이 황제와 회담할 것을 요청했다. 황혼녘이라 마침 로마군 병사들은 저녁 식사를 하던 중이었다. 황제가 머무는 막사를 찾아간 페르시아 사신들은 제왕임을 나타내는 보라색 망토를 걸친 한 늙은 군인을 찾았다. 그는 풀밭에 앉아 딱딱하게 말라붙은 돼지고기 조각과 완두콩이 담긴 그릇을 들고 식사를 하고 있었다.

카루스 황제의 초상이 새겨진 동전.

원래 군인 출신이었던 카루스 황제는 호사스러운 음식 대신 군인들이 먹는 검소하고 절제된 음식을 주로 먹었는데, 그가 먹던 돼지고기 조각이 바로 베이컨이었다.

카루스 황제는 로마군을 이끌고 페르시아의 수도인 크테시폰을 함락시키는 전과를 거두었지만, 사막 한복판에서 번개를 맞는 기이한 죽음을 당해 로마인들은 끝내 페르시아에 대한 설욕을 씻진 못했다.

군인뿐만 아니라 대부분 사람들도 햄과 마찬가지로 베이컨을 즐겨 먹었다. 우리에게도 잘 알려진 "빵과 서커스(로마 귀족들이 복지 정책은 뒷전으로 미룬 채 시민들이 자극적인 볼거리에만 정신을 쏟게 하는 것을 시인 유베날리스가 비판한 표현)"라는 말을 남긴 1세기 무렵의 풍자시인 유베날리스도 손님이 오면 베이컨을 꺼내 대접한다는 글을 남길 정도로

로마인들은 베이컨을 좋아했다.

서로마제국이 멸망한 뒤 중세로 접어들면서 소시지와 햄, 베이컨은 유럽 전역에 널리 퍼져 일상적인 음식으로 자리 잡았다. 유럽산 소시지는 대부분 돼지고기로 만든다. 특히 쇠고기보다 돼지고기를 좋아하는 독일인들은 세계에서 가장 다양한 소시지를 만드는데, 그 종류가 무려 3,000가지나 된다고 한다. 소시지가 많으니 품질이 우수하지 않을 수 없을 것이다.

두부의 수호신이 된 관우

명나라 군사들은 관우 숭배 못지않게 두부도 즐겨 먹어 조선 조정에 반드시 두부도 지급해달라고 요청했다. 이들은 주로 잘게 썬 돼지고기와 두부를 함께 볶아 먹는 마파두부 같은 요리를 좋아했다고 한다.

두부.

흔히 콩을 가리켜 '밭에서 나는 쇠고기'라고 한다. 실제로 대두에 포함된 단백질은 쇠고기보다 2배나 높으며, 칼로리는 약 3배, 칼슘은 무려 20배나 더 많다. 또한 인체에 반드시 필요한 필수 아미노산도 같은 양의 콩이 쇠고기나 돼지고기보다 두 배나 많다. 이런 콩의 뛰어난 효능에도 콩을 선뜻 입에 대지 않으려는 사람들이 적지 않다. 어린 시절 덜 익은 콩을 잘못 먹었다가 이후로 콩을 못 먹게 되는 사람들도 종종 있다. 콩은 잘 조리하지 않으면 비린내가 나기 때문이다. 그런데 이러저러한 이유로 콩을 거부했던 사람들도 먹을 수 있는 콩으로 만든 식품이 있으니, 바로 두부이다.

청출어람靑出於藍이라는 고사성어처럼 콩을 원료로 해서 만든 두부는 콩보다 효능이 훨씬 뛰어나다. 콩에 포함된 단백질 양은 약 40퍼센트 내외이고 이 중 60퍼센트 정도가 인체에 흡수되는데, 두부에는 단백질이 90퍼센트 포함되어 있고 이것의 약 93퍼센트가 인체에 흡수된다. 그래서 육식을 하지 않고 채식을 하는 스님들이나 채식주의자들에게 두부는 고기 대신 먹는 대표적인 음식이다.

이런 이유로 일찍이 중국에서는 고기는 먹고 싶지만 종교적인 계율을 어길 수 없어 고민하는 승려들을 위해서 주로 두부로 만든 정진 요리들이 개발되었다고 한다. 대표적인 정진 요리로 사자두獅子頭가 있다. 사자두를 풀이하면 '사자의 머리'란 뜻인데, 정말로 사자 고기가 들어간 것은 아니고 음식 모양이 사자 머리 같다고 해서 붙여진 이름이다. 사자두는 잘게 다진 두부를 큼지막하게 뭉쳐서 기름에 넣어 튀긴 것이다.

두부의 수호신 관우

콩과 두부 효능에 대해 잠깐 살펴보았는데, 그렇다면 두부는 언제 만들어졌을까?

두부는 중국 한나라나 당나라 때 처음 만들어졌을 것으로 추정된다. 1798년 정조 때 이만영이 쓴 《재물보》에 전한의 회남왕 유안이 두부를 발명했다고 기록된 것으로 보아 한나라를 전후해서 등장했을 가능성이 크다.

세상에 선을 보이자마자 두부는 금세 중국 전역으로 퍼져나갔는데, 두부와 관련된 유명한 인물로 《삼국지》의 영웅 관우가 있다. 현재 중국에서 관우는 두부와 두부 장사꾼들

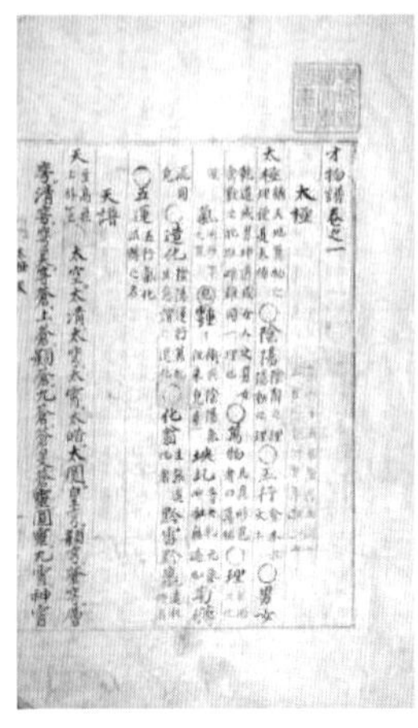
才物譜卷之一

太極

天譜

▬ 이만영이 쓴 어휘집 《재물보》.

의 수호신으로 추앙받는다.

《삼국지》에는 나오지 않지만, 관우에 얽힌 민담 중에는 이런 것이 있다.

관우는 원래 하늘에 살던 적제(남방을 다스리는 신)였다. 그런데 금기를 깨고 어려움에 처한 사람들을 돕는다. 이 일로 옥황상제의 노여움을 사서 지상으로 쫓겨나 갓난아기가 되었다. 이 갓난아기를 보구사普救寺 주지승이 발견하고, 절에 들른 두부 장사 부부에게 맡아 기르게 했다.

이후 관우는 양부모를 도와 두부 장사를 하며 살았는데, 어느 날 친구가 찾아와 자기 약혼녀가 여웅이라는 음탕한 노인에게 납치를 당했노라며 도와달라고 했다. 사연인즉 이러했다. 여웅은 나이가 환갑을 넘었는데도 여색을 무척 탐하는 노인이었다. 그 수법이 참으로 치졸했는데, 자기 집 마당에 있는 우물만 남기고 마을의 모든 우물에 똥을 넣은 것이다. 자연히 사람들은 물을 마시려고 여웅의 집으로 몰려들었고, 여웅은 물을 길러 온 여인들 중에서 젊고 예쁜 처녀만 골라 능욕한 것이다. 거기에 친구의 약혼녀도 있었다.

관우의 초상화.

이런 추악한 죄를 짓고도 여웅은 지역 유지인 데다 그 지역 태수의 친척이어서 아무런 처벌도 받지 않았다. 눈물을 흘리며 하소연하는 친구의 말을 듣던 관우는 분을 참을 수 없었다. 그래서 친구와 함께 여웅의 집으로 찾아가 담을 뛰어넘고는 친구의 약혼녀를 막 겁탈하려는 여웅에게 칼을 휘둘러 죽인 후 약혼녀를 구해냈다.

하지만 졸지에 주인을 잃은 여웅 집의 하인들이 관청에 신고를 하는 바람에 관우는 살인범이 되고 말았다. 결국 생업인 두부 장사를 그만두고 고향을 떠나 이리저리 떠돌았다. 그러다가 유비를 만나 의형제를 맺는다.

물론 이 이야기가 역사적인 사실은 아닐 것이다. 그렇더라도 이런 설화가 만들어진 배경은 한번쯤 주목해야 한다. 무엇이 관우를 두부 장사꾼들의 수호신이 되게 했을까?

관우의 고향인 산시성山西省 그중에서도 하이저우解州에는 소금기 많은 연못이 있어서 바다와 접하지 않고도 소금을 만들 수 있었다. 그래서 예로부터 하이저우에서는 중국 내지를 오가며 소금을 팔던 소금 장사꾼들이 활발하게 활동했다. 이 때문에 소금이 풍부한 산시성에서는 더 질 좋은 두부를 만들 수 있었다.

또한 관시關係(우리 식으로 치면 인맥)를 중요시하는 중국 사회에서 세상에 이름을 떨친 영웅호걸 관우와 고향이 같다는 사실은 큰 자부심을 가질 만한 것이었다. 이런 이유로 산시성의 두부 장사꾼들이 자신들을 돋보이게 하려고 관우가 두부 장사를 했다는 식으로 이야기를 지어냈을 것이다.

중국인들은 조조와 손권의 간계에 빠져 억울하게 죽은 관우의 죽음을 무척 애통해한다. 유비를 따라 천하를 누비며 모험을 했지만 한나라 부흥이라는 사명을 끝내 완수하지 못한 억울함도 안타깝게 여긴다. 이 때문에 관우를 신으로 받들어 그의 원통함을 달랬는지도 모른다.

중국에서 관우는 두부 장사 이외에도 돈벌이나 사업의 흥행, 소원 성취 등의 수호신이기도 하다. 살아생전에는 지방 군벌의 장수에 지나지 않던 그가 죽어서는 관성대제關聖大帝라 불리며 주군인 유비보다 더욱 존경을 받는 위치까지 올랐으니, 참으로 사람의 인생 역정이란 알 수 없는 일이다.

조선에서도 추앙받은 관우

시대가 흐르면서 중국 대륙을 지배하는 왕조들은 수없이 바뀌었지만, 그 와중에서도 관우를 추모하고 숭배하는 열풍은 계속 이어졌다. 한족 왕조인 명나라나 이민족 왕조인 청나라나 모두 관우를 지극히 추앙했다.

만주족의 위협을 받던 명나라 황제 천계제는 1624년 관우에게 '삼계복마대제신위원진천존관성제군三界伏魔大帝神威遠震天尊關聖帝君'이라는 시호를 바쳤다. '세 가지 세상(하늘과 지상, 지하)의 마귀를 굴복시키며 신령스러운 위엄을 가진 하늘의 존귀하고 성스러운 관우 임금'이라는 거창한 존칭이다. 이렇게 관우를 높임으로써 관우의 신통력을 빌려 만주족의 침략을 막기 위함이었다.

명나라를 몰락시키고 중국의 주인이 된 청나라도 역시 관우를 숭배하는 데 여념이 없었다. 1879년 청나라 광서제는 천계제가 남긴 것보다 더 길게 충의신무영우인용위현호국보민익찬선덕관성대제忠義神武靈佑仁勇威顯護國保民翊贊宣德關聖大帝라는 시호를 지어 관우에게 받쳤다. 당시 청나라는 서

서울시 종로구 숭인동에 있는 동묘. 관우를 모신 사당으로 현재 보물 142호로 지정되어 있다.

구 열강의 침입에 홍콩과 주룽 반도를 비롯한 영토와 온갖 이권을 내주는 등 속절없이 무너져내리고 있었다. 위급한 상황에서 관우에게라도 제발 지켜달라고 빌면서 사정하고 싶은 심정이었으리라.

심지어 중국이 아닌 조선 땅에도 관우 모시기 신드롬이 나타났다. 임진왜란 때 조선을 도우러 온 명나라 군사들이 관우를 수호신으로 섬기는 것을 본 선조가 관우를 섬기는 관제묘關帝廟를 전국 각지에 세우게 한 것이다. 선조의 뒤를 이은 숙종도 관제묘 만들기에 열을 올렸으며 선조 이후 관우는 추앙받는 존재가 되었다.

한국에 언제 두부가 전해졌는지는 아직 모른다. 고려 말 시인이자 정치인인 이색의 유고집 《목은집》에 〈대사구두부래향大舍求豆腐來餉〉이라는 시가 있는데 거기에서 '새로 나온 부드러운 두부를 썰어보았다. 이의 사이가 벌어졌는데, 먹기에 편하다. 참으로 나이 든 몸을 다스리는 데 뛰어나구나.'라는 시구가 나온다. 이로 미루어 고려 말에 가장 활발히 교류했던 원나라를 통해 들어온 게 아닐까 싶다.

재미있는 일화 하나를 덧붙이면 명나라 군사들은 관우 숭배 못지않게 두부도 즐겨 먹어 조선 조정에 반드시 두부도 지급해달라고 요청했다. 이들은 주로 잘게 썬 돼지고기와 두부를 함께 볶아 먹는 마파두부 같은 요리를 좋아했다고 한다. 관우와 두부는 후대 역사에서 콩깍지와 콩처럼 떼려야 뗄 수 없는 사이가 되고 만 셈이다.

아이스크림이 된 두부, 토푸티

이제는 우리나라나 중국 같은 동양권뿐만 아니라 미국을 비롯한 서양에서도 두부를 주목하고 있다. 얼마 전 미국에서 토푸티tofutti라는 음식이 선보여 눈길을 끌었다. 어떤 음식일까 궁금해 고개를 갸우뚱할지도 모르겠지만 그다지 신기한 음식은 아니다. 바로 두부를 얼린 아이스크림이기 때문이다.

토푸티는 부드러운 순두부를 얼린 다음 거기에 크림이나 설탕을 첨가해 먹는 것인데, 먹을 때 감촉이 아이스크림처럼 부드럽다. 주로 고기를 먹지 않는 채식주의자나 몸에 젖당이 부족해 우유를 잘 못 먹는 사람들에게 환영받고 있

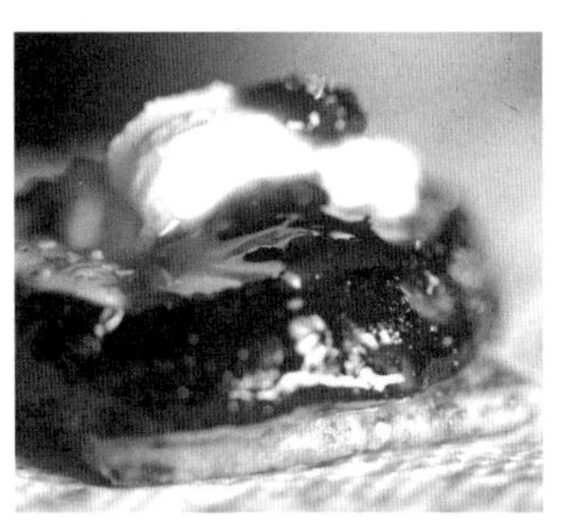

구운 무화과 위에 크림처럼 얹은 토푸티.

다. 특히 달걀보다 영양가가 높아 식물성 성분이 아니면 어떤 음식도 먹지 않는 철저한 채식주의자인 비건vegan들이 무척이나 선호한다고 한다.

미국의 진보적인 다큐멘터리 감독인 마이클 무어가 그의 저서인《이봐, 내 나라를 돌려줘!》에서도 언급할 정도로 토푸티는 미국에서 대중적으로 사랑받는 간식이다. 중국인을 비롯한 아시아 이민자들이 미국에 퍼뜨린 두부가 토푸티로 다시 태어났고, 머지않아 이것이 역수입되어 우리 곁으로 돌아올지도 모를 일이다. 그래서 문화는 흐르는 물처럼 서로 돌고 돌며 영향을 받는 것이리라.

동서양의 입맛을 사로잡은 만두의 역사

송나라에서 원나라로 막 교체될 무렵 드디어 한반도에도 만두가 들어온다. 고려 충렬왕 때에 지어진 노래 〈쌍화점〉을 보면 밀가루 안에 고기로 소를 넣은 음식인 쌍화가 나온다. 이 쌍화를 개성에서 회회아비(위구르인)들이 팔았다고 한다.

만두.

2009년 초 TV에서 〈누들로드〉라는 음식 다큐멘터리가 방영된 적이 있다. 누들로드Noodle Road 즉, 국수의 길이라는 제목이 말해주듯이 밀가루로 만든 중앙아시아 면이 중국과 아랍, 서양으로 퍼져나간 과정을 잘 보여준 작품이다. 그렇다면 국수처럼 동서양을 이어준 또 다른 음식으로는 뭐가 있을까? 바로 만두다.

만두의 본고장은 중국이다. 하지만 중국에서 말하는 만두는 '만터우'라고 해서 속에 아무것도 들어 있지 않은 밀가루 빵이다. 우리나라에서 즐겨 먹는, 만두피에 고기와 채소 등으로 소를 넣은 만두는 쟈오쯔餃子라고 부른다. 그러니 중국 여행 가서 우리나라식 만두를 먹고 싶으면 만터우가 아닌 쟈오쯔를 달라고 해야 한다.

한국에서는 모두 만두라고 하지만, 중국에는 앞서 말한 만터우와 쟈오쯔 외에도 고기나 채소로 꽉 채운 찐빵인 바오쯔包子, 얇은 밀가루 피로 길쭉하게 돼지고기나 새우볶음을 감싼 춘좐春卷 등 만두 종류가 다양하다.

제갈량과 만두

만두 기원에 관한 이야기는 이미 알고 있는 분도 꽤 있을 것이다. 《삼국지》의 중심인물 중 하나인 제갈량은 남만南蠻의 지도자 맹획을 일곱 번 사로잡았다가 일곱 번 놓아주는데 이 일로 맹획은 제갈량의 심복이 된다.

여기서 남만은 지금의 중국 서남부에 있는 윈난성雲南省이다. 남만을 평정한 제갈량은 고국인 촉나라로 돌아간다. 그런데 루수이瀘水라는 강에 이르렀을 때 바람이 심하게 불고 물결이 거세어 건널 수가 없었다. 뒤따라오던 맹획에게 제갈량이 강물을 조용하게 잠재울 비법을 묻는다. 그러자 맹획이 "이 지방에서는 강물과 바람이 거셀 때마다 사람의 머리 마흔아홉 개를 제물로 바칩니다."고 대답했다. 하지만 제갈량은 전쟁이 끝난 마당에 더는 사람을 희생시키고 싶지 않았다. 그래서 사람

만두의 기원 설화에 등장하는 제갈량.

머리를 대신해 커다란 밀가루 피에 쇠고기와 양고기로 속을 채운 큼지막한 음식을 만들어 강물에 던졌다. 이 음식이 만두다. 처음에는 남쪽 오랑캐인 남만인의 머리라는 뜻으로 만두蠻頭로 쓰다가 오랑캐가 들어간 글자를 계속 쓰기가 뭣해서 지금처럼 만두饅頭로 바뀌었다고 한다.

그러나 이 전설은 어딘지 미심쩍다. 앞에서도 말했듯이 중국에서 대개 만두는 속에 아무것도 넣지 않은 만터우를 가리킨다. 따라서 고기를 소로 넣은 만두가 생기면서 제갈량과 억지로 연관을 지은 게 아닐까 싶다.

〈쌍화점〉의 '쌍화'도 만두

기원이야 어찌되었든 삼국시대 이래로 만두는 중국인들에게 매우 사랑받는 음식이 되었다. 당나라 시대에는 뤼허바오쯔綠荷包子라는 만두가 생겼는데, 더운 여름날에 원기를 북돋아준다며 사람들이 즐겨 먹었다고 한다.

중국 역사상 가장 문화가 융성했던 송나라 때에도 만두는 큰 인기를 누렸다. 송나라의 권세가 채경蔡京은 만두를 특히 좋아해서 좀 더 좋은 맛을 내기 위해 만두피만 빚는 사람, 파를 비롯해 소만 다지는 사람, 솥에 물을 부어 만두만

송나라 휘종(위)과 채경(아래). 〈청금도聽琴圖〉. 휘종 그림.

찌는 하인을 따로 두었다고 한다. 나중에 채경이 몰락한 뒤 그의 집에서 일했던 하인 한 명이 다른 사람의 집에 고용되었다. 새로운 주인이 그녀에게 만두를 빚어보라고 하자 "저는 지금까지 채 태사의 집에서 만두에 들어갈 파만 다졌기 때문에 만두를 어떻게 빚는지 모릅니다."고 말했다는 고사는 매우 유명하다.

송나라에서 원나라로 막 교체될 무렵 드디어 한반도에도 만두가 들어온다. 고려 충렬왕 때에 지어진 노래 〈쌍화점〉을 보면 밀가루 안에 고기로 소를 넣은 음식인 쌍화雙花가 나온다. 이 쌍화를 개성에서 회회아비(위구르인)들이 팔았다고 한다.

고려가 망하고 조선이 들어서면서 만두는 더욱 화려하게 변신한다. 궁중 요리에서도 매우 중요한 위치를 차지한다. 조선의 왕들은 흰 살 생선인 도미, 농어 등을 얇게 떠서 그 안에 고기와 채소를 소로 넣은 어만두漁饅頭를 즐겨 먹었다고 한다.

조선 중기에 쓰인 중국 사신을 접대하는 절차와 예법을 기록한 《영접도감의궤》에 따르면, 중국 사신들을 대접하는 만찬에서도 밀가루 피 안에 고기소가 가득 들어간 만두가 올라갔다.

다양한 만두 사촌들

만두가 고려로 전해질 무렵 저 멀리 유럽에서도 만두의 사촌뻘인 펠메니pelmeni가 등장했다. 펠메니는 러시아와 벨로루시, 라트비아, 우크라이나 등지에서 즐겨 먹는 음식으로 만두 계열에 속한다. 대개 쇠고기와 돼지고기로 소를 만들지만 양고기나 물고기를 넣는 지역도 있다.

언제부터 펠메니를 먹었는지는 확실하지 않다. 러시아를 지배하던 타타르, 즉 몽골족의 영향을 받아서 만들어진 음식이 아닐까 추측된다. 13세기 러시아를 쥐고 흔들었던 몽골인들이 가져온 만두가 펠메니의 원조라는 것이다.

13세기 중국을 정복한 몽골인들은 중국인들이 즐겨 먹던 바오쯔를 보고서 부쯔buuz라는 양고기 만두를 만들어냈다. 부쯔는 밀가루 만두피에 양고기 소를 넣은 것인데, 뜨거운 양고기 기름이 잔뜩 들어 있어서 섣불리 먹었다가는 입 안을 데기 십상이다. 그래서 몽골인들은 양고기 기름을 먼저 조심스럽게 빨아내 삼킨 다음 부쯔를 먹는다.

중국에도 부쯔와 비슷한 만두가 있는데 샤오롱바오小籠飽다. 샤오롱바오는 상하이 요리로, 얇은 만두피 안에 돼지고기 소와 돼지고기 국물이 함께 들어 있다. 성급히 씹었다가

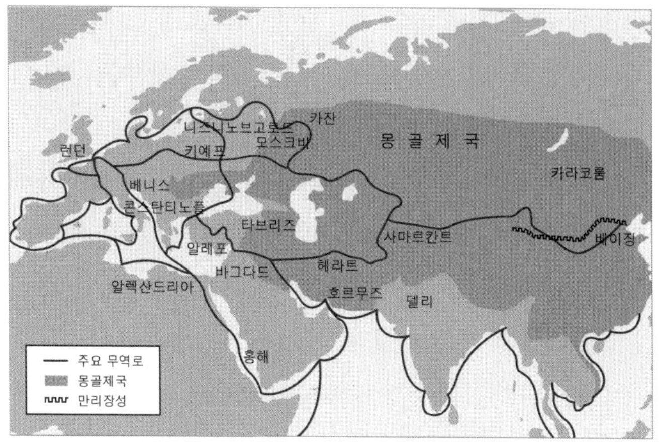

몽골제국이 하나로 연결한 동서양의 교역로를 따라서 만두도 서양으로 전해졌다.

는 부쯔처럼 뜨거운 국물이 새어나와 입 안이 델 수도 있으니 조심해야 한다. 우리나라 고급 중국 식당에서도 이 샤오롱바오를 맛볼 수 있다. 만두피가 얇고 돼지고기 국물이 많이 들어가 있는 것일수록 맛이 좋다. 몽골인들은 부쯔뿐 아니라 양고기와 실파를 섞어 동그랗게 빚은 소를 넣어 튀긴 만두인 후수르khuusuur와 물만두인 반시bansi도 만들어 먹었다.

펠메니의 사촌뻘인 피에로기pierogi는 폴란드식 만두다. 조리법은 펠메니와 그다지 다르지 않으며 소로 들어가는 재료만 조금 다르다. 피에로기에는 사우어크라우트sauerkraut

(소금에 절인 양배추 요리)와 시금치, 양파, 치즈, 버터 등이 들어간다. 또 딸기나 복숭아, 자두, 사과 같은 과일도 소로 넣어 디저트로도 먹는다.

이밖에도 만두는 여러 지역에서 각각 다른 이름으로 불린다. 이탈리아에는 라비올리ravioli가 있는데, 라비올리는 얇은 밀가루 피에, 다진 쇠고기에 치즈 등을 섞어 만든 소를 넣고 빚어 삶아 먹는 만두다. 터키와 아프가니스탄, 아르메니아에는 밀가루 반죽 안에 양고기를 넣고 삶아 먹는 만티manti가 있는데, 이는 만두의 중국식 발음이 변한 것이다. 그루지야에는 킨칼리khinkali, 우즈베키스탄에는 추츠바라chuchvara 등의 만두가 있다.

동서양을 하나로 이었던 몽골제국 시대에 만두는 몽골군의 원정길을 따라 고려를 비롯해 유럽과 터키, 중동에까지 전파된 것이다.

만두 일종인 피에로기, 부쯔, 만티(왼쪽부터).

펠메니 조리법

재료 밀가루 반 컵, 달걀 2개, 따뜻한 물 반 컵, 소금과 후추, 갈아놓은 쇠고기와 돼지고기 반 컵, 갈아놓은 양파 2개

만들기

1. 밀가루에 따뜻한 물을 부어 잘 반죽한다.
2. 그릇에 달걀 2개를 깨 넣은 후 잘 젓는다.
3. 1번과 2번을 잘 섞어 주물러 반죽을 한다. 펠메니 만들 때 가장 중요한 것이 이 밀가루 반죽이다. 탄력이 생길 때까지 주무른다.
4. 갈아둔 쇠고기와 돼지고기에 간 양파와 후추, 소금을 넣고 반죽해서 동그랗게 소를 만든다.
5. 준비해놓은 밀가루 반죽을 떼어내 대략 3센티미터 크기로 만두피를 빚는다. 그 안에 동그랗게 만들어놓은 소를 넣고 잘 감싼다.
6. 끓는 물에 펠메니를 넣고 끓인다.

완성된 펠메니에 버터나 사우어크림을 얹고, 오이피클과 러시아식 수프인 보르스치와 함께 먹으면 나름대로 훌륭한 식사가 된다.

베이징오리만 있냐? 남경오리도 있다!

그런데 이때 놀라운 일이 벌어졌다. 무슨 일이 있어도 아름답고 풍요로운 자신들의 땅이 북방 오랑캐의 말발굽에 두 번 다시 짓밟혀서는 안 된다고 생각한 양나라 백성들이 자발적으로 식량을 마련해 진패선의 군사들에게 보내준 것이다.

남경오리.

중국을 대표하는 유명한 요리를 하나 대라면 으레 베이징오리를 꼽을 것이다. 달콤한 양념을 발라 구워내는 베이징오리의 맛은 확실히 중국 요리의 상징으로 손색이 없다. 그런데 남경오리라는 요리도 중국에 있다. 베이징오리와 달리 남경오리는 소금에 절여 삶아 먹는 것이다. 이 음식의 탄생 과정이 흥미롭다.

불교에 심취한 양무제

남경오리는 중국 양나라 때 처음 나타났다. 양나라는 우리가 5호 16국으로 알고 있는 중국의 남북조시대에 존재했던 나라다. 당시 중국은 양쯔강을 사이에 두고 남북으로 나뉘어 서로 대치하고 있었는데, 북쪽은 유목민인 선비족이 세운 북위가 지배했고, 남쪽은 선비족 등 북방 민족에게 밀려난 한족들이 동진과 송·제·양나라를 세우며 자리를 보존했다. 이들 중 양나라는 가장 화려한 문화를 자랑했다. 특히, 양나라를 세운 무제 소연蕭衍은 중국 황제들 중에서는 보기 드물게 47년 동안이나 장기 집권을 하면서 나라에 평

양나라의 개국자이자 성군이었던 양무제 소연. 하지만 종국에는 나라를 망친 어리석은 임금이 되고 만다.

화와 번영을 가져다주었다.

양무제는 학문과 예악을 장려하였고, 인재들을 가문에 구애받지 않고 공평하게 선발했다. 그의 업적은 단순히 문文에만 그치지 않았다. 위예 같은 명장을 등용해 북쪽에서 쳐들어오는 북위군을 쳐부수고 국방을 든든히 지키기도 했으니 말이다.

양무제는 열렬한 불교 신자이기도 했다. 남북조시대 중국에는 어느 나라를 막론하고 불교가 성행했지만 양무제는 유독 심했다. 그의 치세 기간 동안 수도인 건강建康에만 사찰 500개가 세워졌고 나라 전체로는 2,800개나 지어졌다. 단순히 절을 세우는 것만으로는 모자랐던지 양무제는 아예 네 번이나 제위를 버리고 동태사東泰寺라는 절에 들어가 승려가 되겠다고 난리법석을 떨었다. 이런 황제의 지나친 불심에 놀란 신하들은 1억 전이라는 거액을 절에 바치고서야 이런 사태를 황급히 막을 수 있었다.

독실한 불교 신자답게 국정 운영에서 양무제는 '자비'를 제일의 가치이자 근본 철학으로 삼았다. 그는 옷감도 비단 대신 무명을 쓰도록 지시했다. 비단을 짤 때 많은 누에가 죽는다는 이유에서였다. 또한, 아무리 큰 죄를 저지른 죄인이라도 나라에 돈을 바치면 사면해주었다. 심지어 반란을 일으켜 자신을 죽이려 한 동생 소굉도 죽이지 않고 용서했다.

여기에서 한 발 더 나아가 양무제는 종묘에 올리는 제사에서도 동물을 희생시키는 고기와 취하면 정신을 잃게 하는 술을 금지하고 대신 채소와 과일, 과자와 차를 썼다. 물론 본인도 술과 고기를 먹지 않았다. 그리고 〈단주육문(斷酒肉文, 술과 고기를 끊는 글)〉이라는 법령을 공표해 승려들도 술과 고기를 일절 먹지 말라고 명령했다.

중들이 고기를 안 먹는 건 당연한 일 아닌가 하고 의아해할 독자들도 있겠지만 당시엔 중들도 고기를 먹었다. 불교의 창시자인 석가모니는 먹기 위해 일부러 짐승을 죽여서는 안 되지만, 자연사한 짐승의 고기는 먹어도 좋다고 제자들에게 말했다. 그래서 석가모니가 말년에 튀긴 돼지고기를 먹다가 소화불량으로 사망했다는 이야기도 있다.

그런데 양무제가 발표한 법령에 승려들은 매우 당황했다. 어떻게 해야 좋을지 고민하던 승려들은 한 가지 절충안을 생각해냈다. 황제의 지시대로 채식을 하되, 고기를 먹어오던 승려들의 입맛도 배려해서 가급적 고기와 비슷한 맛을 내는 요리법을 개발한 것이다. 그것이 바로 정진精進 요리였다.

정진 요리의 주된 재료는 콩과 밀가루, 버섯과 두부, 연근 등이다. 이 재료들로 만든 정진 요리는 막상 먹으면 워낙 감쪽같아서 고기를 먹을 때와 별다른 맛의 차이를 느끼지 못했다고 한다. 채식주의자들이 즐겨 먹는 콩으로 만든 '콩 고기'란 음식도 정진 요리 중 하나이다. 그밖에 말린 버섯을 콩기름에 튀기는 버섯탕수육이나 두부를 다져 만드는 사자두와 연근을 잘게 빻아서 만든 갈비도 정진 요리에 속한다.

양무제의 공표 이후 승려들의 채식과 금주 계율은 일종의 관습법으로 굳어졌다. 양나라와 진나라를 거쳐 중국이 수나라로 통일되면서 이 계율은 중국 전역과 주변국인 한국과 일본 등지에까지 전파되었다. 오늘날 동아시아의 승려들이 술과 고기를 금하고 채식을 하며 사는 것도 양무제가 내린 법령에서 비롯되었다

영화의 종말 그리고 남경오리의 탄생

달도 차면 기우는 법. 영원할 것만 같던 양무제의 치세와 47년간의 번영은 참혹한 전란으로 끝나버렸다. 548년 양나

라에 투항했던 동위의 장수 후경後景이 반란을 일으킨 것이다. 후경은 비록 일자무식한 칼잡이에 불과했으나, 난세를 살아가는 자의 본능만은 누구보다 뛰어났다. 그는 양나라가 겉으로 보기에는 매우 풍요롭고 평화롭지만, 오래 집권하면서 양무제는 점차 타성에 젖어들고 그 사이에서 황족들은 권력 싸움을 벌여 백성들 생활이 나날이 어려워지고 있다는 사실을 간파했다. 나라 안팎에서 황실에 대한 불만이 커지는 것을 보고는 과감하게 이빨을 드러냈던 것이다.

반란이 일어났다는 소식을 듣고도 양무제는 그다지 대수롭지 않게 여겼다. "한낱 보잘것없는 북방 오랑캐 따위가 감히 무얼 할 수 있겠는가?"라며 별다른 신경을 쓰지 않았다. 그도 그럴 것이 처음에 후경이 이끄는 반란군은 고작 1,000명에 불과했기 때문이다. 그런데 어찌된 일인지 시간이 갈수록 반란군에 가담하는 백성들이 눈덩이처럼 불어났다. 548년 10월 24일에는 10만 명에 이르렀고, 이들은 수도인 건강을 향해 파죽지세로 쳐들어오기 시작했다. 대체 어찌된 일일까.

앞서 말했듯이 양무제는 국정 운영 철학을 '자비'로 삼았다. 그런데 관대함에 너무 집착한 나머지 자신의 혈육인 황족들이 백성들을 학대하거나 죽이는 죄를 지어도 엄하게 처벌하지 않았다. 그저 잠시 유배를 보냈다가 도로 풀어주는 정도에서 그쳤다. 양무제는 자신의 관대함에 황족들이 감동을 받고 마음을 고쳐먹으리라 기대했겠지만, 오히려 황족들은 자신들이 무슨 짓을 저질러도 죽지 않는다는 사실을 알고는 백성들을 착취하며 마음껏 재산을 긁어모았다. 그 바람에 민심이 점점 돌아섰고, 백성들이 반란군에 가담하게 된 것이다.

한편, 발등에 불이 떨어진 양무제는 황급히 각지에 구원병을 요청하는 조서를 보냈다. 하지만 후경의 군사 10만 명보다 세 배나 많은 30만의 군대가 소집되었는데도 양나라 군대는 반란군을 진압하여 황제와 수도를 구할 생각은 않고 멀리서 지켜만 보고 있었다. 특히 구원군을 이끄는 소릉왕 소륜蕭綸은 아버지 양무제를 이어 황제가 되려고 일부러 수수방관했다. 후경이 양무제를 죽이면 황제 자리가 빌 테니 자신이 황제가 될 수 있으리라는 생각에서였다. 다른 황족들도 마찬가지였다. 그들은 양무제가 죽으면 자신들 중 한 명이 황제가 된다는 생각에 아무도 군대를 이끌고 오지 않았다. 이렇게 해서 고립무원 상태에 빠진 양무제는 반란군에게 포위된 지 약 130일 만에 마침내 건강을 내주고 말았다. 양무제는 황궁에 감금되었는데, "자업자득이군. 무슨 할 말이 있으랴!" 하는 유언을 남기고 굶어 죽었다. 부귀영화를 한 몸에 누리던 대제국의 황제치고는 너무나 허무한 최후였다.

비참한 것은 양무제만이 아니었다. 그가 심혈을 기울여 가꾼 수도 건강의 번영과 영화도 모두 사라져버렸다. 반란이 일어나기 전 건강에는 인구수가 100만이 넘었고 사찰 500개가 있었지만, 후경에게 함락될 당시 건강의 인구 중 무려 80퍼센트가 반란군에게 잔혹하게 죽음을 당했고, 양무제가 스스로의 몸마저 바칠 정도로 아꼈던 사찰들도 모조리 약탈당하고 불에 타 없어지고 말았다. 사찰을 지키려던 승려들도 반란군의 창칼에 목숨을 잃었다.

551년 11월, 후경은 자신이 직접 황제가 되어 나라 이름을 한漢이라고 정했다. 그러나 후경은 여전히 약탈자의 본성을 버리지 못했다. 그는 자신에게 저항하는 양나라 백성들을 땅에 얼굴만 내놓게 묻은 뒤 화살을 쏘거나 사지를 찢어 죽이는 방법으로 무자비하게 살육했다.

처음에는 양무제의 통치에 반감을 품고 후경의 반란에 동조한 백성들이었지만, 그의 포악성이 기승을 부리자 더는 그와 함께 지낼 수 없었다. 형주자사인 왕승변王僧弁과 고요 태수인 진패선陳覇先을 필두로 수많은 백성이 후경을 몰아내려고 봉기를 일으켰다. 후경은 왕승변과 진패선의 연합군과 싸워 대패하고 건강에서도 쫓겨나 가족과 부하들을 거느리고 배를 타고 바다로 달아났다. 그런데 후경의 운이 다

한 것인지 후경의 부하들 중 일부가 반란을 일으켰다. 그들은 후경이 잠든 틈을 노려 그와 그의 일당들을 모두 죽였다. 후경의 목은 잘려져 건강으로 보내졌고, 그의 만행에 치를 떨던 양나라 백성들은 구름처럼 몰려와 후경의 살을 씹어 먹고 뼈를 불태워 술에 타 마셨다고 전해진다.

후경은 죽었지만 양나라의 혼란한 정국은 수습되지 않았다. 황족들끼리 황제 자리를 두고 내전을 벌이고 있었다. 아버지의 죽음을 외면했던 불효자식 소륜은 자신의 동생인 소역의 위협을 피해 달아나다가 북쪽에서 쳐들어온 서위의 군대에게 죽음을 당했다. 양무제의 손자인 소찰은 소역과 싸우다 불리해지자 서위에게 사신을 보내 도와줄 것을 부탁했다.

소찰의 부탁을 받은 서위는 대군을 보내 소역을 죽이고, 수많은 백성을 유린하고 곡식을 약탈한 다음 서위로 돌아갔다. 이 모습을 지켜본 소찰은 친척들 간의 싸움에 외세인 서위를 끌어들여, 백성을 잃고 나라를 황폐하게 만든 자신의 어리석음을 후회하면서 쓸쓸히 눈을 감았다.

이렇게 되자 양나라 황실의 주요 인물들은 모두 죽고 살아남은 사람들 중에 적임자는 소역의 아들인 열세 살의 진안왕 소방지뿐이었다. 양나라의 군사력을 장악하고 있던 왕승변과 진패선은 일단 소방지를 황제로 옹립하는 데 동의했지만, 문제는 그다음이었다.

양나라 북쪽에서는 동위가 망하고 북제北齊가 들어섰는데, 북제는 양나라의 내부 사정이 어지러운 틈을 노려 모략을 짜냈다. 양나라의 실권자로 떠오른 왕승변에게 은밀히 사자를 보내 회유했던 것이다.

비천한 농민 출신으로 개국 황제가 된 진 무제.

"듣자 하니 왕 장군은 본래 북에서 내려온 선비족이라고 하더군요. 우리 제나라도 선비족이 세운 나라이니, 그대와 우리는 같은 형제인 셈이오. 그렇다면 구태여 싸울 필요가 없지 않소? 더구나 우리나라에는 예전에 포로로 잡혔던 양나라 황족인 소연명이 머물고 있소. 우리가 소연명을 보내줄 테니, 그를 황제로 삼으시오. 그리하면 우리는 당신들을 침공하지 않고, 그대와 평화롭게 지낼 것이외다."

북제의 설득이 마음에 들었던지 왕승변은 그들의 제의를 받아들여 소방지를 폐위하고 소연명을 황제로 맞아들였다. 이런 왕승변의 처사는 양나라 백성들에게 큰 충격과 분노를 가져다주었다. 한족들은 수백 년간 선비족과 싸워오면서 선비족을 미개한 오랑캐라고 여겨 멸시했는데, 왕승변이 선비족 왕조인 북제의 요구에 따라 황제를 세운 행동은 마치 나라를 선비족 오랑캐의 괴뢰국으로 전락시킨 것처럼 보였던 것이다.

왕승변의 행동에 분개한 것은 양나라 백성들만이 아닌 진패선도 마찬가지였다.

> "저 자가 북제의 요구에 따른 까닭은 본시 자신이 선비족이기 때문에, 저들과 야합하여 이 나라와 강산을 통째로 오랑캐의 제물로 바친 것이다. 북에서 거짓 투항해온 동위의 후경 때문에 나라가 송두리째 망할 뻔했는데, 이제는 북제가 소연명을 보내 우리를 속국으로 삼으려 드는구나!"

결심을 굳힌 진패선은 군사를 일으켜 왕승변을 죽이고, 북제가 보낸 괴뢰 황제 소연명을 쫓아낸 다음 다시 소방지를 황제로 세웠다. 그러자 북제가 수십만 대군을 이끌고 쳐들어왔다. 수적으로 열세에 몰린 진패선은 결사적으로 항전했으나, 때마침 큰 홍수가 일어나 병사들이 먹을 식량마저 바닥나 매우 어려운 상황에 처하고 말았다. 그런데 이때 놀라운 일이 벌어졌다. 무슨 일이 있어도 아름답고 풍요로운 자신들의 땅이 북방 오랑캐의 말발굽에 두 번 다시 짓밟혀서는 안 된다고 생각한 양나라 백성들이 자발적으로 식량을 마련해 진패선의 군사들에게 보내준 것이다.

여전히 담백한 맛이 일품인 남경오리.

후경이 일으킨 반란으로 건강이 초토화되고 홍수까지 일어나 자신들이 먹을 것도 부족하던 때에 어떻게 이런 일이 가능했을까. 양나라 백성들은 군사들에게 보내줄 식량을 놓고 고심하던 중, 폐허가 된 건강의 주변을 돌아다니던 오리 떼를 발견했다. 백성들은 오리를 소금물에 넣고 삶은 다음 고기가 상하지 않도록 잘 말렸다. 이것을 연꽃잎에 찐 밥과 함께 군량으로 보냈던 것이다. 이때 삶은 오리고기를 판압板鴨이라고 했는데 판자로 꽉 눌려 납작해진 모양 때문이었다.

조국을 지켜내려는 백성들의 순수한 열정이 담긴 판압 도시락을 받은 양나라 군사들은 감격하여 용기와 힘을 얻었고 북제의 침략군을 크게 무찔러 나라 밖으로 쫓아버렸다. 대승을 거둔 진패선은 백성들의 열렬한 환대를 받으며 수도 건강으로 개선했고, 557년 10월 소방지에게서 제위를 넘겨받아 황제가 되었다. 나라 이름은 진陳이었다. 진패선은 사후에 진무제陳武帝로 추증되었다.

진패선과 군사들이 먹었던 판압은 그 후, 명나라를 거쳐 남경오리 요리로 이어졌다. 현재의 남경오리도 여전히 소금물에 삶고 말리는 방식을 취하고 있다. 양념장에 발라 구워내는 베이징오리의 맛이 새콤달콤하다면, 삶아서 말리는 남경오리는 순하고 담백한 맛이 일품이다.

뷔페 요리와 샌드위치를 만든 바이킹들

바이킹들은 숲에서 베어 온 나무들로 지렛대를 만들어 배를 육지로 들어 올린 뒤 끌고 갔던 것이다. 콘스탄티노플 인근의 금각만에 다다르자 다시 배들을 바다에 띄워 콘스탄티노플까지 나아갔다. 당황한 비잔티움제국의 황제와 대신들은 황급히 그들에게 막대한 양의 보물을 주며 평화를 구걸할 수밖에 없었다.

뷔페 요리.

많은 사람이 모이는 결혼식이나 피로연 같은 대규모의 연회가 주로 열리는 곳이 뷔페다. 우선 손님들의 주문을 일일이 받을 필요가 없어 주최 측과 서빙을 하는 사람들이 편하다. 손님들도 음식이 나올 때까지 기다리지 않아도 되고 자신들이 원하는 만큼 음식을 덜어 먹을 수 있으니 좋다. 그럼 이런 뷔페 요리를 처음 생각해낸 사람들이 누구였을까? 손님들의 고충을 덜어주려던 뛰어난 요리사나 고급 레스토랑의 지배인이 아니었다. 그들은 잔인무도한 해적인 바이킹들이었다.

서로마제국이 몰락하고 유럽이 암흑에 휩싸였던 793년, 영국 북부 노섬브리아의 린디스판 수도원이 정체불명의 집단에게 습격을 당한다. 성스러운 복음을 양피지에 기록하고 있던 수도사들은 죽음을 당하거나 노예가 되었고, 성경과 거룩한 미사에 사용되던 성물들은 모두 약탈당했다. 감히 신도 두려워하지 않는 이런 만행에 영국은 물론이고 전 유럽이 충격과 공포에 떨었다. 대체 저들은 누구이기에 저런 흉악한 범죄를 저질렀단 말인가?

린디스판 수도원 약탈 사건은 앞으로 약 300년간 전 유럽을 상대로 전개될 바이킹이 저지른 만행의 시작이었다. 지금의 덴마크와 노르웨이, 스웨덴이 위치한 스칸디나비아 반도는 일찍부터 '종족들의 공장'이라 불릴 정도로 많은 종족이 탄생한 곳이다. 로마를 연전연패시키고 이탈리아와 스페인을 정복한 고트족과 영국을 침략하여 원주민 켈트족을 몰아내고 땅 이름마저 자신들의 이름을 붙여 잉글랜드라고 붙인 앵글로 색슨족도 모두 스칸디나비아에서 발흥했다. 바이킹 역시 마찬가지였다.

바이킹은 용머리가 달린 보트에 몸을 싣고 북해의 거친 파도를 헤치며 바다와 닿는 곳이면 어디든 가리지 않고 번개처럼 달려가 노략질을 일삼았다.

한 번 성공한 해적질이니 거칠 것이 없다. 린디스판 수도원을 털어본 바이킹은 예상 외로 잉글랜드의 방어 태세가 허약하다는 사실을 알아채고 잉글랜드를 맹렬히 공격하기 시작했다. 이 때문에 노섬브리아와 웨식스를 비롯한 잉글랜드의 7왕국은 거의 멸망 직전에까지 몰렸다. 또 프랑크(프랑스) 왕국은 파리가 무려 3만 명이나 되는 바이킹의 포위

공격을 받자 기진맥진하다가 할 수 없이 최후의 선택을 했다. 북부 지방인 노르망디를 아예 바이킹들에게 정착지로 떼어준 것이다. 이런 비상수단을 쓰고서야 간신히 그들의 분노를 달랠 수 있었다.

연이은 성공에 고무된 바이킹들은 더욱 대담해졌다. 대서양을 한 바퀴 돌아 지브롤터 해협을 통과해 이슬람 왕국이 지배하고 있던 스페인과 모로코의 해안 지대에 상륙해 약탈을 일삼았고, 그것으로도 만족하지 못한 무리들은 시칠리아까지 항해했다. 루나(지금은 사라진 이탈리아 남부 도시)라는 한 마을을 초토화로 만들기도 했다.

스벤이라 불리던 스웨덴의 바이킹들은 다른 동족들과는 달리 발트 해를 건너 동쪽으로 향했다. 그러고는 러시아 서북부의 노보고로트를 점령한 뒤 근거지로 삼았다. 러시아 역사를 기록한《러시아 연대기》에 따르면 서로 나뉘어 싸우던 슬라브족들 중 한 부류가 "우리가 사는 땅은 넓고 풍요롭지만 질서가 없으니, 어서 와서 우리를 다스려주기 바랍니다."라고 요청했다고 한다.

노보고로트를 차지한 바이킹들은 점점 세력을 남쪽으로 넓혀가 흑해로 통하는 하구 지역을 손에 넣고 키예프라는 도시를 세웠다. 옛날 고트족들처럼 바이킹들도 흑해를 건너 그리스와 소아시아를 약탈하려고 해상 원정에 나섰다. 용의 머리가 새겨진 약 200척의 선단은 바이킹 전사 8,000여 명을 태우고서 비잔티움제국 수도인 콘스탄티노플의 교외에 도착했다. 미리 정보를 입수한 비잔티움제국은 도시로 통하는 해협 입구에 쇠사슬을 걸어놓아 배가 통과하지 못하게 막았다.

하지만 바이킹들은 기발한 방법으로 이런 방비를 무력화했다. 숲에서 베어 온 나무들로 지렛대를 만들어 배를 육지로 들어 올린 뒤 끌고 갔던 것이다. 콘스탄티노플 인근의 금각만에 다다르자 다시 배들을 바다에 띄워 콘스탄티노플까지 나아갔다. 당황한 비잔티움제국의 황제와 대신들은 황급히 그들에게 막대한 양의 보물을 주며 평화를 구걸할 수밖에 없었다.

바다가 없는 내륙 국가인 체코와 슬로바키아도 바이킹의 침략을 받았다. 비잔티움제국의 사례처럼 바이킹들은 배를 타고 강을 거슬러 올라가다 수심이 얕아 더는 항해할 수 없게 되면, 배를 들쳐 메고 강이나 호수가 나올 때까지 계속 행군했다. 무지막지한 방법이긴 하지만 수로를 이용한 약탈에는 매우 효과적이었다.

그러나 바이킹들이 그저 해적질만 일삼았던 것은 아니다. 유럽의 한쪽 구석에 있던 불모의 섬인 아이슬란드에 대규모

용머리가 달린 롱십을 타고 노략질에 나선 바이킹.

의 이민자들을 보내고, 아직 사람이 살지 않던 얼음투성이 땅인 그린란드를 발견해 마을을 만들기도 했다. 그린란드의 바이킹들은 북극곰과 바다표범 가죽으로 다른 유럽 국가들과 적극적으로 무역도 했다.

콜럼버스보다 500년이나 앞서서 신대륙인 북아메리카 대륙에 도착한 모험가들도 바이킹이었다. 아이슬란드 바이킹들의 영웅담인 《빈란드 사가》를 보면 탐험가인 레이프 에릭슨과 토르핀이 지금까지 한 번도 보지 못한 새로운 땅으로 떠나 그곳에서 스크렐링이란 토착민과 전투한 일을 노래하는 장면이 나온다. 《빈란드 사가》에서 '빈란드'는 지금의 캐나다 뉴펀들랜드 섬으로 추정되는데, 실제로 이곳에서 바이킹들이 살았던 집과 유물들이 발견되었다.

바이킹들의 장대한 활동은 1066년, 노르웨이 왕 하랄이 잉글랜드의 왕위를 차지하려고 떠난 원정에서 패해 전사함으로써 끝을 맺는다. 이로써 약 300년간 대서양과 지중해를 누비던 바이킹들의 활동은 막을 내렸다.

바이킹식 샌드위치, 스뫼레브뢰

약탈과 해상 무역을 하느라 바쁘게 움직였던 바이킹들은

스뫼레브뢰. 덴마크와 스웨덴 등지에서 즐겨 먹는 샌드위치다.

식사도 그들의 생활에 맞게 했다. 적국의 마을이나 도시에서 빼앗아온 가축이나 고기, 채소 같은 음식들을 한꺼번에 차려놓고, 각자가 먹을 만큼만 그릇에 덜어서 먹는 방식이었다. 이것이 바로 뷔페였다.

뷔페에서 좀 더 발전한 바이킹 음식이 스뫼레브뢰 smørrebrød라는 샌드위치다. 스뫼레브뢰는 주로 덴마크계 바이킹 데인족들이 즐겨 먹었는데, 영국에서 유래한 샌드위치와 달리 빵 위쪽이 그대로 드러난 열린 구조여서 먹을 때 조심하지 않으면 빵 위에 얹은 토핑이 무너져내릴 수도 있다.

스뫼레브뢰는 간단히 만들 수 있다. 호밀로 만든 빵 위에 양배추와 잘게 썬 과일을 얹고 그 위에 연어와 연어 알, 새우, 청어 같은 해산물을 올리고 치즈, 크림을 추가하면 된다. 돼지고기나 쇠고기, 양고기를 해산물 대신 넣어도 상관없다.

스뫼레브뢰는 덴마크에서 인기 있는 대중 음식이다. 자기 입맛에 맞게 빵 위에 얹을 토핑을 고를 수 있는데, 그 수가 무려 170가지나 된다고 한다. 포크로 빵을 조금씩 잘라 그 위에 올려진 토핑과 함께 먹는데, 바이킹들이 활동하던 당시에는 포크가 없어 조심스럽게 입으로 잘라야 했을 테니 꽤 먹기 힘들었으리라.

금나라에 맞선 영웅들의 음식, 화퇴와 유조

결국 고종은 진회를 시켜 악비의 군대를 황급히 철수시켜 돌아오도록 명령했다. 회군하는 악비는 "10년 동안 고생한 것이 모두 허사가 되었구나!" 라고 탄식하며 눈물을 흘렸고, 백성들도 그의 말을 붙잡으며 "장군께서 이리 가시면 우리는 어찌 삽니까?" 하며 슬퍼했다고 한다.

중국 역사에서 가장 풍요롭고 번영을 누리던 시기가 북송 말엽이다. 유명한 소설《수호지》배경도 이 무렵이고, 〈부용금계도〉와 〈죽금도〉 같은 아름다운 그림을 남긴 뛰어난 화가였던 황제 휘종이 통치하던 때도 이 시기다. 당시 북송의 수도 개봉開封의 인구는 100만 명에 달했으며, 도시는 밤에도 불이 꺼지지 않고 야간 시장이 열리는 등 불야성을 이루었다. 밤이 되면 통금을 했던 전 왕조인 당나라 때보다 백성들은 훨씬 개방적이고 자유롭게 살았다. 국수와 만두 같은 싸고 맛있는 음식들의 조리법도 이때 개발되어 지금까지 이어지고 있다.

화퇴(위)와 유조(아래).

앞서 '만두' 이야기 할 때 나왔던 채경도 이 시대 사람이다. 채경은 약제사인 아버지가 남긴 막대한 재산을 배경으로 관직에 올라 황제의 신임을 얻었다. 고관대작이 되어 부귀영화를 만끽하면서 살았다.

이런 채경이 만두만큼 즐겨 먹었던 음식이 하나 더 있는데 냉冷요리다. 채경은 바다를 경계로 대만을 마주보고 있

한림학사 장택단이 송나라의 청명절 풍경을 그린 〈청명상하도淸明上河圖〉(위)와 송나라 휘종이 그린 〈문회도文會圖〉(아래).

는 푸젠성福建省의 푸저우福州 출신이다. 아무래도 바다와 가까운 지역이다 보니 푸저우에서는 해산물이 들어간 음식들이 유명했다. 그래서 채경은 새우와 해삼, 오징어, 홍합 같은 해산물이 들어간 냉冷요리를 즐겼다. 대신이 된 이후에는 자신을 찾아오는 고관대작 같은 손님들에게도 이 요리를 대접했는데, 특히 여름철에 인기 만점이었다고 한다.

금나라의 침입과 부귀영화의 종말

하지만 찬란한 문화를 자랑하던 북송에도 서서히 먹구름이 드리워진다. 저 멀리 북방에서 전쟁의 바람이 불어닥치기 시작한 것이다. 오랫동안 요나라의 지배를 받던 여진족들이 아구다라는 걸출한 영웅의 인도 아래 뭉친 것이다. 급기야 이들은 요나라를 타도하고 자신들의 나라인 금金을 세우는 경천동지할 사건을 일으켰다.

당황한 요나라는 70만 명이라는 어마어마한 대군을 동원해 여진족의 봉기를 진압하려고 했으나, 아구다가 이끄는 불과 2만의 여진족 군대에게 참패하는 망신을 당하고 만다.

요나라의 패전 소식을 들은 휘종을 비롯한 송나라의 수뇌부들은 무척 흐뭇해했다. 개국 후 약 200년간 송나라 역시 강대한 요나라에게 억눌려 매년 20만 냥이 넘는 막대한 조공을 바쳐왔기 때문이다. 그러던 요나라가 뜻하지 않게 자신들의 속국이던 여진족에게 두들겨 맞고 있으니, 송나라로서는 어찌 기쁘지 않겠는가.

휘종은 여진족에게 사신을 보내 함께 힘을 합쳐 요나라를 멸망시키고 그 땅을 나눠 갖자고 제안했다. 휘종의 말을 전해들은 아구다는 흔쾌히 승낙했다. 요나라의 정규군을 몇 번 격파하긴 했지만, 만일 요나라가 송나라와 평화협정을 맺고 전 국력을 동원해 금나라를 공격한다면 아직 인구와 병력 수가 적은 금나라로서는 매우 불리했다. 이런 상황에서 송나라에서 먼저 동맹 제의를 해온 것이 아구다에게는 반가운 소식이 아닐 수 없었다.

동쪽으로는 신흥세력인 금나라, 남쪽으로는 전통적인 적대국인 송나라에게서 협공을 받은 요나라는 걷잡을 수 없이 몰락하기 시작했다. 1119년 4월 마침내 요나라 수도인 상경 임황부가 아구다가 지휘하는 금나라 군대에게 함락되었다. 그리고 1122년 12월 요나라의 마지막 근거지인 연경마저 무너졌다. 요나라 황제 천조제는 서하로 도망쳤지만, 추격해온 금나라 군대에게 생포당해 압송되었다.

그러나 누가 알았으랴. 송나라가 금나라와 협력하여 요나라를 타도한 것이 늑대를 몰아내기 위해 호랑이를 불러들인 꼴이었다는 것을. 요나라를 무너뜨린 금나라는 얼마 안 있어 중요한 사실을 깨닫는다. 그들의 동맹국인 송나라가 자신들을 은근히 두려워하고 있고, 요나라와 비교할 수 없는 풍요로운 부를 누리고 있지만 그것을 지킬 방위력은 의외로 약하며 황제와 대신들을 비롯한 지배층이 부패하여 백성들의 원성이 높다는 점을 말이다.

1124년 아구다의 뒤를 이은 태종 오걸매는 군신들의 뜻에 부응하여 송나라를 정복하기로 결정한다. 요나라 정복에서 용맹을 떨친 점한과 알리불이라는 장수 두 명이 군사를 이끌고 파죽지세로 남하하여 순식간에 송나라의 수도 개봉 인근에까지 쳐들어간다.

그제야 송나라는 종말이라도 온 것처럼 충격에 휩싸인다. 휘종은 겁에 질려 안절부절못하다가 금군의 사령관인 알리불에게 다음과 같이 비굴하게 제안한다. 모든 책임은 황제인 자신에게 있으니 책임을 통감하는 의미에서 제위에서 물러나고 아들인 흠종에게 양위하겠다. 또한 금나라에 대한 사죄의 뜻으로 금 500만 냥, 은 5,000만 냥, 비단 100만 필을 보내고 거기에 허베이河北와 산시 지방까지 내어줄 테니, 제발 군사를 철수해달라는 내용이었다.

알리불은 그 제안을 받아들여 군대를 북으로 돌렸고 위기는 일단락되었다. 하지만 송나라는 여전히 혼란스러웠다. 외국 군대가 수도까지 쳐들어오는 국난을 당한 송나라의 유생과 선비들은 이 모든 책임이 휘종의 신임을 받으면서 사치와 부패를 일삼아 나라를 허약하게 만든 채경 등의 대신들에게 있다고 강도 높게 비판했다. 빗발치는 여론에 못 이겨 흠종은 채경 일가의 재산을 몰수하고 그를 송나라의 남쪽 끝 변방인 하이난섬海南島으로 유배를 보냈다. 졸지에 빈털터리가 되어 귀양살이를 하게 된 채경은 지난날의 영화를 그리워하다가 여든 살의 나이로 그곳에서 병사하고 만다.

휘종이 약속한 대로 송나라는 금나라에 막대한 재보와 영토를 상납한다. 그런데도 전쟁은 끝나지 않았다. 2년 후인 1126년 11월 금나라가 또다시 대군을 이끌고 쳐들어온 것이다. 금나라는 개봉을 공격했으며, 이번에는 어떠한 협상 조건도 거부했다. 전쟁이 벌어진 지 한 달 만에 마침내 개봉은 금군에게 함락되고 말았다. 수많은 사람과 재보가 금군의 수중으로 떨어졌는데 불행하게도 거기에는 휘종과 흠종 부자도 포함되었다. 두 황제는 금군의 포로가 되어 멀리 추운 만주로 끌려가는 신세가 되었다.

역사가 일천한 신생 국가인 금나라가 동아시아의 대국인

요나라와 송나라를 연이어 쳐부술 수 있는 힘은 어디에 있었을까. 금나라를 일으킨 여진족들은 아구다와 오걸매라는 뛰어난 지도자 아래 기마술과 궁술, 무술에 능했고 강인한 체력과 불타는 투지를 가지고 있었다. 특히 금나라의 중무장 기병 부대는 철기鐵騎라 불릴 정도로 막강했는데, 한 번은 기병 17기가 송나라 보병 2,000명을 패주시킨 믿기지 않는 일도 벌어졌다.

영웅들이 남긴 음식, 화퇴와 유조

그렇다고 송나라가 완전히 무너진 것은 아니었다. 황제와 대신들은 부패하고 중앙 군대는 허약했지만, 송의 지방 군대는 강력했다. 그들은 고향과 가족을 잃고 떠돌면서 금나라에 대한 증오심을 키웠고, 와신상담하며 빼앗긴 땅을 되찾을 날만을 노리고 있었다.

금군에 첫 번째 도전장을 내민 장수는 종택宗澤이었다. 일찍이 "오랑캐를 제압하기 위해 새로운 오랑캐를 끌어들이는 것은 더 큰 재앙을 부를 것이다."라며 금나라와 동맹 맺는 것을 반대하던 강경파였던 그는 개봉이 금군에게 함락되자 크나큰 수치로 여겨 반드시 수도를 탈환하리라고 결심한다. 그리고 금군에게 쫓겨 피난 온 난민들과 패잔병들 중에서 젊고 용감한 젊은이들을 골라 군대에 편입시켰으며, 이들을 동경유수사군이라 불렀다. 이 중에 나중에 대금항쟁의 영웅으로 떠오르는 악비도 포함되어 있었다.

동경유수사군에 자원한 병사들 중에는 저 멀리 남쪽 저장성浙江省 지방의 사람들도 포함되어 있었다. 그들은 소금에 절여 햇볕에 말린 돼지다리 살을 얇게 저민 화퇴火腿를 전투 식량으로 가지고 다니면서 먹었다.

종택도 화퇴를 먹어보았는데 쫄깃쫄깃한 것이 씹을수록 감칠맛이 났다. 종택은 승전을 보고하러 수도 임안으로 간 김에 고종(휘종의 아들)에게 화퇴를 바쳤다. 고종 역시 그 맛에 반해 이후로 화퇴를 금화화퇴金華火腿로 부르도록 했다.

화퇴는 지금도 여전히 중국인들이 즐겨 먹는 음식이다. 돼지다리를 소금에 절여 건조한 스페인의 생햄인 하몽과 비슷하다고 보면 된다. 이렇게 해서 중국식 햄인 화퇴는 한 명장의 이름과 함께 역사에 등장했다.

종택이 이끄는 동경유수사군은 막강한 전투력을 발휘하여 금군을 연이어 격파하는 놀라운 전공을 세웠다. 그리고 1128년 무렵에는 금군을 몰아내고 잃었던 수도인 개봉을 되찾는 기적을 일으켰다. 그러나 종택은 개봉 탈환 직후 지병이 악화되어 숨을 거둔다. 죽기 직전 그는 "황하를 건너라!"는 유언을 남겼다. 그의 죽음을 지켜본 모든 장병이 흐느끼며 슬퍼했다.

불행히도 종택의 후임 두충은 나약하고 겁이 많았다. 그는 병사들을 제대로 통제하지 못하다가 결국은 금군에 항복하고 말았다. 이에 반발한 악비는 자신을 따르는 동경유수사군의 병사들을 이끌고 남쪽으로 내려왔다. 그리고 자신의 성인 악岳을 붙여 악가군岳家軍이라고 불렀다.

악가군의 수장이 된 악비는 종택의 유지를 이어받아 대금항쟁을 계속 이어나갔다. 그는 강력한 활과 두터운 갑옷을 걸친 보병으로 금나라의 주력 부대인 중무장 기병에 맞섰다. 당시 송나라는 말의 산지인 북방 지역을 빼앗겨 기병 전력은 약했으나, 그 대신 관통력이 뛰어난 신비궁神臂弓이란 활과 무거운 갑옷을 착용하고 대부大斧 같은 병기를 갖춘 보병 전력이 뛰어났다. 악비는 이런 송군의 장점을 십분 활용해 금군에 효과적으로 맞섰다.

1140년 벌어진 언성 전투에서 악비는 지축을 울리며 돌격해오는 금나라의 중무장 기병 부대를 향해 신비궁을 쏘아대도록 명령했다. 일종의 석궁인 신비궁은 최대 150미터 이내에서 갑옷을 관통하는 살상력을 지녔다. 금나라 군사들은 송나라 군사들이 사용하는 신비궁과 도끼 일종인 대부를 무척 두려워했다. 신비궁에서 발사되는 화살에 맞아 숱한 금군의 기병들이 쓰러졌다. 화살 사격을 용케 뚫고 송군의 진영 앞까지 도달했더라도 단단한 갑옷을 입고 대부로 무장한 송군 보병들의 전열을 뚫기란 쉽지 않았다. 이들이 휘두르는 대부에 하나둘 금군은 쓰러져갔다. 이렇게 해서 언성 전투는 송군의 대승리로 끝났다.

같은 해에 벌어진 순창과 1141년 벌어진 자고 전투에서도 악비는 같은 전술을 펼쳐 금군을 대파했다. 그리고 잃었던 수도인 개봉 근교에까지 진군했다. 송나라 백성들은 악비가 이끄는 악가군을 열렬히 환영했고, 겁에 질린 금군 장수들은 서둘러 본국으로 철수할 움직임을 보였다.

그러나 종택과 악비, 더 나아가 잃었던 땅과 영화를 되찾으려던 송나라 백성들의 꿈은 뜻하지 않게 좌절되고 만다. 임안에 있던 황제 고종과 대신 진회의 야망 때문이었다. 악비를 비롯한 장수들이 계속 승리하면서 민중의 사랑을 받자 고종과 진회는 이전 남북조시대처럼 장수들이 반란을 일으켜 정권을 찬탈하는 사태가 다시 일어날까 봐 두려웠다. 실제로 남북조시대에 송나라를 세운 유유나 제나라를 세운 진패선은 모두 악비처럼 북방의 유목민과 싸워 이기면서 백성

진회와 함께 악비를 죽게 한 장준과 만사설의 무릎 꿇은 동상.

들의 신망을 얻은 인물들이었다.

또 악비가 정말로 금군을 쳐부수고 금나라에 포로로 붙잡힌 휘종과 흠종을 구해오면, 고종 자신은 황제 자리에서 물러나야 한다. 하지만 한 번 손에 쥔 권좌를 순순히 내놓을 사람이 어디 있겠는가. 결국 고종은 진회를 시켜 악비의 군대를 황급히 철수시켜 돌아오도록 명령했다. 회군하는 악비는 "10년 동안 고생한 것이 모두 허사가 되었구나!"라고 탄식하며 눈물을 흘렸고, 백성들도 그의 말을 붙잡으며 "장군께서 이리 가시면 우리는 어찌 삽니까?" 하며 슬퍼했다고 한다.

돌아온 악비는 반역죄 혐의로 곧바로 체포되어 투옥되었

다. 그리고 얼마 안 가 아들 악운과 함께 처형당했다. 노장 한세충을 비롯해 수많은 이가 악비를 변호하고 나섰지만, 진회와 고종은 그들의 간곡한 목소리를 끝끝내 외면해버렸다.

침략자 여진족을 물리치고 빼앗긴 국토를 되찾으려 노력한 애국자의 죽음을 슬퍼하던 송나라 사람들은 악비에게 억울한 누명을 씌워 죽인 진회를 증오했다. 하지만 황제의 총애를 받는 권력자인 그를 건드릴 수는 없는 노릇이었다. 분노로 속이 타들어가던 송나라 백성들은 밀가루를 반죽해 끓는 기름에 넣고 튀긴 것을 "이것은 못된 진회의 몸뚱이다!"라며 질겅질겅 씹어댔다고 한다. 이 음식이 지금의 유조油條(유탸오)다. 고려를 빼앗은 이성계를 미워한 개성 사람들이 돼지고기에 그의 이름을 붙여 '성계육成桂肉'이라며 씹어 먹었다던 일화와 비슷하다.

영웅의 비통한 죽음을 기리는 뜻에서 만들어진 유조는 중국인에게 간식으로 사랑받고 있으며, 콩자반이 들어간 시원한 냉국을 곁들여 먹기도 한다.

요긴한 전쟁 식량, 미숫가루

척계광이 척가군 병사들에게 지급한 휴대 식량이 바로 미숫가루였다.
기동성이 뛰어난 왜구를 상대하려면 척가군 역시 빠르게 움직여야
했다. 그러자면 식사 시간이 길어선 안 된다. 그런 상황에서
미숫가루는 매우 적절한 음식이었다.

미수.

지금은 다양한 음료수들에 밀려 기억하는 이가 많지 않지만, 10년 전만 해도 한국에서 더운 여름을 나는 데 인기 있는 음료 중 하나가 미수였다. 설탕물이나 꿀물에 미숫가루를 탄 미수는 한 끼 식사로도 가능했으니, 컵라면 같은 지금의 인스턴트식품 못지않은 편리성도 지녔다.

미수의 주재료인 미숫가루는 외래 작물인 고구마나 감자, 고추와는 달리 재래 작물인 쌀이나 찹쌀만 가지고도 만들 수 있다. 만드는 방법은 간단하다. 쪄낸 쌀이나 찹쌀을 말려 볶은 다음 가루로 빻으면 된다. 신라시대 중기 이후부터 논에서 쌀농사를 시작했던 점으로 볼 때 삼국시대나 고려시대에도 이미 미숫가루를 먹었을 가능성이 높지만 기록은 남아 있지 않다.

《조선왕조실록》에는 미숫가루에 관한 기록들이 있다. 1461년 11월 27일 세조가 북방 국경 지역을 지키는 군사들에게 비를 피할 도구雨具와 미숫가루糜食를 충분히 준비하라고 지시한 내용이 있고, 1492년 4월 19일 《성종실록》을 보면 여진족을 토벌하러 출정했던 도원수 허종이 병사들에게 20일치의 미식을 싸가지고 가도록 했다는 내용이 있다. 1611년 3월 4일 《광해군실록》에도 전라 병사인 유승서라는 사람이 여러 고을의 군사들에게 각자가 먹을 미식을 준비시킨 내용이 있다. 지금은 미숫가루라고 부르지만, 조선시대에는 '미싯'이나 '미식' 등으로 불렸던 모양이다.

군량으로 요긴했던 미숫가루

개국 초기 조선을 위협한 가장 큰 적이 북쪽의 여진족이었다. 이들은 조선의 국경을 자주 넘나들며 약탈을 일삼았고, 그때마다 조선은 대규모의 군대를 동원해 여진족들이 사는 마을을 불태우고 저항하는 자들을 죽이는 강경책으로 맞섰다. 〈남아 나이 스물에 나라를 평정하지 못하면 후세에 그 누가 대장부라 하리오!〉라는 호걸스러운 시를 지었던 남이南怡나 임진왜란의 영웅 이순신도 모두 북변에서 여진족과 싸우면서 이름을 날린 장수였다.

여진족을 토벌할 때 조선 조정에서는 북방을 지키는 상비군 이외에도 수도 한양이나 남쪽의 군사들까지 동원했다. 하지만 지금처럼 도로가 잘 닦여 있지 않던 그 시절에 두만강을 건너 만주까지 가려면 상당한 시일이 걸렸고, 병사들도 고생이 많았다. 군대에서 행군을 해본 사람이라면 무거운 장비를 짊어지고 먼 길을 걷는 것이 얼마나 힘든 일인지 짐작할 수 있으리라.

장거리 원정을 하면서 군사들이 겪는 또 다른 문제가 먹는 것이다. 지금 같은 진공 포장법도 없던 그 시절에 사람들은 어떻게 음식을 보관했을까? 우리 조상들은 미숫가루 같은 휴대 식량을 만드는 것으로 그 문제를 해결했다. 미숫가루는 그릇과 숟가락만 있으면 어느 곳에서든지 한 끼 식사가 될 수 있었다. 이런 편리함 때문에 중세의 인스턴트식품이라고 해도 지나치지 않다. 10여 분 정도면 요리와 식사까지 모두 끝낼 수 있으니, 행군 중이거나 적과 싸우다 짬이나 식사를 할 때에 더없이 요긴한 음식이었다.

그렇다고 미숫가루가 단순히 군사들의 휴대 식량으로만 애용되었던 건 아니다. 1533년 6월 21일 《중종실록》을 보면 흉년에 굶주린 백성들을 위해 나라에서 미숫가루를 배급한 내용도 있다.

왜구 토벌에 기여한 음식

그럼 조선에서만 미숫가루를 먹었을까? 그렇지 않다. 명나라에서도 즐겨 먹었다. 16세기 중엽에 활동한 명나라 장수 척계광戚繼光이 쓴 병서 《기효신서》에도 미숫가루에 관한 내용이 실려 있다.

척계광이 누군지 잘 모르는 독자들을 위해 그가 활동했던 시대 상황을 잠시 설명하겠다.

1530년대 이후 중국 동남부 해안은 왜구들의 잦은 침략으로 매우 큰 피해를 입고 있었다. 비록 70~80명의 소수였지만 왜구들은 파죽지세로 연안 지역을 휩쓸어버렸다. 명나라 군사들이 내미는 짧은 창은 왜구들이 휘두르는 기다란 일본도에 수수깡처럼 잘려나가기 일쑤였다. 그 바람에 병사들은 비명을 지르며 추풍낙엽처럼 쓰러졌다. 1400년 전 다키아 전사들이 세계 최강이라고 자처하던 로마 군사들을 팍스(끝이 낫처럼 생긴 양손 장검)로 닥치는 대로 베어버렸던 장면을 연상하면 될 듯싶다.

왜구들은 숫자가 적은 자신들의 약점을 장점으로 바꾸었다. 명군의 방어망이 취약한 곳만을 골라 살육과 약탈을 끝낸 다음 곧바로 배를 타고 다음 지역으로 이동하는 '치고 빠지는' 전술을 구사한 것이다. 탈레반이 미국을 상대로 벌이는 게릴라전을 떠올리게 하는 모습이다. 그러다 보니 명군이 대규모의 병력을 모아 왜구들을 공격하러 가보면 이미 왜구들은 다

명나라 관군과 왜구들의 싸움. 오른쪽에 하반신을 벌거벗은 자들이 왜구다. 〈항왜도권抗倭圖卷〉.

른 지역으로 떠난 뒤였다. 결국 명군은 제대로 한번 싸워보지도 못하고 왜구들이 하는 대로 휘둘리고만 있었다.

상황이 이렇게 돌아가자 이상한 현상이 벌어졌다. 조정의 해상 봉쇄 정책에 불만을 품은 어민들과, 왜구들의 활약상에 감동하여 그들을 도와 약탈에 동참하는 주민들이 늘어나기 시작한 것이다. 《사서》에서는 이런 중국계 왜구들을 가왜假倭라고 했다. 가짜 왜구라는 뜻이다.

이쯤 되자 조정에서도 왜구 문제를 심각하게 인식하고 온갖 해결 방법을 강구했다. 그 와중에 누군가 기막힌 제안을 내놓았다.

"왜구들이 칼을 쓰는 속도가 워낙 빨라서 그놈들이 칼을 휘두르면 사람은 안 보이고 하얀 칼날만 보인다고 합니다. 그러니 우리도 몸놀림이 빠른 강호의 무림 고수들을 보내면 되지 않겠습니까?"

그래서 명나라 조정은 강호를 떠돌며 재주를 파는 곡예단 단원들과 멀리 소림사에서 무술 수련에 몰두하던 승려들을 왜구 토벌에 동원했다. 그런데 이 일을 어쩐다? 이리저리 날쌔게 재주를 부리던 곡예단원이나, 무슨 금강불괴 같은 신묘한 무술을 한다던 소림사 승려들이 일본도 앞에서 맥을 못 추고 전멸하고 만 것이다.

이제 조정에서는 왜구 문제를 국가의 존망이 걸린 중대사로 간주하게 되었다. 비록 왜구들은 수는 적지만 전투력이 강력하고 그들과 결탁한 해안 지역의 중국인들이 무척 많으니 결코 얕볼 수가 없었다. 하지만 남방에 주둔해 있는 정규 군대는 이미 유명무실해진 터라 왜구들과 상대하기에는 역부족이었다. 그래서 명나라 조정은 유능한 장수들을 발탁해 그들이 기존 군대를 대체할 새로운 특수부대를 조직하게 했다. 그 결과 탄생한 것이 척계광이 만든 척가군戚家軍이었다.

척계광은 조선의 이순신 장군과 매우 닮았다. 그는 엄격하게 군기 잡는 것을 최우선으로 여겼고, 병사들에게도 이것을 항상 주지시켰다. 군기를 잡기 위해 척계광은 전투에서 한 부대의 병사들이 적과 싸우기를 두려워해 달아나면 그 부대를 맡은 부대장을 처형했고, 부대를 이끄는 부대장이 적의 공격을 받고 위험에 빠졌을 때 다른 병사들이 구하러 가지 않으면 그 병사들을 모두 참수형에 처했다. 또한 백성의 물건을 약탈하거나 부녀자를 희롱한 병사들도 즉각 처형해버렸다.

척계광은 군기를 잡았을 뿐만 아니라 왜구들이 가진 날카롭고 예리한 일본도에 명군의 창이 쉽게 잘리는 것을 보고는 새로운 무기도 고안해냈다. 낭선狼筅이라는 긴 창이다.

낭선은 길이 5미터가량의 대나무를 통째로 잘라 만드는데, 잔가지들을 쳐내지 않고 그대로 두어 그 끝에 쇠로 된 발톱을 붙인 것이다. 기존 창과 달리 일본도에 쉽게 잘리지 않아 왜구들이 무척 당황스러워했다고 한다.

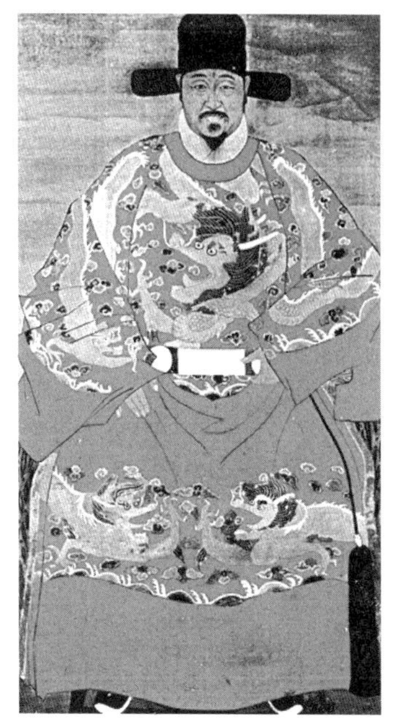

척가군을 조직해 왜구들을 격퇴한 명장, 척계광.

또한 척계광은 오동나무 기름에 절였다가 말린 등나무로 만든 갑옷인 등갑과, 같은 제조 방식으로 만든 방패인 등패를 병사들에게 갖추게 하였다. 등갑과 등패는 창칼이나 화살에 대한 방어력이 뛰어났다. 《삼국지》를 즐겨 읽은 독자라면 제갈량이 지휘했던 촉군이 등갑으로 무장한 남만의 등갑군을 만나 대패한 이야기를 잘 알 것이다.

군기 확립과 신무기 개발 이외에도 척계광이 노력을 기울인 것이 군량이었다. 아무리 무기와 전략, 전술이 뛰어나도 제대로 먹지 못하면 싸울 수 없다. 임진왜란이나 태평양전쟁 당시 일본군이 패한 것도 제대로 먹지 못해서라고 한다.

척계광이 척가군 병사들에게 지급한 휴대 식량이 바로 미숫가루였다. 기동성이 뛰어난 왜구를 상대하려면 척가군 역시 빠르게 움직여야 했다. 그러자면 식사 시간이 길어선 안 된다. 그런 상황에서 미숫가루는 매우 적절한 음식이었다. 더욱이 척가군이 활동하던 중국 동남부 해안과 양쯔강 하류 지역에는 강과 호수가 널려 있어 물도 쉽게 구할 수 있었다.

척계광이라는 뛰어난 지도자 아래서 엄격한 군기와 강력한 무기에 편리한 휴대 식량까지 확보한 척가군은 왜구와 싸워 한번도 패하지 않는 놀라운 승리를 거두었다. 그리고 왜구 토벌을 시작한 지 약 5년 만인 1564년 마침내 척계광은 중국 연안 지역에 있던 왜구들의 근거지를 모조리 쳐부수었다. 이리하여 한때 중국인들을 공포에 떨게 했던 무서운 해적단 왜구들은 빗자루에 쓸려나가듯 해안에서 자취를 감추었다.

몽골식 미숫가루, 미스가라

여태까지는 조선과 중국의 미숫가루에 대해서 이야기했

다. 그렇다면 동양권에서는 두 나라만 미숫가루를 먹었을까? 아니다. 한 나라 더 있다. 몽골에도 미수와 비슷한 음식이 있었는데 '미스가라'이다. 미스가라는 콩가루에 버터와 우유를 조금씩 넣어 물에 타 먹진 않고 떡처럼 뭉쳐 먹는 것이다. 농사를 짓지 않는 유목민인 몽골인들이 어떻게 미스가라를 먹게 된 것일까?

1530년부터 명나라 북쪽에서는 몽골인들이 공격해왔다. 뛰어난 지도자 알탄칸의 지휘 아래 몽골인들이 다시 결집했던 것이다. 칭기즈칸의 기세와 비교할 정도는 아니었지만, 한때는 명나라 수도인 베이징이 포위되고 수많은 명나라 백성이 포로로 잡혀갈 정도로 위협적이었다.

그런데 1570년에 들어서 알탄칸이 명나라에 화의를 요청했다. 전쟁을 통한 약탈보다는 평화적인 교류를 통한 무역으로 얻는 이익이 더 안전하고 많은 물자를 확보할 수 있다는 사실을 깨달았기 때문이다. 몽골과 전쟁을 치르느라 지쳐 있던 명나라도 이를 받아들여 국경 지역에 마시를 설치하고 몽골인들이 필요로 하는 각종 물품들을 거래했다.

이 무렵 새로 살 곳을 찾아 떠난 한족들이 몽골 땅으로 들어갔고, 지금의 내몽골 지역에 정착해 살게 되었다. 알탄칸은 자국 내에 한족들이 거주할 도시까지 지어 주고 그곳을 대판승이라 불렀다. 대판승에 사는 한족들은 몽골인들에게 중국의 생활 물품을 전해주었는데, 그중에 미숫가루도 포함돼 있었다. 쪄낸 쌀을 말렸다 볶은 뒤 빻은 미숫가루가 몽골식 곡물 떡으로 변형되어 '미스가라'가 된 것이다.

메리 스튜어트와 오렌지 마멀레이드

메리는 스코틀랜드로 떠나는 배에 몸을 실었다. 하지만 선상 생활은 고역이었다. 그녀의 모습을 보다 못한 주치의가 한 가지 해결책을 내놓았다. 뱃멀미로 기력이 쇠하는 것을 막으려고 오렌지 껍질을 설탕으로 조린 마멀레이드 잼을 만들어 매일 먹인 것이다.

오렌지 마멀레이드.

요즘은 아침 식사를 빵으로 간단하게 때우는 경우가 많다. 토스트기에 넣어 구운 빵에 버터나 잼을 발라 가볍게 먹곤 한다. 체내에 젖당이 없어 우유나 버터 등을 소화시키기 어려운 한국인의 신체적인 특성상 버터보다는 잼을 발라 먹는 사람이 더 많은 것 같다. 달콤한 것을 좋아하는 사람들은 특히 잼 중에서도 오렌지로 만든 마멀레이드를 자주 찾는다.

그렇다면 이런 과일 잼들은 언제, 어디서 또 어떻게 탄생되었을까?

그리스에서 시작된 과일 절임법

잼은 고대 그리스에서 처음 만들기 시작했다. 그리스인들은 연회에서 후식으로 꿀에 절인 사과를 즐겨 먹었는데, 그리스를 정복하고 나서 로마인들도 이런 식의 절인 과일 요리를 배워갔다. 로마제국이 멸망한 뒤에는 비잔티움제국으로 이어졌다.

10세기 초, 비잔티움제국의 황제 콘스탄티누스 7세는 고

관대작들을 초대해 벌인 연회에서 유자 껍질이나 사과, 자두, 배 등을 설탕에 절인 후식을 자주 내놓았다. 11세기 말 십자군 전쟁이 시작되면서 서유럽의 기사와 상인들이 비잔티움제국을 방문하게 되는데 이들을 통해 과일 절임 요리법이 유럽으로도 퍼진다.

이 중 활발한 상업 활동으로 막대한 부를 쌓고, 동방과 교역이 잦았던 베네치아에서 제일 먼저 과일 절임 요리법이 시작된다. 그리고 곧이어 이탈리아와 유럽 각지로 퍼져나갔다. 1309년부터 시작된 아비뇽 유수(1309년부터 1377년까지 로마 가톨릭의 교황청을 로마에서 아비뇽으로 옮긴 사건)로 인해 교황들은 로마가 아닌 프랑스 남부의 아비뇽에서 선출되었다. 이들 중 한 명인 클레멘스 6세가 1342년 교황으로 선출되었을 때 열린 연회에서도 사과, 자두 같은 여러 과일을 설탕에 푹 절인 달디단 디저트가 나왔다.

15세기 말에 섬나라인 영국에도 드디어 과일 절임이 전해진다. 영어의 마멀레이드marmalade란 말도 이 무렵에 생겼는데, 원래는 포르투갈어인 마르멜라다marmelada에서 비롯된 것이다.

비운의 여왕, 메리 스튜어트

우리에게 드라마 〈튜더스〉로 잘 알려진 잉글랜드의 국왕 헨리 8세는 1524년 잉글랜드 서남부인 엑서터에서 보낸 마멀레이드가 든 상자를 선물로 받았다. 남부 유럽인 포르투갈에서 만들어진 마멀레이드가 영국에서 판매되었고 그것이 다시 헨리 8세에게 전해진 것이다. 당시의 마멀레이드는 주로 유자나 레몬을 설탕에 절인 것이었다.

그러다 1561년 지금처럼 오렌지 껍질과 속살을 설탕에 절여 달게 만든 마멀레이드가 등장한다. 오렌지 마멀레이드를 만든 주인공은 영국 역사에서 유명한 여왕 메리 스튜어트Mary Stuart이다.

지금은 연합왕국United Kingdom으로 통합되어 있지만, 불과 300여 년 전만 해도 영국은 남부 잉글랜드와 북부 스코틀랜드 두 왕국으로 나뉘어 있었다. 두 나라는 오랜 세월 동안 치열한 전쟁을 거듭했다. 재미있는 사실은 그러면서도 정작 잉글랜드와 스코틀랜드 왕실은 정략결혼을 통해 친척 간이었다는 점이다. 중세 유럽에서는 흔한 풍경이었지만 말이다.

스코틀랜드 왕 제임스 4세는 잉글랜드 왕 헨리 8세의 여동생인 마거릿 공주와 결혼하여 아들 제임스 5세를 낳았다. 제임스 4세가 1513년 9월 플로든 전투에서 잉글랜드 군대와 싸우다 전사하자 제임스 5세가 스코틀랜드의 새 국왕으로 즉위했다. 그는 프랑스 귀족 가문 출신인 마리 드 기즈와 결혼했는데 둘 사이에서 태어난 아이가 바로 메리 스튜어트였다.

그런데 메리 스튜어트가 태어난 지 6일 만에 아버지 제임스 5세가 전쟁 중에 얻은 병으로 죽고 만다. 배냇저고리도 벗지 않은 그녀에게 스코틀랜드의 왕관이 떨어졌지만, 걷지도 말하지도 못하는 아이가 나라를 다스릴 수는 없는 일이었다. 그녀의 어머니인 마리 드 기즈는 딸을 친정인 프랑스로 보내 어린 왕자인 프랑수아와 결혼시켰다. 여왕이 없는 동안 스코틀랜드는 비턴 추기경과 앵거스 백작 등 성직자와 귀족들이 섭정을 맡아 다스렸지만 가톨릭과 개신교 간의 종교 갈등과 더 큰 권력을 얻으려고 혈안이 된 귀족들끼리의 다툼으로 혼란스러웠다.

1559년 프랑수아는 열네 살의 나이로 프랑스 왕위에 올라 프랑수아 2세가 되었고, 당시 열일곱 살이었던 메리 스튜어트도 자연히 프랑스의 왕비가 되었다. 그런데 얄궂게도 불과 1년 후인 1560년 12월 프랑수아 2세가 사망한다. 프랑수아 2세의 동생인 샤를이 왕위를 잇자 메리 스튜어트는 매우 난처한 상황에 놓였다. 어머니의 핏줄이 프랑스라고는

〈메리, 스코틀랜드의 여왕〉, 클루에 그림.

하지만 엄연히 외국의 공주인 데다, 남편마저 죽고 없으니 더는 프랑스에 있기 뭣했던 것이다. 더욱이 새로 왕위에 오른 샤를과 측근들은 메리 스튜어트에게 무관심했다.

권력을 잃어버린 채 궁정에서 지내기란 매우 힘들다. 1년 전만 해도 프랑스 왕비로 호화롭고 위풍당당하게 살던 자신이 이제 과부 신세가 된 것에 한탄하던 메리는 결국 아버지의 나라인 스코틀랜드로 가서 여왕이 되기로 한다.

1561년 8월 메리는 스코틀랜드로 떠나는 배에 몸을 실었다. 하지만 선상 생활은 고역이었다. 뱃멀미에다 한창 감수성이 민감할 나이에 좁고 불편한 배에서 지내려니 너무 괴로웠다. 나중에는 우울증이 깊어져 차라리 죽는 게 더 낫다는 극단적인 생각까지 할 정도였다.

이런 그녀의 모습을 보다 못한 주치의가 한 가지 해결책을 내놓았다. 뱃멀미로 기력이 쇠하는 것을 막으려고 오렌지 껍질을 설탕으로 조린 마멀레이드 잼을 만들어 매일 먹인 것이다. 설탕은 적당히 섭취하면 우울한 기분을 덜어주고 피로도 줄여준다. 그래서 병원으로 실려 온 응급환자에게 당분이 든 포도당을 주사하는 것이다.

여하튼 주치의가 처방해준 대로 오렌지 마멀레이드를 맛본 메리는 아주 만족했고 힘든 선상 생활을 잘 이겨내어 무사히 스코틀랜드에 도착했다.

메리는 곧바로 스코틀랜드 여왕으로 즉위했고, 단리 백작과 결혼식도 올렸다. 그러나 얼마 못 가 스코틀랜드에서 지내게 된 것을 후회하기 시작한다. 단리 백작이 여왕의 남편이니 당연히 자신에게도 나라를 다스릴 권력을 줘야 한다며 요구한 것이다. 하지만 단리 백작은 성품이 거칠고 다혈질적인 데다 별다른 식견도 없는 왕의 자질이 부족한 인물이었다.

프랑스 궁정에서 세련되고 교양 있는 남편과 살았던 메리는 이내 사납고 무례한 남편을 경멸하고 멀리하게 되었다. 그 대신 자신을 따라 스코틀랜드까지 온 이탈리아인 음악가 다비드 리치오를 총애해 가까이에 두었다. 이 일을 두고 세간에서는 메리 여왕과 리치오가 연인 사이이며 남편을 멀리한 것도 이 때문이라는 소문이 나돌았다. 이에 격분한 단리 백작은 제대로 알아보지도 않고 자신의 패거리들과 함께 메리가 보는 앞에서 리치오를 단검으로 찔러 무참히 죽이고 말았다. 낯선 스코틀랜드에서 그나마 마음이 통하던 친구를 잃은 메리 여왕은 남편에 대한 증오와 복수심으로 불타올랐다.

리치오의 참변이 있고 나서 얼마 후인 1566년 6월 19일 메리는 제임스 6세를 낳았다. 그러자 제임스 6세가 단리 백작의 아들이 아니라 죽은 리치오의 아들일지도 모른다는 유언비어가 퍼졌다. 그 말을 믿은 단리 백작은 아내를 더욱더 괴롭히고 못 살게 굴었다.

이제 메리 스튜어트의 눈에 단리 백작은 더는 남편이 아닌 원수였다. 고심 끝에 그녀는 보스웰 백작과 짜고서 남편이 머무는 교회당 건물에 대량의 폭약을 설치해 남편을 죽인다. 그런 뒤 1567년 5월 15일 보스웰 백작과 결혼한다. 하지만 그녀가 보스웰과 결탁해 단리 백작을 죽였다는 사실이 알려지면서 스코틀랜드에서는 여왕을 비난하는 여론이 들끓었다.

마침내 스코틀랜드 귀족들은 동맹군을 결성해 메리 여왕을 체포하고 성에 가두었다. 신하들에게 감금당한 메리는 자신을 구해줄 세력을 찾던 중 잉글랜드의 엘리자베스 여왕을 떠올렸다. 가까운 친척인 데다 같은 여왕이니 자기의 신세를 좀 더 헤아려주지 않을까 싶었던 것이다. 메리는 자신을 동정하던 간수의 도움으로 성에서 탈출해 잉글랜드로 가서 엘리자베스 여왕에게 도움을 청한다. 그러나 엘리자베스는 오래전부터 메리 스튜어트를 위험한 존재로 여기고 있었다.

엘리자베스에게는 아들이 없었지만 메리에게는 아들 제임스 6세가 있었다. 만일 자신이 이대로 후사를 남기지 않고 죽는다면 가장 가까운 혈통에게 왕위를 물려주는 관습에 따라 메리의 아들인 제임스 6세가 잉글랜드의 왕이 된다. 그렇다면 메리는 어린 왕의 어머니로 섭정하면서 잉글랜드마저 다스릴 게 아닌가? 아니, 메리 자신이 제임스 6세를 대신해서 잉글랜드의 왕위마저 차지할 수도 있다.

이런 가능성을 떠올린 엘리자베스 여왕은 곧바로 메리에게 반역 혐의를 씌워 여러 군데의 성과 감옥에 가두어버렸다. 그러다가 끝내는 사형 선고를 내리기에 이른다. 엘리자베스가 굳이 메리 스튜어트를 죽인 이유는 당시 잉글랜드를 위협하던 유럽 최강국인 스페인 국왕 펠리페 2세가 군대를 보내 메리를 구출한 뒤 잉글랜드 왕으로 옹립하려 한다는 정보를 입수했기 때문이다.

자신에게 사형 선고가 내려졌다는 소식을 접하고 충격을 받은 메리 여왕은 슬픔에 떨면서도 자신을 구해줄 사람들을 찾아 비밀리에 연락을 취했다. 그러나 아무도 그녀를 위해 엘리자베스 여왕에 맞설 용기를 내지 못했다. 심지어 고국 스코틀랜드에 두고 온 아들 제임스 6세마저도 어머니의 위기를 못 본 체했다. 제임스 6세는 태어나자마자 어머니와 헤어져 그녀의 얼굴조차 제대로 보지 못했고, 더욱이 주변 사람들에게서 어머니가 아버지를 죽인 악녀라는 험담을 듣

참수형을 당하는 메리 스튜어트.

고 살아서 어머니에 대한 애정도 별로 없었다. 결국 1587년 2월 8일, 메리는 참수형을 당했다.

죽는 순간 그녀는 자신을 처형하러 온 도부수를 향해 "너의 죄를 용서하노라." 하며 아량을 베풀었다고 한다. 그때 그녀의 나이 마흔네 살이었다. 한때는 프랑스와 스코틀랜드 두 왕국의 왕비로 위엄을 누리던 여인이 끝내는 범죄자가 되어 형장의 이슬로 사라진 것이다. 인생의 새옹지마가 이보다 더 극적일 수 있을까.

여전히 사랑받는 잼

메리 여왕은 죽었지만, 그녀가 남긴 유산 중 하나인 오렌지 마멀레이드를 비롯해 잼은 계속 사람들 입을 즐겁게 했다. 1620년 잉글랜드에서 박해받던 청교도들이 신앙의 자유를 찾아 새로운 땅인 아메리카 대륙으로 건너간다. 이를 시작으로 유럽인들의 신대륙 이주가 본격적으로 시작되었다. 주로 뉴잉글랜드 지방에 정착한 이주민들은 사과에서 짜낸 펙틴pectin으로 젤리를 만들고, 꿀이나 설탕 그리고 새로운 작물인 단풍나무에서 짜낸 즙에 과일을 졸였다.

잼을 병에 넣어 보관하기 시작한 건 19세기 말이다.

18세기 초 '태양왕'이라 불리며 화려한 궁정 문화를 선도하던 프랑스의 국왕 루이 14세는 28년이라는 시간과 막대한 자금, 인력을 동원해 1689년에 베르사유 궁전을 완성시켰다. 베르사유 궁전은 에펠탑과 함께 손꼽히는 프랑스의 자랑거리인데, 루이

14세가 통치하던 시절 이곳에서는 국왕과 귀족들이 참석하는 대규모 연회가 자주 벌어졌다. 이때 손님들에게 대접했던 후식이 설탕에 졸인 과일과 오렌지 마멀레이드였다.

1805년 프랑스에서 요리한 음식을 병에다 넣어 보관하는 병조림이 등장했다. 이것을 계기로 과일 잼을 병에 넣는 방식이 시도되었다. 마침내 1897년 미국 오하이오 주에서 제롬 스무커가 펙틴과 설탕으로 만든 사과잼을 유리병에 넣는데 성공했다. 1917년에는 폴 웰치가 이 원리를 바탕으로 설탕에 버무린 포도를 끓여서 졸인 다음 펙틴을 첨가해 유리병에 넣었다. 이것이 세계 최초의 포도잼이다.

1, 2차 대전을 치르는 동안 잼은 전쟁터에 나간 미군들에게 배급되었다. 전쟁이 끝난 뒤 미군이 세계 각지에서 주둔하면서 잼도 널리 퍼져나갔다. 한국에서 잼이 가공식품으로 정착된 것도 한국전쟁 이후 미군들의 영향 때문이었다.

지금은 미국이 전 세계 과일 잼의 80퍼센트 정도를 생산한다. 전통적인 인기 상품인 포도잼과 딸기잼 이외에도 산딸기를 이용한 잼과 오렌지 마멀레이드, 살구와 복숭아잼도 출시되고 있다. 잼은 설탕과 방부제가 많이 들어가 비만과 당뇨 주범으로 지목도 받고 있지만, 그래도 여전히 세계의 많은 이가 아침 식사로 과일 잼을 바른 빵을 먹고 있다.

대항해시대 선원들이 목숨처럼 아꼈던 럼주

선장이 잘못을 저지른 선원들을 처벌할 때 가장 심한 벌이 바로 금주령이었다니 이것만 봐도 선원들이 럼주를 얼마나 중요하게 여겼는지 알 수 있다. 선원들은 "금주를 하느니 차라리 채찍을 맞게 해주십시오!" 라고 애원할 정도였다고 한다.

어린 시절, 누구나 한 번쯤 소설《보물섬》을 읽어보았을 것이다. 해적들이 음울한 목소리로 "어여차, 럼주가 한 병이라네……"라고 부르던 장면을 떠올릴 이들도 있으리라. 영국의 작가 로버트 루이스 스티븐슨이 1883년에 발표한 이 소설은 소년 짐이 해적에게서 보물섬의 지도를 얻어 다른 사람들과 함께 보물섬을 찾아 떠나는 모험담이다. 소설에 등장하는 선원들과 해적들은 지루할라치면 노래를 부르면서 럼주를 마시는데, 대항해시대 때 뱃사람들도 그런 모습이었다고 한다.

그로그 럼주.

식수 고민에서 시작된 술

13세기경부터 항해 기술과 선박 제조 기술이 발달하면서 유럽 사람들은 연안에서 벗어나 점차 더 먼 바다로 나아갔다. 그런데 선원들은 큰 고민에 시달렸다. 항해가 길어지면서 마실 물이 걱정이었다. 물을 오랫동안 보관하면 습기와 열기 때문에 미생물이 기하급수적으로 늘어 급기야 녹색의 구정물로 변해버리기 일쑤였다. 갈증을 참지 못할 지경이면

두 눈을 질끈 감고 코를 막은 채 얼른 마셔야 했다. 하지만 물에 세균이 득실거려 설사와 복통을 심하게 앓았고, 잘못되면 장염에 걸려 죽기도 했다.

그래서 나온 해결책이 물 대신 술을 마시는 것이었다. 따지고 보면 술도 물로 만든 것이 아닌가. 한자동맹에 소속된 선단의 뱃사람들은 배에 물 대신 맥주나 포도주를 싣고 다니며 식수로 삼았다. 알코올 성분이 들어간 맥주와 포도주는 확실히 물보다 오래 보관할 수 있었다. 게다가 아침부터 잠들 때까지 힘든 노동을 해야 했던 뱃사람들에게는 물보다 취하면 피로를 말끔히 잊게 해주는 술이 더 인기가 많았다.

그러나 콜럼버스의 신대륙 발견 이후 광활한 북대서양까지 항해할 수 있게 되면서 뱃사람들은 또다시 식수 문제로 골머리를 앓았다. 유럽의 근해보다 덥고 습도가 높은 대서양과 카리브해를 지날 때면 맥주나 포도주도 상해버렸던 것이다. 원인을 알지 못해 고민하던 사람들은 술의 도수가 낮으면 높은 온도에 변질된다는 사실을 알아내고, 맥주를 증류시켜 독한 위스키로 만들어 배에 실었다. 위스키는 맥주나 포도주보다는 덜 상했지만, 값이 비싼 게 흠이었다. 그러다 보니 선장 정도나 돼야 마실 수 있었고, 가난한 선원들은 감히 마실 엄두도 내지 못했다.

식수의 변질 이외에도 뱃사람들은 다른 고통에 시달렸다. 바로 괴혈병이었다. 비타민을 제대로 섭취하지 못해 걸리는 괴혈병은 잇몸에서 피가 나다가 나중엔 온몸이 굳어 죽는 병이다. 영국 해군의 군의관이었던 길버트 브레인Gilbert Blane이 비타민

대항해시대 선원들을 공포에 떨게 한 괴혈병 원인을 밝혀낸 길버트 브레인.

공급의 일환으로 레몬 즙과 양배추를 선원들에게 먹이게 한 18세기 말 이전까지 배에서 일하는 사람들은 너 나 할 것 없이 괴혈병의 공포에 시달렸다. 이처럼 대항해시대의 선상 생활이란 열악하기 그지없었다. 실제 모습은 영화나 소설에서 낭만적으로 그려지는 것과 많이 달랐다. 물을 많이 싣고 다닐 수 없어 물이 부족했고, 육지에서 살던 때처럼 몸을 자주 씻을 형편도 못되었다. 게다가 일단 일어나면 식사 시간을 제외하고는 잠들 때까지 전혀 쉬지 못하고 계속 힘든 중노동을 해야 했다.

이런 환경에서 지내다 보니 선원들은 툭하면 병에 걸리고

프레스 갱을 묘사한 캐리커처.

몸에서는 썩은 땀 냄새가 가실 날이 없었다. 배에 쥐와 벌레들도 득실거려 전염병은 선상에서 일상적인 일로 여겨졌을 정도다. 그래서 선장들은 항구에 들를 때마다 일부로 배를 가라앉혔다 다시 들어올리는 수법으로 쥐들을 죽이려 했다. 하지만 그것도 소용없었다. 쥐는 물에 빠져도 3일 동안 살아남을 만큼 생존력이 탁월했다.

그래서 뱃일을 하려는 사람들은 대부분 현실에 대한 희망이 없는 가난한 사람이거나 감옥에 들어갔다 나온 죄수 출신이었다. 그도 아니면 바다를 항해하면서 한몫 훔치려는 부류들이었는데, 이들이 바로 해적이다. 20세기까지 세계의 바다를 제패했던 영국만 해도 해군에 자원하는 사람들이 적어 죄를 면해주는 조건으로 감옥의 죄수들을 해군이 되게 했다. 그도 어려울 경우에는 아예 항구 도시에 들어가 강제로 도시 주민들을 끌고 가 해군에 편입시켰다.

괴혈병 치료제로 쓰인 레몬.

이때 마을의 부녀자들은 가족들이 해군에 끌려가는 것을 막으려고 해군 징병관들과 거친 몸싸움을 벌이기도 했다. 이런 현상을 프레스 갱Press Gang이라고 하는데, 서구에서는 1차 대전 무렵에도 이런 일이 흔했다.

한 번 배에 올랐던 사람들도 뱃일이 너무나 힘들고 제공되는 의식주도 엉망이다 보니 틈만 나면 달아나려고 했다. 그래서 선장들은 나름대로 대비책을 세웠는데, 가급적 항구에 들를 기회를 줄인다든가 아니면 섬의 원주민들을 식인종이라고 거짓말을 해 선원들에게 공포감을 심어주었다. 실제로 하와이를 비롯한 태평양의 많은 섬 주민은 이런 식으로 억울한 누명을 쓰기도 했다.

선원들의 목을 축여준 럼주

그러나 고생 끝에 낙이 찾아온다는 속담처럼 지옥 같은 환경 속에 방치되어 있던 뱃사람들에게도 한 줄기 빛이 드리워졌다. 1651년 영국이 차지하던 서인도제도의 식민지 바베이도스에서 사탕수수 즙을 증류한 술이 개발되었는데, 그것이 럼Rum이었다.

럼주는 대항해시대보다 훨씬 이전에 만들어졌는데, 최초의 럼주는 고대 인도에서 시작되었다고 한다. 인도는 사탕수수를 재배해 세계에서 처음 설탕을 만든 지역이어서 자연히 사탕수수를 원료로 한 럼주도 그만큼 일찍 만들었던 것이다. 바베이도스에서도 설탕을 만들고 난 사탕수수 줄기들을 모아 다시 한번 끓이는 방식으로 럼주를 만들었다.

럼주는 위스키와 달리 값이 매우 싸서 가난한 선원들도 부담 없이 마실 수 있었다. 도수도 높아서 높은 온도와 습도에도 상하지 않아 오랫동안 보관할 수 있었다. 이런 럼주의 장점이 알려지자 선주들은 앞다투어 럼주를 배에 실었고, 선원들에게 지급했다. 그냥 선원이든 해적이든 해군이든 할 것 없이 뱃사람들은 럼주를 들이켰다. 그들에게 럼주는 갈증과 피로를 말끔히 씻어주는 생명수나 다름없었다.

선장이 잘못을 저지른 선원들을 처벌할 때 가장 심한 벌이 바로 금주령이었다니 이것만 봐도 선원들이 럼주를 얼마나 중요하게 여겼는지 알 수 있다. 선원들은 "금주를 하느니 차라리 채찍을 맞게 해주십시오!"라고 애원할 정도였다고 한다.

그러나 아무래도 술이다 보니, 럼주를 물처럼 마시던 선원들이 어떤 상태가 되었을지 짐작이 간다. 거의 모든 선원이 평소에도 알코올 중독자나 다름없었다. 제독이나 선장이 무슨 명령을 내려도 잘 듣지 못하거나 들어도 취해 느려 터진 몸놀림 때문에 제대로 일을 하지 못했다.

이런 것을 불만스럽게 여긴 영국의 그로기라는 해군 제독이 럼주에 물을 타서 도수를 낮추어보았지만, 선원들은 럼주를 더 많이 마시는 것으로 응수했다. 술에 취한 것처럼 비틀대는 사람을 두고 '그로기' 상태라고 하는 말은 이 그로기 제독의 이름에서 따온 것이다.

〈왕실 해군의 그로그가 나오다〉, 로버트 오스틴 그림, 임페리얼 전쟁박물관.

뱃사람들이 애용하던 럼주는 영국 식민지인 미국에서도 일상적인 음료로 자리 잡았다. 식민지 거주자들은 영국에 맞서 독립혁명을 벌이던 1770년대 직전까지도 사람당 1년에 13리터나 되는 럼주를 마셔댔다고 한다. 성인 남자나 여자는 물론이고 어린아이들도 말이다.

이렇게 인기를 누리던 럼주는 영국의 쿡 제독이 미생물이 번지지 않는 금속 용기를 개발하면서 서서히 밀려나기 시작한다. 많은 제독이 해군이나 선원들이 럼주를 너무 많이 마셔 알코올 중독자가 되는 것에 불만을 품고 있었기 때문이다. 하지만 영국 해군이 공식적으로 1970년 7월 31일 럼주를 해군들에게 지급하는 관행을 폐지할 때까지 럼주는 여전히 뱃사람들에게 반드시 필요한 음료이자 생명의 물이었다.

세계적으로 유명한 럼주는 쿠바에 기반을 두었던 바카디 회사에서 생산해내는 바카디 시리즈다. 그 옛날 사탕수수를 재배했던 서인도제도의 명성을 잇고 있는 셈이다.

아일랜드 사람들의 눈물이 아로새겨진 콘비프

1600년을 전후해서 아일랜드에는 중대한 두 가지 변화가 일어난다. 첫 번째는 아일랜드 전역이 영국의 식민지가 된 것이고, 두 번째는 이 시기부터 아일랜드의 전 국민적인 축제인 성패트릭데이가 시작되었으며 콘비프가 아일랜드 사람들의 식탁에 올랐다는 것이다.

콘비프

내 어머니께서는 자주 장조림을 해주신다. 주로 쇠고기에 고추, 달걀(또는 메추리 알)을 넣어서 간장에 졸이는 식이다. 어렸을 때는 쇠고기와 고추의 물컹한 맛이 별로여서 달걀만 쏙 빼먹다 꾸중을 듣기도 했다. 지금은 달걀보다 쇠고기와 고추를 더 좋아하게 되었지만 말이다.

서양에도 이런 장조림 비슷한 요리가 있는데, 쇠고기를 네모나게 썰어서 소금에 푹 절였다가 먹는 콘비프corned beef가 그것이다.

사순절 기념 음식

콘비프는 아일랜드에서 처음 만들어졌다. 아일랜드에서는 성 패트릭St. Patrick을 아일랜드를 지켜주는 수호성인으로 추앙하는데, 그의 열정적인 전도 덕에 아일랜드에 일찍 기독교가 자리 잡았기 때문이다. 아일랜드 사람들은 사순절 기간에, 큰 항아리에 네모나게 썬 쇠고기를 넣고 그 위에 약간의 질산칼륨이 들어간 소금물을 부어 푹 절여둔다. 그리고 사순절이 끝나면 콘비프를 꺼내서 요리해 먹었다. 가을 동안 콘비프를 만들어 잘 보관해두었다가 겨울철에 먹기도 했다.

미국 캘리포니아 오클랜드에 있는 빛 그리스도 대성당의 스테인드글라스에 묘사된 성 패트릭.

콘비프의 '콘corn'은 아일랜드어가 아니라 작은 씨앗을 뜻하는 고대 게르만족의 언어 '쿠르남Kurnam'에서 비롯되었다. 콘비프를 절일 때 넣는 소금 알갱이가 꼭 곡식의 작은 씨앗처럼 생겼다고 해서 붙여진 이름이다. '소금에 절인'을 뜻하는 콘드corned란 단어는 이미 888년에 영국 옥스퍼드 영어 사전에 실려 있었다.

1600년을 전후해서 아일랜드에는 중대한 두 가지 변화가 일어난다. 첫 번째는 아일랜드 전역이 영국의 식민지가 된 것이고, 두 번째는 이 시기부터 아일랜드의 전 국민적인 축제인 성패트릭데이(아일랜드에 기독교를 전해준 패트릭을 기리는 축제. 매년 3월 19일)가 시작되었으며 콘비프가 아일랜드 사람들의 식탁에 올랐다는 것이다.

1621년경 영국인 리처드 버튼이 콘비프라는 단어를 처음 언급했고, 영국인들은 아일랜드에서 만든 콘비프를 소비하는 최대 고객으로 급부상했다. 아일랜드 북부의 코르크 지역은 1825년까지 콘비프 주요 생산지로 콘비프를 영국으로 수출했다.

영국 해군의 휴대 식량

대항해시대 이후 영국인들은 더 먼 바다로 항해하면서 장기간 보존할 수 있는 식품을 찾는 데 골몰하고 있었다. 이런 고민을 콘비프가 해결해준 것이다. 소금에 절여 수분이 빠져나간 콘비프는 덥고 습한 배 안에서 오랫동안 놓아두어도 잘 상하지 않기 때문이다.

당시 영국 해군들은 선상 생활에서 밀가루를 구워 만든 과자인 하드택hardtack을 주식으로 삼았다. 하지만 하드택은 요즘 과자와 달리 이스트나 설탕, 버터와 달걀 등이 전혀 들어가지 않고 오직 밀가루만으로 만들어서 만든 지 삼사일이 지나면 돌처럼 딱딱해졌다. 그래서 선원들은 하드택을 물이나 수프에 넣고 멀건 죽처럼 끓여 먹었다.

게다가 만든 지 한 달쯤 지나면 하드택에서는 바구미 같은 벌레들이 들끓었다. 선원들은 먹기 전에 으레 하드택을 식탁에다 두드려 바구미를 털어낸 뒤 먹어야 했다.

선원들의 식사로 배급된 하드택. 너무 딱딱해서 먹기 힘들었다고 한다.

딱딱하고 맛없는 하드택에 비하면 선원들에게 소금에 절인 쇠고기인 콘비프는 매우 훌륭한 음식이었다. 물론 콘비프도 완벽한 건 아니었지만 말이다. 소금에 오랫동안 절여 짠 데다 지독한 냄새까지 나서 선뜻 먹기가 쉽지 않았던 것이다. 만든 지 오래된 쇠고기 장조림 냄새가 어떨지 상상해봐라. 그래서 선원들은 콘비프를 물에 담가 소금기를 빼낸 뒤 굽거나 그냥 솥에 넣고 끓여서 먹었다고 한다. 신분이 높은 함장이나 장교들은 콘비프에서 풍기는 지독한 냄새 때문에 악취를 없애주는 후추나 육두구 같은 향신료를 넣어 먹기도 했다. 당시 향신료는 황금이나 진배없을 만큼 비싸고 귀한 조미료였다.

한동안 수병들에게만 공급되던 콘비프는 나폴레옹전쟁(1797년 나폴레옹이 지휘하는 프랑스 군대가 이탈리아를 침략한

워털루 전투 장면. 전쟁이 지속되면서 군량도 발달했다. 콘비프도 그런 군량 중 하나다. 앙리 펠릭스 엠마누엘 필리포토 그림.

것을 시작으로 1815년 워털루 전투가 끝날 때까지 영국, 오스트리아, 러시아 등 유럽 여러 나라와 벌인 전쟁을 아울러 말함)이 시작된 1797년 이후부터 영국 육군들에게도 지급된다. 나폴레옹의 프랑스군과 싸우기 위해 스페인과 포르투갈을 비롯한 유럽 대륙 본토에서 군사 작전을 오랫동안 벌이면서 장기간 보존이 가능한 휴대 식량인 콘비프가 필요해졌던 것이다. 육지에는 바다와 달리 민가나 농장이 있어서 음식을 조달하는 게 상대적으로 쉽다. 하지만 오랜 시간 행군을 하거나 어떠한 일로 보급이 더디어지는 등의 경우에는 음식을 구하기가 어렵다. 그럴 경우를 대비해서 병사들에게 콘비프를 휴대 식량으로 제공했다.

나폴레옹전쟁 당시, 영국 육군 병사들은 해버색haversack이라는 거친 직물로 만든 식량 자루를 허리에 걸치고 다녔는데 여기에는 이스트(효모)가 들어가지 않은, 물과 귀리로만 반죽한 딱딱한 빵과 짜게 절인 콘비프가 들어 있었다. 영국 병사들은 이 두 가지로 식사를 해결했다.

콘비프에 얽힌 재미있는 이야기가 하나 있다. 나폴레옹전쟁을 치르면서 영국 병사들은 프랑스인들을 "개구리까지 포함해서 아무거나 닥치는 대로 먹는다."는 뜻을 담아 '개구리'라며 조롱했다. 그러자 프랑스인들은 "너희 영국인들은 다른 맛있는 음식들을 놔두고 소금에 절인 짜디짠 쇠고기만 미친 듯이 먹어대니, 음식 맛도 모르는 멍청이들이다!"고 맞받아쳤다고 한다.

1810년 영국인 노동자 피터 듀란Peter Durand이 통조림을 발명하자 영국군 병사들은 철제 캔에 든 콘비프를 먹었다. 그런데 캔 뚜껑을 열었을 때 너무 고약한 냄새가 나서 병사들 사이에서도 불만이 많았다. 박하나 로즈메리 같은 허브를 넣어 이런 냄새를 없애려고도 해보았고, 19세기 말부터는 후추와 육두구 같은 향신료들을 뿌리는 방법도 시도해보았다고 한다. 조정래의 《태백산맥》을 보면 미군들이 쇠고기 통조림을 가리켜 "너무나 맛없어서 죄수들이나 먹는 음식"이라고 혹평하는 장면이 나오는데, 아마 콘비프 통조림을 먹던 영국군들도 그렇게 생각하지 않았을까 싶다.

고기 대신 감자로 연명한 아일랜드인들

19세기 중엽이 되자 콘비프는 유럽을 넘어 세계로 퍼져나갔다. 거기에는 아일랜드 사람들의 고통스러운 눈물이 아로새겨져 있다. 아일랜드 사람들은 많은 양의 쇠고기와 버터를 생산하고도 그것을 먹을 수 없었다. 영국의 수탈 때문이

아일랜드 인구가 절반으로 줄 정도로 많은 아일랜드인이 굶어 죽은 1847년 '감자 대기근' 사건을 표현한 동상.

콘비프와 곁들여 먹는 사우어크라우트.

었다. 그래서 큰 탈 없이 잘 자라는 감자를 주식으로 삼아 연명할 수밖에 없었다. 그런데 1847년 감자마름병이 돌아 감자가 90퍼센트 이상이 다 썩어 나갔다. 당장 먹을 것이 없어지자 아일랜드 사람들은 눈앞이 캄캄해졌다. '아일랜드 대기근'이라 불린 이 사건으로 200여 만 명이 굶어 죽고, 200여 만 명이 고향을 등지고 미국 등 다른 나라로 떠났다. 이 시기 아일랜드 인구가 절반으로 줄었다.

미국에 정착한 아일랜드 사람들은 아일랜드를 강점해 수탈한 가증스런 영국을 떠올리는 한편 고향 잃은 슬픔을 달래며 콘비프를 만들어 먹었다. 그런데 이 콘비프가 미국에서 큰 인기를 얻은 것이다. 아일랜드 이민자들은 물론 유대인을 포함한 다른 나라 사람들도 콘비프를 무척 좋아했다. 만드는 법이 간단하고, 단백질이 풍부하고 열량이 높아 유대인들은 주식인 베이글이나 샌드위치에 콘비프를 넣어 먹었다고 한다.

콘비프에 사우어크라우트와 삶은 순무, 당근을 곁들여 함께 먹는 요리법도 이 무렵 생겨났다. 1861년 3월, 링컨은 대통령 취임식 저녁 식사에서 손님들과 함께 콘비프와 양배추 요리를 먹었다고 한다.

나폴레옹전쟁에서 영국 육군의 정식 휴대 식량이 된 콘비프는 건빵과 함께 2차 대전까지 영국군의 필수 보급품으로 지급되었다. 콘비프를 솥에 넣고 감자나 순무 등과 함께 푹 삶아서 국물까지 다 먹었는데, 추운 날씨에 고생하던 병사들에게 그만한 위안도 없었을 것이다.

지금 콘비프의 최대 생산국이자 소비국은 영국이나 아일랜드가 아닌 미국이다. 미국에서 콘비프는 아일랜드계 이민자들이 성패트릭데이에 많이 소비하고 일상적으로 베이컨이나 햄 대신 쓰인다. 감자와 당근 등을 넣어 끓이는 핫팟에도 쓰이고 베이글 사이에 끼워 먹기도 한다.

나폴레옹전쟁이 만든 통조림

나폴레옹은 황제가 되자마자 프랑스 전역에 오랫동안 음식물을 보관할 수 있는 용기를 만들라는 명령을 내렸다. 그래서 나온 물건이 바로 병조림이었다.
병조림을 받아본 나폴레옹은 크게 기뻐하며 당장 대육군에게 병조림을 정식 군량으로 제공하라고 명을 내린다.

전쟁을 할 때 무엇이 가장 중요할까? 병사 수, 우수한 무기, 뛰어난 전략 전술, 유능한 참모진? 모두 아니다. 바로 군량이 원활히 보급되는 것이다. 아무리 강력한 군사들이라고 해도, 먹지 않고 어떻게 싸우겠는가.

통조림.

"군대는 위胃를 가지고 싸운다."

알렉산드로스, 카이사르와 더불어 서구의 3대 명장이라 불리는 나폴레옹이 말한 것처럼 군량 보급은 무엇보다 중요하다. 사람들은 흔히 정신력으로 뭐든지 할 수 있다고 말하지만 아무런 물질적인 조건 없이 정신력만으로 할 수 있는 일은 사실상 거의 없다. 2차 대전 당시 일본 군대는 왜 패했을까? 바로 지나치게 정신력만 강조하다가 가장 중요한 군량 보급을 소홀히 했기 때문이다.

나는 일본군이 2차 대전 중에 벌인 가장 멍청한 짓이 1944년의 임팔 작전(당시 영국 식민지였던 인도로 일본군이 진격해 영국을 몰아내고 인도를 점령하려던 계획)이라고 생각한다. 작전을 계획한 무타구치 렌야牟田口 廉也란 자는 "일

무타구치 렌야.

본인은 채식을 해왔으니 정글에 들어가서도 풀만 뜯어 먹을 수 있으면 보급은 걱정할 필요 없다!"고 한심한 소리를 하다가 최소한 3만 명이 넘는 자국 군사들을 굶겨 죽이고 전쟁을 실패로 말아먹었다. 왜? 막상 정글로 들어가 보니 그 풀들이란 게 거의 다 사람이 먹을 수 없는 종류였고 독초도 있어 병사들은 설사를 하고 열병을 앓다가 죽어갔다.

무타구치 렌야는 전쟁이 끝난 뒤 전범 용의자로 체포되어 연합군에게 재판을 받았지만, 그의 무능함 때문에 오히려 일본군이 큰 피해를 입은 점이 감안되어 불기소로 석방되는 웃지 않을 수 없는 일이 벌어지기도 했다. 평생 "부하의 무능 때문에 임팔 작전이 실패했다."는 변명으로 일관했던 그는 수상인 도조 히데키의 심복이란 이유로 아무런 처벌도 받지 않았고, 모아놓은 재산을 가지고 잘살았다고 전해진다.

정신력 운운하는 소리를 들을 때마다 나는 임팔 작전이 떠오른다. 그리고 한국 사회가 아직도 일본 제국주의의 잔재를 벗어던지지 못한 게 아닌가 싶어 씁쓸해진다.

그런 면에서 본다면 나폴레옹은 최소한 무타구치 렌야 같은 제국주의 일본의 장성들보다는 훨씬 영리했던 모양이다. 병사들을 위해 통조림을 만들어 보급하는 데 각별히 신경을 썼으니 말이다.

1769년 코르시카 섬에서 태어난 나폴레옹은 프랑스혁명의 파도를 타고 승승장구했다. 스물네 살 되던 해인 1793년 툴롱 전투에서 영국 함대와 왕당파 반란군을 격퇴한 것을 시작으로 전승의 금자탑을 쌓아올렸다. 3년 후에는 이탈리아 원정에 나서 밀라노를 점령하고 오스트리아군을 무찔렀다. 1797년에는 오스트리아군의 완강한 저항을 제압하고 수도인 비엔나에 입성해 항복을 받아냈다. 다음 해인 1798년에는 머나먼 이집트로 원정을 떠나 이집트를 지배하던 맘루크 군대를 피라미드 부근의 임바바에서 크게 무찌르고 카이로를 점령했다.

연일 계속되는 승전 소식에 나폴레옹의 인기가 치솟자 기존의 통령정부는 그를 두려워하여 제거하려 하였다. 이 사실을 먼저 알아챈 나폴레옹은 급히 이집트에서 귀국했다. 그리고 1799년 11월 쿠데타를 일으켜 통령정부를 해산하고

나폴레옹의 마렝고 전투로 탄생한 요리, 치킨 마렝고.

자신이 새로운 통령이 되어 프랑스의 전권을 장악했다.

이후 나폴레옹은 더욱더 전쟁에 박차를 가했는데, 1800년 2월 이탈리아 북부의 마렝고에서 오스트리아군을 완전히 무찔러 라인강 서쪽과 이탈리아 북부 등 많은 영토를 할양받았다. 이 마렝고 전투에서 탄생한 유명한 음식이 치킨 마렝고Chicken Marengo이다.

마렝고 전투가 끝난 뒤 나폴레옹이 요리사에게 주문해 먹었다는 치킨 마렝고 조리법은 이렇다. 올리브기름으로 튀긴 닭 위에 토마토·마늘·양파로 만든 소스와 요리된 가재 등을 고명으로 얹으면 완성된다.

병조림과 통조림

1804년 12월 나폴레옹은 인민투표를 통해 압도적인 지지를 얻으면서 마침내 황제 자리에 오른다. 이 소식을 들은 영국과 다른 유럽 국가들은 놀라움을 금치 못하며, 다시 대프랑스 동맹군을 결성해 프랑스를 압박했다. 나폴레옹이 황제가 되었다는 것은 단순히 프랑스를 다스리는 데 머물지 않고 전 유럽을 정복하겠다는 야심을 드러낸 것이니 그들로서는 결코 안심할 수 없는 노릇이었다.

그러나 정작 나폴레옹이 가장 두려워했던 것은 영국이나 프로이센, 오스트리아 등의 주변 국가가 아니라 군량 보급이 잘 안 되는 상황이었다. 툴롱 전투를 끝내고 발령받은 북부 이탈리아 전선에 도착했을 때 나폴레옹은 큰 충격을 받았다. 족히 절반이 넘는 병사들이 군복은 물론 군화마저 신지 못하고 거의 헐벗은 채로 싸우고 있었던 것이다. 또 먹을 것이 제대로 배급되지 않아 부대 인근의 민가에 쳐들어가 돼지나 닭 같은 가축들을 빼앗아야 할 정도로 굶주림에 시달리고 있었다. 물론 이런 상황에서도 장군들은 상다리가 휘어질 정도로 호화로운 상을 차려 게걸스럽게 먹어댔지만 말이다.

이때 일을 기억하는 나폴레옹은 황제가 되자마자 프랑스 전역에 오랫동안 음식물을 보관할 수 있는 용기를 만들라는 명령을 내렸다. 그래서 나온 물건이 바로 병조림이었다. 니콜라 아페르Nicolas Appert가 고안한 병조림은 일단 유리병에 요리한 음식을 넣은 다음 코르크마개로 입구를 단단히 막은 후 뜨거운 물에 넣어 살균하는 방식이었다. 병조림을 받아본 나폴레옹은 크게 기뻐하며 당장 대육군(19세기 초 나폴레옹이 전투를 치르면서 모집한 다국적 군대)에게 병조림을 정식 군량으로 제공하라고 명을 내린다. 간편한 휴대 식품

통조림의 원조인 병조림을 발명한 니콜라 아페르와 그가 발명한 병조림.

인 병조림을 갖춘 프랑스군은 보급의 어려움을 걱정하지 않고 기동력을 발휘하며 유럽 전역에서 승리를 거두었다.

1805년 12월 2일, 체코 동부의 아우스터리츠에서 벌인 전투에서 나폴레옹이 이끈 프랑스군(7만 5,000명)은 오스트리아와 러시아 두 나라 황제가 직접 나와 지휘한 연합군(8만 5,000명)을 크게 무찔러 전 유럽을 놀라게 했다. 오스트리아와 러시아 두 나라에서는 1만 5,000명이 전사하고 1만 2,000명이 포로로 잡혔으며, 약 200문이나 되는 대포를 모두 프랑스에게 빼앗길 정도로 큰 타격을 입었다.

프랑스군이 휴대하는 병조림은 확실히 식품을 오래 보관

통조림을 발명한 영국의 피터 듀란.

하는 데는 좋았지만, 유리로 만들어져 작은 충격에도 쉽게 깨졌다. 이런 결점을 보완하려고 영국에서는 고민 끝에 다른 대체품을 개발했다. 바로 철제 통조림이다.

그런데 통조림은 나왔지만 정작 그 통조림을 열 따개가 없었다. 그래서 초기의 통조림은 망치나 날카로운 끌 혹은 송곳으로 열어서 먹어야 했다. 그 과정에서 예리한 통조림 뚜껑에 손을 베이는 사람들이 많았다.

통조림 따개는 1870년 미국에서 윌리엄 라이만이라는 사람이 개발했다. 그가 고안한 따개는 바퀴처럼 되어 있었는데, 통조림 뚜껑에 대고 돌려 나가면 예리한 칼날로 인해 뚜껑이 열리게 되어 있었다. 10년 전까지만 해도 통조림 따개가 사용되었지만 최근 들어서는 통조림 윗부분을 미리 살짝 잘라놓고 따개를 붙여놓은 원터치 캔이 나와 점점 따개를 사용할 일이 적어지고 있다.

나치 치하에서 탄생한 환타

초창기 환타 포장지에는 호랑이들에게 난폭하게 물어뜯기고 학대당하는 유대인들 모습이 그려져 있었다. 유대인 탄압을 정당화하려는 히틀러의 정책이 반영된 것이다. 이 때문에 훗날 유대인과 이스라엘 사람들은 환타 마시기를 꺼렸다.

환타.

환타는 코카콜라와 함께 여전히 사랑받는 음료다. 한국에서도 1968년 처음 선보인 이래 꾸준히 인기를 누리고 있다. 그런데 톡 쏘고 달콤한 맛과는 달리 환타의 탄생 배경이 그리 밝지만은 않다.

전쟁 때문에 끊긴 콜라 원액

1939년 2차 대전이 발발하자 독일에 진출해 있던 코카콜라 지사는 큰 곤경에 처했다. 미국과 영국 등 연합국이 전쟁을 시작한 독일을 맹렬히 비난하며 독일로 공급되던 모든 물자를 차단하겠다고 선언한 것이다. 그 바람에 1940년 미국 본사에서 독일 지사로 보내지던 콜라 원액이 끊기고 말았다. 당시 독일 지사는 미국 본사에서 원액을 모두 받아서 콜라를 만들고 있었다. 그런데 전쟁 때문에 더는 원액을 받을 수 없자 자연히 콜라 생산도 중단될 위기에 놓였다.

일이 이렇게 되자 다급해진 건 독일 코카콜라 지사장 막스 카이트Max Keith였다. 원액을 공급받지 못하면 콜라를 만들 수 없고, 그렇게 되면 공장은 문을 닫아야 했다. 막스 카이트는 중립을 선언한 스위스의 코카콜라 지사를 거쳐 원액을 들여올 방안도 검토해보았지만, 미국 정부의 방침에 따라 전 유럽 지사에 원액 공급이 중단된 상태여서, 스위스 지사 역시 같은 처지였다.

하지만 막스 카이트는 지금까지 큰돈을 안겨준 콜라와 음료수 판매를 그만둘 수는 없었다. 그래서 고심 끝에 콜라를 대체할 다른 음료를 개발하기로 결심한다. 콜라와 맛이 비슷하면서도 독일 등에 있는 재료로 만들 수 있는 음료수가 필요했다. 그리고 얼마 지나지 않아 음료수 개발을 맡고 있던 셰텔리히 박사가 치즈 찌꺼기와, 사과술인 키더를 빚고 남은 섬유소, 과일주스와 탄산가스를 몽땅 넣은 끝에 새로운 음료를 만드는 데 성공한다.

환타를 개발한 막스 카이트.

막스 카이트는 이 음료에 붙일 좋은 이름을 직원들을 대상으로 공모했고, 그중 '판타지 fantasie'를 뽑았다. 판타지는 공상, 환상, 상상을 뜻하는 독일 말로 마시면 기분이 좋아지는 음료의 성격을 잘 표현한

이제 세계 음료가 된 환타.

이름이었다. 이 판타지를 줄여 판타Fanta라 했고, 이것이 우리가 곧잘 마시는 환타가 된 것이다.

나치의 선전 도구로 악용된 음료

이제 코카콜라 독일 지사에서는 콜라 대신 환타를 팔기 시작했다. 전쟁 때문에 콜라를 마실 수 없던 독일인들은 환타의 기막힌 맛에 반해버렸다. 특히 식수 배급 사정이 나빴던 군인들에게 환타는 큰 인기를 끌었다.

초창기 환타 포장지에는 호랑이들에게 난폭하게 물어뜯기고 학대당하는 유대인들 모습이 그려져 있었다. 유대인 탄압을 정당화하려는 히틀러의 정책이 반영된 것이다. 이 때문에 훗날 유대인과 이스라엘인들은 환타 마시기를 꺼렸다. 전쟁이 지속되는 동안 환타는 나치의 적극적인 후원에 힘입어 막대하게 팔렸고, 나치는 이런 환타를 자국민들과 유럽인들에게 독일의 위대함을 선전하는 도구로 이용했다.

1945년 2차 대전이 끝났지만 환타는 계속 살아남았다. 그리고 1960년 미국의 코카콜라 본사는 환타를 정식으로 인수해 세계 시장에 판매했다. 환타는 지금까지 세계 180국에 소개되었고, 각국의 환타 지사에서 기발한 아이디어를 고안해내 새로운 변형품들을 잇달아 출시했다.

1955년 이탈리아의 코카콜라 지사는 독일 지사에서 제조법을 전수받아 환타를 만들어 판매했고, 1958년에 일본 도쿄의 음료수 회사에서도 하나에 30엔 하는 환타를 내놓았다. 1968년에는 오렌지맛과 포도맛을 첨가한 250밀리리터짜리 환타가 미국에서 처음 나왔고, 1975년에는 사과맛을 넣은 제품도 등장했다. 1979년에는 레몬맛이 개발되었고, 1982년에는 건강을 강조하는 사회적 분위기에 맞추어 비타민 C를 함유한 환타까지 나왔다.

나치 치하에서 탄생한 환타는 이러한 과정을 거쳐 우리 손에 이른 것이다.

미군을 따라 세계로 퍼진 코카콜라

오늘날 전 세계를 통틀어 가장 인기 있는 음료는 단연 코카콜라Coca-Cola다. 하루에만 1억 개가 팔린다는 코카콜라는 청바지, 햄버거, 할리우드 영화와 더불어 지구촌에 미국 문화를 전파하는 상징물로 자리 잡고 있다.

20세기 최고의 히트 상품인 코카콜라 병. 미국 문화를 상징하는 제품이기도 하다.

코카콜라가 얼마나 인기가 있으면, 코카콜라를 만드는 원액의 제조법은 회사의 비밀 금고에 보관하고 있으며 누구에게도 결코 공개하지 않는다는 소문까지 퍼졌을 정도다.

물론 소문의 대부분이 그렇듯이 사실은 아니다. 코카콜라는 원액인 '7X', 즉 레몬 추출물과 오일, 네롤리유, 코리안더(고수), 육두구, 오렌지와 계피 등을 혼합해 만드는 것으로, 이미 1983년 출간된 《커다란 비밀Big Secrets》이라는 책에 자세히 공개되었다. 아울러 이러한 소문은 코카콜라 회사에서 의도적으로 자사의 제품을 신비롭게 포장하기 위해서 일부러 지어낸 것이라는 이야기도 있다.

코카인=코카콜라?

그러나 코카콜라를 둘러싼 소문 가운데는 사실인 것도 있다. 환각성 마약인 코카인과 코카콜라의 이름이 비슷하다는 점을 들어, 혹시 코카콜라에 코카인이 들어 있는 것이 아니

냐는 소문이었다. 물론 코카콜라 본사에서는 이런 소문이 유언비어라며 부인하고 있다.

하지만 놀랍게도 이 소문은 한때 사실이었다. 실제로 코카콜라를 발명한 미국 애틀랜타 출신 약제사 존 펨버턴John Stith Pemberton은 1886년 5월, 코카 잎(코카인의 원료인)과 코카나무 열매를 끓인 추출물에 설탕과 탄산수, 카페인을 첨가하여 코카콜라를 탄생시켰다. 그는 코카콜라에 코카인이 들어갔다는 사실을 공개적으로 발표했으며 아무런 처벌도 받지 않았다. 대체 어찌된 일이었을까?

이유는 간단했다. 1880년대까지만 해도 미국이나 유럽 등 서구에서는 코카인의 제조와 판매가 법으로 금지되지 않았기 때문이다. 1885년에는 오스트리아의 정신분석학자 프로이트가 〈코카에 관하여Ueber coca〉라는 논문을 써서, 코카인의 효능을 찬양하는 일도 있었다. 실제로 그는 우울증을 앓을 때마다 코카인을 복용했다.

코카콜라의 발명자, 존 펨버턴.

마리아니 와인을 홍보하는 포스터.

또한 그보다 앞선 1863년에는 코카인을 넣어 만든 '마리아니 와인Mariani wine'(뱅 마리아니Vin mariani라고도 한다)이 프랑스에서 출시되었다. 코르시카 출신의 프랑스 화학자이자 약사인 엔젤로 마리아니Angelo Mariani가 만든 이 와인은 알콜 10퍼센트에 코카인이 8.5퍼센트가 들어간 레드와인이었다. 마리아니는 자신의 이름을 붙여 만든 이 와인을 프랑스 보르도의 와인 시장에 내다 팔면서, "이 와인은 피로를 풀어주고 기운을 북돋워주는 강장제입니다!"라고 홍보했다. 이 와인을 한번 마셔본 사람은 모두 알콜과 코카인이 주는 황홀함에 완전히 중독되었다.

그리하여 마리아니 와인은 순식간에 날개 돋친 듯이 세계 각국으로 팔려나갔다. 19세기 무렵, 서구의 유명 인사들 거의 대부분은 한 번씩 이 마리아니 와인을 마셔보았다고 해도 과언이 아니었다. 영국의 빅토리아 여왕과 소설가 허버트 조지 웰스Herbert George Wells, 프랑스의 작가인 에밀 졸라, 교황 레오 13세, 미국의 대통령 율리시스 그랜트와 발명가 토머스 에디슨 등이 모두 마리아니 와인을 열렬히 좋아했다.

로마 교황 레오 13세. 그는 마리아니 와인을 가리켜 '인류의 은인'이라고 극찬을 할 만큼 애음가였으며, 이 와인을 만든 안젤라 마리아니에게 황금 훈장을 보내기까지 했다.

마리아니 와인이 이렇게 세계적으로 큰 인기를 끌자, 이를 모방하여 코카인을 넣은 술이나 음료들이 쏟아져 나왔다. 그 가운데 하나가 바로 코카콜라였다. 다소 의외인 사실이지만, 오늘날 세계 최고의 인기 음료인 코카콜라도 그 출발은 모방 상품이었던 것이다.

처음 코카콜라를 만들 당시, 존 펨버턴은 코카콜라를 마리아니 와인과 완전히 똑같이 코카인을 탄 포도주로 내놓을 예정이었다. 그래서 코카콜라의 원래 이름은 프렌치 코카 와인French Wine Coca이었는데, 다분히 마리아니 와인을 의식한 상표였다.

그러나 당시 애틀랜타에서는 술을 금지하는 금주법과 금주 운동이 전개되고 있었다. 그대로 내놓았다가는 당장 판매 금지 처분을 받고, 제품을 팔지 못하게 되는 상황에 처할 수도 있었다. 그래서 존 펨버턴은 마시면 취하는 와인이 아니라, 탄산수에 코카인과 설탕 및 카페인을 넣은 음료수인 코카콜라Coca-Cola로 재빨리 상품 성분을 바꾸어 출시했다. 이것이 코카콜라 역사의 시작이다. 마시면 청량감을 주는 코카콜라는 열렬한 인기를 얻었다. 존 펨버턴은 1888년에 죽었지만, 코카콜라의 인기는 여전했다. 그는 죽으면서 코카콜라에 대한 모든 소유권을 약제사인 에이서 캔들러Asa Griggs Candler에게 넘겨주었다. 에이서 캔들러는 1891년 코카콜라 회사를 만드는데, 여기서부터 본격적인 코카콜라의 역사가 시작되었다.

그런데 코카콜라에 시련이 또 한 번 찾아왔다. 19세기 말엽, 미국에서는 코카인이 사람에게 해로움을 끼치는 마약이라고 하여 금지시켜야 한다는 여론이 높았고, 코카콜라에 코카인이 포함되어 있다는 부정적인 시선이 커졌다. 에이서 캔들러는 그런 여론을 의식하여 1903년, 코카콜라에서 코카인 성분을 완전히 제거하고 대신 카페인의 함유량을 기존 수치보다 다섯 배나 높였다. 이것이 지금 세계인들이 마시고 있는 코카콜라의 원조가 되었다.

한편, 마리아니 와인은 1914년을 끝으로 생산과 판매가 완전히 중단되었다. 코카콜라에서처럼 코카인이 인체에 해로운 물질이라는 점이 알려졌기 때문이었다.

그렇게 해서 마리아니 와인은 사라졌다. 그러나 마리아니 와인을 모방한 코카콜라는 100년이 지나도록 살아남아 세계 음료수 시장을 석권했다. 그런 의미에서 역사는 참으로 아이러니하다.

존 펨버턴으로부터 코카콜라를 인수한 에이서 캔들러.

미군을 따라 널리 퍼진 코카콜라

1941년 진주만에 있는 미군 기지를 일본으로부터 공격당한 것을 계기로 미국은 2차 대전에 참전하게 되었다. 미군이 해외에 파견되면서, 코카콜라도 이들을 따라 세계 각지로 퍼져 나갔다. 코카콜라 사는 제품의 판매와 홍보에 미군을 적극 활용했다. 전 세계에 주둔한 미군 기지에 코카콜라 자동판매기를 설치하고, 미군을 대상으로 술 대신 알콜 성분이 없는 코카콜라를 마시라고 선전했다. 미군 장군들도 병사들이 술을 마시고 취해 행패를 벌이는 것보다 취할 염려가 없는 코카콜라를 마시는 게 더 낫다고 생각해, 코카콜라 반입을 환영했다. 병사들도 주둔지 인근의 더러운 물을

초창기 코카콜라 자판기. 코카콜라의 보급에 자판기도 커다란 역할을 했다.

마시지 않고, 정수 처리하여 생산한 코카콜라를 즐겨 마셨다.

당시 미군이 어찌나 코카콜라를 갈망했던지, "총알이 없으면 맨주먹이나 삽을 들고 육박전을 벌이면 되지만, 코카콜라 없이는 단 하루도 전쟁을 할 수가 없다"라는 말이 이들 사이에 나돌 정도였다. 그래서 1943년 6월 27일 알제리에 주둔하던 아이젠하워 장군은 당시 루스벨트 대통령에게 코카콜라 300만 병을 미군 부대로 보내달라고 전보하기도 했다. 또한 전 세계에 주둔해 있던 미군이 1943년 한 해에 마신 코카콜라의 양은 무려 7,500만 병에 달했다. 코카콜라 사는 1943년 전체 생산량의 3분의 1을 미군에 팔아 5,500만 달러가 넘는 엄청난 수익을 거두었다.

1945년 8월 15일, 2차 대전은 미국의 승리로 끝났다. 그리고 코카콜라는 또 한 번 도약했다. 전쟁 중에 코카콜라를 마셔본 병사들은 제대한 뒤에도 코카콜라를 잊지 못해 계속 찾았다. 아울러 전쟁이 끝나고 한국과 일본 등 세계 각지에 주둔한 미군들을 통해, 현지인들도 코카콜라를 접하게 되면서 코카콜라의 매력에 금세 빠져들었다.

2차 대전에서 승리한 미국이 세계를 주도하는 최강대국이 되면서, 코카콜라도 자국의 위상에 따라 세계를 지배하는 음료수로 올라선 것이다. 그런 의미에서 오늘날의 코카콜라를 있게 한 것은 2차 대전 덕이었다고 해도 과언이 아닌 것이다.

2부 전쟁이 남긴 음식

전쟁이 휩쓸고 간 자리에서 사람들은 다시 일어선다. 허물어진 건물을 다시 짓고, 무너진 다리를 일으켜 세우며, 채 핏물이 가시지 않은 온기 없는 땅에 씨앗을 흩뿌린다. 눈에 띄는 먹을거리로 허기진 속과 영혼을 달래면서.

고구려 불고기, 맥적

조선 왕조가 들어서자 맥적과 설야적의 요리법을 계승한 새로운 고기 요리가 탄생하는데, 바로 너비아니였다. 너비아니는 조선의 왕들이 즐겨 먹던 궁중 음식이었고, 지금 불고기의 원조이다.

고구려 후예를 자처하지만 지금의 우리가 물려받은 고구려의 유산은 거의 없다. 만주 벌판은 이미 1,000년 전에 중국 땅이 되어버렸다. 잃어버린 것은 비단 영토뿐이 아니다. 고구려인들이 일상생활에서 무슨 말을 썼는지, 어떤 옷을 입고 어떤 물건을 만들어 썼는지, 어떤 집에서 살았는지, 어떤 노래를 즐겨 부르고 연주했는지, 어떤 배를 만들어 타고 다녔는지 등에 대해 정확히 알 지 못한다. 고구려에 관한 것이라고는 《삼국사기》와 《삼국유사》에 있는 것이 거의 전부이고, 중국인들이 쓴 사서들에서 간혹 부스러기 정보를 얻을 수 있는 정도다. 그런데 다행스럽게도 주위에서 쉽게 찾을 수 있는 고구려 유산이 있다. 우리가 지금도 자주 먹는 불고기다. 이 불고기 원형이 바로 고구려인들이 먹었던 고기구이 맥적貊炙이다.

맥적.

불고기 원형, 맥적

중국 진晉나라 때 간보라는 사람이 쓴 《수신기》를 보면 맥적에 관한 기록이 있다. 맥적은 적당한 크기로 자른 소나 돼지, 양고기를 콩을 발효시켜 만든 된장에 푹 재워두었다가 어느 정도 맛이 배면 꺼내어 다진 마늘, 파 등을 발라 불에 구운 것이라고 전해진다. 요즘의 불고기나 갈비구이 조리법과 비슷하다.

맥적은 고구려를 이룬 민족인 맥족들이 즐겨 먹었으리라고 추측된다. 《수신기》를 비롯한 중국 사서들에서는 북방 유목 민족北狄들이 먹었다고 전한다. 실제로 고구려가 세워진 한반도 북부와 만주 남부는 맥족들이 활동하던 땅이었다. 또한 고구려는 건국 초기인 2대 유리왕 때, 유목 민족인 선비족의 일부를 정복하여 복속시키기도 했으니 그들에게서 영향을 받았을지도 모른다.

위엄이 넘치는 행렬도로 잘 알려진 안악 3호분 벽화에는 고기를 굽는 사람들을 묘사한 그림이 있는데, 《수신기》 기록처럼 당시 고구려인들도 맥적 같은 고기구이 요리를 일상생활에서 즐겨 먹었던 모양이다.

맥적의 주재료는 무엇이었을까? 물론 먹을 수 있는 육류는 모두 요리할 수 있지만, 돼지가 가장 많이 쓰였으리라. 근대 이전까지 소는 농사를 지을 때 꼭 필요한 동물이어서 가족처럼 대우를 받았다. 소를 함부로 죽여 먹으면 국가가 엄히 처벌하기도 했다. 그런 만큼 쇠고기도 지금처럼 자주

안악 3호분 벽화 중 일부. 고기 굽는 모습이 보인다.

먹지는 못했을 것이다. 닭은 고기보다는 달걀을 얻기 위해 사육되었다. 그러다 보니 지저분한 환경에서도 잘 자라고 아무거나 주는 대로 잘 먹고 금방 크는 돼지가 요리할 수 있는 가축으로 가장 선호되었다.

돼지가 초식동물인 줄 아는 분들도 있겠지만, 사실 돼지의 조상인 멧돼지는 초식이 아닌 잡식동물이다. 얼마 전, 남해안 어느 섬에서 염소들을 마구 잡아먹는 정체불명의 괴물이 나타났다는 뉴스가 있었다. 확인한 결과 그 괴물은 멧돼지였다. 멧돼지들은 뱀도 즐겨 먹는데, 가죽이 아주 두꺼워

뱀의 독이 통하지 않는다. 영화 〈차우〉에서 멧돼지가 사람을 잡아먹는다는 설정도 그리 허황된 것만은 아니다.

고구려인들도 이런 돼지의 습성을 잘 알고 있었다. 유리왕은 수도를 졸본에서 국내성으로 옮기기 전에 돼지를 천지신명에게 제물로 바쳤다. 산상왕은 형수 우 씨(고국천왕 부인) 덕에 왕위에 올랐는데, 그 고마움에 대한 답례로 자신을 찾아온 우 씨에게 직접 고기를 썰어 대접했다고 한다. 이때 썬 고기도 아마 돼지고기였을 것이다.

당나라와 신라 연합군이 고구려를 멸망시켰지만, 맥적은 사라지지 않고 계속 이어졌다. 당나라는 무척 개방적이어서 주변 민족들의 문화를 자연스럽게 수용했다. 고구려의 것도 예외는 아니었다. 당나라 귀족들은 종종 고구려 옷을 입고 음악 연주하는 것을 재미있는 놀이거리로 여겼다. 고구려의 고기 요리인 맥적도 당나라에서 크게 유행했다.

당나라만큼은 아니었지만, 신라시대에도 맥적은 있었다. 신라 귀족들은 섬에다 먹을 용도로 소 등을 풀어놓고 기르다가 필요할 때마다 활을 쏘아서 잡아 먹었는데, 요리법은 대개 맥적과 비슷했다.

신라가 망하고 고려가 한반도를 통일하면서 고기 요리를 덜 먹게 된다. 불교를 열렬히 믿던 고려인들이 점차 고기 요리를 멀리하고 채식을 가까이한 것이다. 그러다 보니 고기 조리법도 점차 잊혀졌다. 고려를 방문한 송나라 사신 서긍이 창자에 가득 찬 똥을 빼지 않고 그대로 요리해오는 바람에 개경 궁궐에 악취가 진동했다고 묘사할 정도였다.

고려의 육식 문화를 되살려준 장본인은 바로 침략자 몽골이었다. 육식을 하던 몽골인들의 지배를 받으면서 고려인들도 다시 육식을 하게 된 것이다. 고려시대에는 설야적雪夜炙이라고 하여, 꼬치에 꿴 고기에 소금을 뿌리고 참기름을 발라 구워 먹는 방식이 주로 유행했다.

맥적의 뒤를 이은 너비아니

조선 왕조가 들어서자 맥적과 설야적의 요리법을 계승한 새로운 고기 요리가 탄생하는데, 바로 너비아니였다. 너비아니는 조선의 왕들이 즐겨 먹던 궁중 음식이었고, 지금 불고기의 원조이다.

물론 시대가 흐른 만큼 맥적과 너비아니 조리법은 약간 다르다. 맥적은 된장이 배어 짭짜름했다면 너비아니는 배즙이나 설탕이 들어가 달짝지근했다. 너비아니 재료는 쇠고기나 돼지고기인데 왕실이나 지체 높은 양반들 식탁에는 주로 쇠고기가 올랐고, 그보다 낮은 계층의 사람들은 구하기 쉬운 돼지고기를 썼다.

너비아니와 비슷한 음식으로 떡갈비가 있다. 떡갈비는 잘게 다진 쇠고기와 돼지고기를 양념해 뭉친 뒤 넓적하게 만들어 석쇠에 올려 굽는 것이다. 역시 너비아니처럼 궁중에서 먹던 고급 요리였다. 방자구이라는 고기 요리도 있다. 고기를 소금에 재워두었다가 꺼내어 바로 구워 먹는 것이다. 관아에서 잡일을 하던 노비들은 평소에 고기 먹을 기회가 거의 없다. 그래서 모처럼 고기를 먹게 되면 대강 소금을 치고는 허겁지겁 먹었다. 이런 이유로 관아에서 일하던 노비들을 부르는 호칭인 방자를 붙여 방자구이라고 부르게 된 것이다.

조선 말엽이 되자 뜻밖의 사람들이 너비아니에 반하는 일이 생긴다. 한반도를 호시탐탐 노리던 일본인들이 점차 고기구이에 맛을 들인 것이다. 대표적인 친일 민족반역자인 배정자가 이토 히로부미 양녀가 될 수 있었던 것도 이토 히로부미 집에서 하녀로 있을 때 너비아니 같은 조선식 고기 요리를 자주 해주어 호감을 샀기 때문이라고 한다.

요정에서 계승된 궁중 요리

일제 강점기로 접어들자 너비아니는 조선 왕실 대신, 일본인들과 부유한 친일파 조선인들을 주로 상대하는 요정의 주요리가 되었다. 한복을 곱게 차려 입은 아름다운 기생을 옆에 끼고 그녀들이 젓가락으로 집어주는 너비아니를 게걸스럽게 먹어대는 일본인들 모습은 일제 치하의 조선 땅에서 흔히 볼 수 있는 광경이었다.

하지만 요정이 나쁘기만 했던 것은 아니었다. 조선이 망하고 나서 왕실에서 먹던 음식들이 요정에서 고위층 손님들을 접대하는 데 다시 쓰여 지금까지 궁중 요리들이 남을 수 있었던 것이다. 이렇게 보면 요정은 전통 음식 문화를 보존하는 데 큰 공을 세운 셈이다.

광복 이후, 너비아니라는 이름 대신 불고기가 득세하면서 한국의 대표적인 고기 요리로 자리 잡았다. 지금도 그렇지만 1950년대와 60년대에도 고기 값은 상당히 비쌌다. 부유층이 아닌 대부분 서민들은 쉽게 먹을 엄두를 내지 못했다. 집안에 큰 경사나 행사가 있을 때에나 온 가족이 나가서 불고기 등을 먹으며 외식을 하는 정도였다.

물론 형편이 좋은 사람들, 특히 상류층 인사들은 불고기를 자주 먹었다. 당시 서울에서 불고기를 전문으로 하는 고급 식당들에는 연일 정치인이나 기업인, 고위 장성 등 권력자들이 몰려들어 인산인해를 이루었다고 한다. 5·16쿠데타의 주역인 박정희도 불고기 식당에서 장교들과 만나 은밀히 쿠데타를 모의했다고 전해진다.

지배층부터 서민층에 이르기까지 사람들과 오랜 세월 동안 영욕을 함께해온 불고기는 이제 일상생활에서 쉽게 접할 수 있는 음식이 되었다. 멀리 고구려 때부터 전해 내려온 맥적이 너비아니를 거쳐 불고기로 탈바꿈한 것이다.

달짝지근한 불고기도 좋지만, 조상들이 먹던 옛 맥적의 맛도 즐길 수는 없을까? 불고기가 그나마 우리 곁에 남은 고구려의 몇 안 되는 유산이란 사실에 새삼 서글퍼진다.

너비아니 조리법

만들기 칼등으로 10~20번 내리쳐 부드럽게 만든 고기를 10센티미터 좀 안 되게 사각형으로 썬다. 고기가 준비됐으면 이제 간장에 청주와 설탕, 꿀, 후추, 참기름, 양파, 대파, 마늘, 배를 갈아 만든 배즙을 넣어 양념장을 만든다. 썰어둔 고기를 양념장에 재워둔다. 이때 1시간이 넘지 않도록 한다. 고기를 너무 오래 재우면 양념이 지나치게 배어들어 고기 본래의 맛이 사라지기 때문이다. 이제 고기를 꺼내어 석쇠나 불판에 올려놓고 구우면 된다.

생선회를 너무 좋아하다가 죽은 어느 책사 이야기

송나라 이후 갑자기 중국에서 생선회가 사라진 이유는 무엇일까. 송나라 중기부터 석탄이 채굴되면서 사회 곳곳에 보급되었고, 주방에도 석탄이 쓰였다. 그 바람에 자연스레 생선 요리도 회보다는 구이나 튀김 쪽으로 옮겨간 것이다.

생선회.

한국에서 가장 많이 팔린 소설책은 무엇일까. 조정래의 《태백산맥》, 조세희가 쓴 《난장이가 쏘아올린 작은 공》, 박경리의 《토지》? 모두 아니다. 이문열이 평역한 《삼국지》이다. 얼핏 집계된 판매 부수만 1,000만 부가 넘는다. 나온 지 10년이 다 되어가고, 독서율이 OECD 국가들 중에서 가장 낮고 성인 남성 3분의 1이 1년에 책 한 권도 안 읽는다는 한국에서 저런 판매 부수를 기록한 것은 정말 기적 같은 일이다. 그래서 출판계에는 "《삼국지》를 내면 결코 손해는 보지 않는다."는 속설까지 나돈다. 이참에 나도 《삼국지》나 한번 써볼까?

왜 이렇게 사설이 길까 궁금해하는 독자들이 있을지도 모르겠다. 조금만 참고 기다리시라. 조조나 유비처럼 큰 주목을 받지는 못하지만, 《삼국지》를 보면 진등陳登이라는 사람이 나온다. 서주의 하비 출신으로, 별 볼일 없는 사람이던 유비에게 서주를 넘겨준 도겸의 밑에 있던 책사이다.

말 한마디, 행동거지 하나에 목이 잘리고 일가족이 멸문을 당하던 살벌한 난세에 사는 사람은 무엇을 가장 우선시했을까. 천하통일? 오호, 위험한 발상이다. 섣불리 통일 어쩌고 저쩌고 했다가는 얼마 못 가 사방에서 날아든 별의별 놈들의 칼날에 맞아 죽는 수가 있다. 그러니 난세에 사는 사람들은 바로 자기 목숨 지키는 일을 가장 우선시한다. 이것은 비단 난세에만 해당되는 건 아니다. 21세기를 사는 지금 우리도 하루하루 무사히 살아남는 것을 가장 중요하게 여기지 않는가. 누구 말처럼 '생존이 숙제'다.

생선회 때문에 죽은 진등

유비가 서주를 맡은 지 얼마 안 되어 《삼국지》를 통틀어 최강의 무력과 용맹을 자랑하는 여포가 서주로 온다. 유비는 그를 성대하게 환영하지만, 무용에 비해 형편없는 것이 여포의 의리다. 상대방의 약점만 보면 바로 배신하는 여포는 얼마 안 가 유비를 쫓아내고 서주를 손에 넣어버린다. 이때 진등은 유비를 따라가지 못하고, 여포의 곁에 남는다.

진등은 아버지 진규와 함께 얼마 동안 여포의 책사 노릇을 하지만, 사실은 여포를 매우 경멸하여 속으로 그를 어떻게 넘어뜨릴지 고민하고 있었다. 그러다 조조를 만난 진등은 조조의 빼어난 재능에 감탄하여 그를 은밀히 돕기로 결심한다. 그리고 교활한 책략을 펴 원술과 여포의 연합전선

삼국시대를 주도한 조조(왼쪽)와 유비(오른쪽).

을 무력화하고 여포에게 잘못된 정보를 제공해 파탄으로 내몬다.

여포가 조조에게 생포되어 처형당하자, 조조의 부하인 차주가 서주를 맡았지만 사실상의 실권은 진등이 거머쥐었다. 여포를 타도한 것을 계기로 조정에 출사했던 유비는 조조의 휘하에서 빠져나와 독자적인 세력을 구축하고자 마음먹고, 원술의 잔당을 없애겠다는 핑계를 대고 서주로 온다.

유비를 보낸 것을 뒤늦게 후회한 조조는 차주에게 유비 일행을 죽이라고 밀명을 내린다. 진등이 이 사실을 유비에게 은밀히 알려준다. 조조에게 협력하는 몸이면서도 진등이 유비의 살해를 반대한 이유는 무엇이었을까? 서주는 유비가 선정을 베푼 땅이라 그를 추종하는 사람들이 많았고, 유비는 황제의 인척이라는 신분과 덕장이라는 이미지 때문에 중국 전역에 열성적인 지지자들이 많았다. 아무리 조조의 명령이라고 해도 유비를 죽였다가는 온갖 악평과 욕설을 받을 수 있었다. 이런 이유로 진등은 유비의 살해를 원치 않았던 것이다.

진등에게 전해들은 정보로 유비는 차주를 먼저 급습해 피살을 모면했다. 자신의 계획이 수포로 돌아간 것을 안 조조는 직접 대군을 몰고 쳐들어와 순식간에 유비의 군대를 쳐부순다. 유비는 원소에게 달아나고, 관우는 유비의 가족들을 보호하다 조조에게 항복했으며, 장비는 남쪽 고성으로 도망쳤다. 이로써 '유비 패밀리'는 와해되고 만다(물론 나중에 다시 만난다).

유비를 잃은 서주는 이제 풍전등화에 놓였다. 주인이 없는 서주를 맡은 최고 책임자가 된 진등은 조조에게 서주의 지배권을 넘겼다. 군대를 가지고 있던 유비 일행이 달아난 상황에서 대군을 거느린 조조에 맞서 보았자 도저히 이길 수 없다는 것을 알고 있었기 때문이다. 더욱이 진등은 관우나 장비처럼 유비에게 충성을 맹세한 적도 없는 몸이니, 의리에 얽매일 필요도 없었다.

서주를 넘겨받은 조조는 진등의 공을 치하하며 그에게 광릉의 태수 자리를 내려주었다. 유비와 조조라는 두 거물 사이에서 어느 한쪽에 치우치지 않은 유연한 보신으로 무사히 살아남으면서 관직까지 받았으니, 진등의 처세술이야말로 난세에서는 최상이라 할 만하다. 진등은 광릉 태수로 있으면서 유유자적한 만년을 보냈다. 광릉은 황해로 흘러가는 화이허淮水의 남쪽에 있는 도시 양저우揚州인데, 지리적인 특성 때문인지 강에서 잡히는 생선들을 재료로 하는 요리가 많았다. 그중에서도 생선을 익히지 않고 먹는 회膾가 유명했다.

생선회가 일본에서 비롯된 음식인 줄 아는 사람들이 많은데, 사실은 그렇지 않다. 공자가 활동했던 기원전 6세기 무렵부터 중국에서는 육류나 생선을 불에 익히지 않고, 얇게 저며 식초로 양념한 회가 널리 퍼져 있었다. 공자 자신도 회를 무척 좋아해서 "생선회나 육회는 얇게 썰어 먹을수록 소화가 잘된다."고 노래할 정도였다. 이탈리아에도 생선살을 소스나 기름에 버무려 먹는 회가 있는데, 주로 참치 살을 올리브기름에 버무려 먹는다고 한다.

양저우는 화이허와는 가깝지만 황해와는 제법 거리가 멀어서 바닷고기보다는 민물고기들을 조리한 요리가 많았다.

중국에서 인기 있는 음식 재료로 쓰이는 민물고기들은 농어나 잉어인데, 양저우에서도 그런 생선들로 만든 회가 많았다.

병에 걸린 진등을 치료한 화타.

진등은 생선회를 무척 즐겨 먹었다. 그런데 어찌 된 일인지 알 수 없는 증세로 점점 몸이 나빠졌다. 속이 답답해 음식을 먹어도 제대로 소화가 되지 않았다. 얼굴이 붉어지고 뱃속도 더부룩해서 마치 몸속에 돌멩이라도 들어가 있는 것 같았다.

고민 끝에 진등은 당시 중국 전역에 이름을 날리던 명의인 화타를 불러 진찰을 부탁했다. 화타는 진등의 눈과 혀 등을 살펴보고는 자신의 비법대로 약을 지어 주었다. 그 약을 먹은 진등은 구역질이 나 요란하게 토악질을 했는데, 놀랍게도 대가리가 붉은 꿈틀거리는 벌레가 잔뜩 나왔다. 《삼국지》에 따르면 그 양이 작은 항아리 세 개에 담아도 될 정도였다고 한다. 이게 대체 무슨 변인가?

당황한 진등에게 화타는 다음과 같이 설명했다.

"태수께서는 평소에 익히지 않은 음식들을 드십니까?"

"그렇습니다. 특히 화이허에서 잡히는 물고기들로 만든 회를 좋아합니다."

"저런. 그래서 태수께서 이런 병에 걸리신 겁니다. 모든 고기나 생선의 몸속에는 저렇게 작은 벌레들이 살고 있습니다. 그 때문에 그대로 먹으면 저 벌레들이 사람의 몸속으로 들어가 기생하면서 양분을 빼앗아 먹고 몸을 나약하게 만들지요."

"허면 무슨 방법이 없겠습니까?"

"솔직히 말씀드리자면 태수님의 병은 너무 오래 진전되어 나을 가망이 없습니다. 앞으로 3년 후에 다시 저런 증세가 재발할 가능성이 높습니다. 그러니 조금이라도 몸을 더 오래 보존하고 싶으시면, 다시는 비린 생선을 드시지 마십시오. 소인이 드릴 말씀은 이게 전부입니다."

화타의 말대로 진등은 3년 후에 병이 재발해 죽고 말았다. 화타의 충고에도 계속 생선회를 먹다가 기생충에 감염되어 죽게 된 것은 아닐까.

석탄에 밀린 생선회

중국인의 식탁에서 생선회는 왜 사라졌을까? 《삼국지》를 보면 진등 이외에도 생선회에 얽힌 일화가 더 있다. 난세의 간웅이라 불리며 천하를 호령하던 조조가 황제에게서 위왕魏王의 칭호를 받던 날, 좌자左慈라는 도사가 찾아온다. 그는 자신이 쓰촨성四川省의 어메이산峨眉山에서 30년 동안 도를 닦았으며, 그 결과 구름을 타고 허공을 날아다닐 수 있을 뿐만 아니라 자유자재로 모습을 바꿀 수 있는 신통력을 얻었다고 주장했다.

냉철한 합리주의자로 도술이나 요술을 믿지 않던 조조는 "당신이 정말 도를 깨우쳤다면 어디 지금 이 자리에서 쑹장의 농어를 보여주시오."라고 시험 삼아 말했다. 그러자 좌자는 대야에 물을 부은 뒤 바로 살아서 팔딱거리는 농어를 잡아들여 주변 사람들을 놀라게 했다. 조조는 신기해하면서도 약간 아쉬운 듯이 "농어에는 쓰촨에서 나는 붉은 생강을 곁들여야 하는데…….."라고 중얼거렸다. 그러자 좌자는 "그것도 쉬운 일이오." 하며 자신의 품속에서 붉은 생강 스무 개를 꺼냈다고 한다.

송나라 중기에도 회 요리는 있었다. 송나라의 시인이자 정치가인 소동파도 생선회를 즐겨 먹었다고 한다. 그런데 송나라 이후부터 회를 먹는 풍습이 사라졌다. 임진왜란 때 파병 온 명나라 군사들은 조선인이 소나 생선의 살을 날로 먹는 모습을 보면 "구역질이 난다."며 놀렸다. 《지봉유설》을 쓴 이수광도 "중국인은 반드시 고기를 익혀 먹으며, 결코 날로 먹지 않는다."고 기록할 정도였다.

송나라 이후 갑자기 중국에서 생선회가 사라진 이유는 무엇일까. 여러 까닭이 있겠지만, 조리법의 변화가 가장 큰 요인이었던 것으로 보인다. 송나라 이전까지는 대부분 음식들을 찜통에 넣고 찌거나 물에 오랫동안 삶아서 조리했다. 그런데 송나라 중기부터 석탄이 채굴되면서 사회 곳곳에 보급되었고, 주방에도 석탄이 쓰였다. 석탄은 나무나 숯보다 훨씬 화력이 셌다. 그래서 강렬한 불로 굽거나 튀기는 조리법이 등장했다. 그 바람에 자연스레 생선 요리도 회보다는 구이나 튀김 쪽으로 옮겨간 것이다.

▬ 세계 음식이 된 생선회

양쯔강 하류 등의 일부 지역에서는 여전히 생선회가 남아있다. 하지만 생선의 살을 날로 먹는 것이 아니라, 살짝 끓이거나 식초에 담가두었다 먹는 방식이어서 한국이나 일본의 생선회와는 전혀 다른 요리가 되었다.

그렇다면 일본에서는 언제 생선회가 등장했을까? 14세기 말, 무로마치 막부 때에 처음 나타났다. 그 이전까지는 일본에서도 생선은 끓이거나 찌는 방식으로 조리했다. 기계식 그물을 사용하는 어획 방식과 생선을 오랫동안 신선하게 보관하는 냉동 기술이 등장하는 현대 이전까지, 일본에서 생선회는 왕족이나 귀족들이 먹는 고급 음식이었다. 생선 초밥도 생선회를 쉽게 먹을 수 없는 서민들을 위해서 생선 살을 조금씩 발라내 밥 위에 얹은 것에서 비롯되었다.

회를 마음껏 먹을 수 없는 서민들을 위해 고안된 생선 초밥.

1970년대까지만 해도 미국과 유럽인들은 생선회를 가리켜 "살아 있는 생선의 살을 그대로 먹는 비위생적인 음식"이라며 도리질을 했다. 1980년대 말 국내에서 방송된 어느 미국 TV 드라마에서는 미국인 대학생이 일본계 이민자의 집에 초대되어 놀러가는 장면이 나온다. 생선회를 실컷 먹은 그 청년은 뒤늦게 그것이 날 생선이었던 걸 알고는 기겁해 화장실로 달려간다. 그러고는 변기를 부여잡고 토악질을 한다. 그러던 미국인들이 이제는 서투르게나마 젓가락질을 배워가며 생선회를 먹는 데 여념이 없으니, 문화의 높고 낮음이 영구불변은 아닌가 보다.

고대 유럽에도 젓갈이 있었다

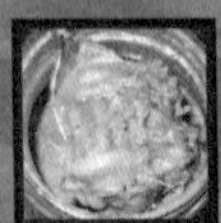

연회 때 어떤 종류의 가룸을 쳐서 먹느냐에 따라 그 사람의 신분이 높은지 낮은지도 평가되었다고 한다. 부유층은 포도주나 꿀을 넣어 만든 가룸을 먹고, 가난한 사람들은 아무것도 넣지 않은 가룸을 먹었을 것이다.

만드는 과정이 가장 복잡한 것이 바로 발효 음식이다. 단순히 불에 익히거나 양념장을 넣어 버무리는 음식들과 달리 세균을 이용한 발효 과정을 거쳐야 하기 때문이다. 그래선지 대부분 발효 음식들은 냄새가 독특해 처음에는 입에 대기가 쉽지 않다. 물론 일단 맛을 들이면 중독성이 강해 그 맛에서 헤어 나오지 못하지만 말이다.

오징어젓갈.

발효 음식 중에서도 한국인은 김치나 된장, 고추장 등을 즐겨 먹는다. 그래서 주로 기름에 튀기는 중국 요리나 깔끔한 회 위주의 일본 요리에 비해 서양인들이 선뜻 먹기가 쉽지 않다. 특히, 새우젓이나 창난젓 같은 젓갈류라면 질색한다고 한다. 아무리 한국에 오래 살고 한국 음식을 좋아하는 서양인이더라도 젓갈의 짭짤한 맛과 젓갈에서 풍기는 비릿한 냄새 때문에 손을 대기 어려운 것이다.

서양 젓갈, 가룸

그런데 놀랍게도 로마인들은 이런 젓갈 음식을 무척 즐겼다. 그것이 바로 생선 내장을 발효시켜 만든 '가룸garum' 이다.

가룸은 지금의 시리아에 살던 페니키아인들도 먹었던 것으로 보인다. 페니키아인들의 식민지 중 하나였던 포르투갈의 고대 유적지에서 발효된 고등어를 담아두었던 돌통이 발견되었다. 학자들은 지중해를 누비며 장기간 장사하던 페니키아 선원들이 배에서 먹으려고 만들었으리라 추측하고 있다.

페니키아인들만큼 정렬적인 항해사였던 그리스인들도 생선 내장을 발효시켜 만든 소스를 가로스라고 부르며 음식에 쳐서 먹었는데, 가룸garum이란 말도 가로스garos에서 파생된 것이다.

로마인들은 기원전 5세기 무렵부터 가룸을 먹었을 것으로 보인다. 이후 공화정과 제국시대를 거치면서 가룸은 더 널리 퍼져 보편화되었다. 제국시대에는 스페인 동부에서 만들어지는 가룸이 최고의 상품으로 평가받았다.

가룸은 우리의 액젓과 비슷한데, 항아리에 멸치 일종인 안초비를 넣고 거기에 소금을 뿌린 후 두 달 정도 발효시키면 된다. 그런데 가룸이라고 다 안초비로 만드는 건 아니다. 안초비로 만든 가룸을 리쿠아멘 가룸이라고 하여 최고로 쳤고, 고등어 피나 다랑어로 만든 가룸 '무리아'가 2등급이었다.

잡힌 지 오래되었거나 폐사한 생선의 창자로 만든 것이 가장 품질이 떨어지는 3등급 취급을 받았다.

가룸.

가룸은 로마제국의 발전과 더불어 조리법도 다양해졌다. 로마의 정치가 플리니우스는 본래의 가룸에 꿀이나 포도주, 식초를 넣어서 먹는 방법도 개발되었다고 말했다. 연회 때 어떤 종류의 가룸을 쳐서 먹느냐에 따라 그 사람의 신분이 높은지 낮은지도 평가되었다고 한다. 부유층은 포도주나 꿀을 넣어 만든 가룸을 먹고, 가난한 사람들은 아무것도 넣지 않은 가룸을 먹었을 것이다.

가룸 맛은 생선 창자와 물고기 피의 양에 따라 결정되었다고 한다. 창자나 피가 많이 들어갈수록 맛이 자극적이고, 적으면 그만큼 밋밋하고 싱거웠으리라.

로마인들의 식습관 풍경에 관해 묘사한 기록을 보면, 비싸고 호화스러운 요리에도 짜디짠 가룸을 뿌려 먹는 바람에 본래 음식의 맛을 찾을 수 없다고 탄식하는 내용이 많다. 한

스페인의 로마시대 유적지에서 발견된 가룸 공장.

국인들이 거의 모든 음식에 고춧가루를 뿌려 먹는 것처럼 당시 로마인들도 가룸을 무척이나 즐겨 먹었던 모양이다. 79년 8월 24일 베수비오 화산이 폭발하면서 생긴 폼페이의 유적지에서도 가룸을 만드는 통이 발견되었다고 한다.

2,000년 넘게 애용되었던 가룸

중세로 들어서면서 가룸의 제조 기술이 더는 이어지지 않고 서유럽에서 자취를 감추었다. 로마인을 대신해 새로운 서유럽의 주인이 된 게르만족들은 발효 음식에 익숙하지 않아, 가룸 같은 생선 젓갈 먹기를 꺼렸던 모양이다.

그러나 가룸의 맥이 완전히 끊긴 것은 아니었다. 로마제국을 계승한 비잔티움제국(동로마제국)에서는 가룸을 만들어 먹고 있었다. 968년, 신성로마제국 황제 오토 1세의 사절로 비잔티움제국으로 파견된 리우트프란드는 비잔티움제국의 황제 니케포루스에게서 영접받는 자리에서 큰 곤욕을 치렀다. 거의 모든 음식에 뿌려진 생선 소스 냄새 때문에 욕지기가 나서 도저히 음식을 먹을 수 없었던 것이다. 리우트프란드가 말한 '역겨운 냄새가 나는 생선 소스'가 바로 비잔티움제국 사람들이 즐겨 먹던 가룸이었다. 로마시대처럼 비

베트남식 생선 젓갈인 누옥 맘을 병에 담고 있다.

잔티움 사람들도 가룸에 꿀을 넣어 달고 부드럽게 만들어 먹기도 했다.

1453년 비잔티움제국이 오스만제국에게 멸망당하면서 가룸은 지중해 세계에서 사라졌다. 가룸이라는 말도 아무도 쓰지 않는 죽은 말이 되어버렸으며, 이후 서구인들은 생선을 발효시킨 소스가 있었다는 사실조차 잊어버렸다.

그러다 19세기 들어 식민지 개척에 나서면서 서구 열강은 전 세계의 다양한 음식 문화를 접하게 된다. 그중 하나가 베트남의 생선 젓갈인 누옥 맘nuoc mam이었다. 가룸과 비슷한 과정을 거쳐 만들어지는 누옥 맘은 지금도 여전히 베트남인들이 즐겨 먹는 발효 소스이다. 베트남을 지배한 프랑스인들은 이 누옥 맘을 한번 먹어보고는 "이건 사람이 도저히 먹을 수 없는 역겨운 썩은 생선 부스러기다!"라며 질겁했다고 한다. 자기들 조상인 로마인들이 먹던 음식이었는데도 말이다.

최근 들어 미국과 유럽의 음식 연구자들이 고문헌에 기록되어 있는 대로 가룸의 제조법을 복원했다고 하는데, 냄새가 견딜 수 없을 정도까지는 아니라고 한다. 김치나 치즈처럼 발효 음식의 독특한 맛과 냄새도 적응이 되면 괜찮지 않을까.

샤를마뉴 대제가 매혹당한 브리치즈

하얀 껍질에 싸인 치즈의 속살은 너무나 부드러우면서도 달콤해서 혀까지 녹아버릴 지경이었다. 이 치즈가 바로 브리치즈였다. 샤를마뉴 대제는 "자신이 먹어본 음식들 중에서 가장 훌륭하다."고 이 치즈를 극찬했으며, 수도사들에게 매년 궁정에 공물로 바치라고 했다.

몇 년 전부터 불어닥친 와인 열풍에 힘입어 치즈도 각광받고 있다. 와인 마실 때 곁들이는 안주로 잘 어울린다는 이유에서다. 프랑스의 카망베르와 브리치즈는 물론이고 영국의 체다치즈, 스위스의 에멘탈치즈와 이탈리아의 모차렐라치즈도 대형 마트나 백화점에 가면 쉽게 볼 수 있다. 불과 10년 전만 해도 한국 사회에서 치즈라고 하면 가공한 슬라이스밖에 없었던 점을 감안하면, 참으로 격세지감이라는 말이 실감 나는 세상이다.

브리치즈.

대부분 한국인은 몸 안에 젖당이 없어 사실 치즈도 먹기 어려운 식품이다. 그런데도 치즈를 찾는 손길이 느는 것은 발효 식품인 치즈의 맛을 아는 사람들이 그만큼 많아지고 있음을 보여준다.

전통적으로 유제품을 거의 먹지 않았던 한국이나 일본 등지에서도 낙농 기술의 발달로 치즈를 생산하고 있지만, 진짜 치즈를 맛보려면 치즈의 본고장인 서유럽, 그중에서도 최고 품질의 치즈를 만들어내는 프랑스로 가야 한다. 프랑스는 치즈 품질이 우수할 뿐만 아니라 세계에서 가장 많은 양의 치즈를 생산하는 치즈 강국이기도 하다. 치즈 종류만 해도 400가지가 넘는다니, 매일매일 다른 치즈 맛을 즐길 수 있는 셈이다.

치즈를 처음 만든 수메르인

그러나 치즈를 서구인들이 처음 먹었던 것은 아니다. 일찍이 기원전 2000년경, 수메르인이 우유를 가공해 치즈를 만드는 법을 발명했다. 이 기술은 수메르인의 이웃인 다른 민족들에게도 전파되었는데, 그중 하나가 유대인들이다. 《구약성경》에 보면 유대인들의 시조인 아브라함이 하느님의 명을 받고 방문한 세 천사에게 '엉긴 젖'을 대접했다고 쓰여 있는데, 이것이 문헌상에 기록된 최초의 치즈였다. 팔레스타인의 거인 골리앗을 때려누인 용감한 소년 다윗은 일곱 형들에게 치즈 열 조각을 도시락으로 전해주었다.

그보다 좀 더 시간이 지난 기원전 1300년경 그리스인들도 치즈를 먹기 시작한다. 《오디세이아》에 보면 거인 폴리페모스가 바구니에 양젖을 넣고 물기를 빼낸 후 치즈를 만들었다고 쓰여 있다. 그리스인들은 우유보다는 주로 양젖이나 염소젖으로 치즈를 만들어 먹었다. 그리스는 목초지가 부족해 소보다는 양이나 염소를 키우는 데 더 적합했기 때문이다.

그리스 이후 지중해의 지배자가 된 로마인들도 치즈를 좋아했다. 로마인들은 그리스인들이 남긴 치즈 제조법을 더욱 발전시켜 훈제한 치즈인 스모크치즈와 숙성시키지 않고 바로 먹는 부드러운 크림치즈와 코티지치즈를 만들어냈다. 소금을 넣어 딱딱해진 치즈를 작게 빻은 치즈 가루들은 군인들의 휴대 식량으로 애용되었다.

기원전 52년 카이사르가 이끄는 로마군이 알레시아에서 웨르킨게토릭스가 주동한 갈리아인들의 저항을 물리친 것을 끝으로 지금의 프랑스 지방 갈리아는 로마의 영토가 되었다. 그러면서 로마의 치즈 제조 기술이 자연스럽게 갈리아인들에게 전수되었으니, 오늘날 프랑스를 떠받치는 치즈 산업은 로마인들이 주고 간 선물인 셈이다.

395년 테오도시우스 황제가 죽자 로마제국은 동서로 분열되었다. 비잔티움제국이라고도 하는 동로마제국은 1453년까지 존속되었지만, 서로마제국은 불과 100년도 버티지 못하고 476년 끝내 멸망하고 말았다. 서로마제국의 붕괴와 함께 서유럽에는 게르만족이 세운 소왕국들이 들어섰고, 그들끼리 싸우는 난장판이 수백 년간 계속된다. 소위 '암흑시대'로 들어선 것이다.

8세기 초반이 되면서 암흑시대는 서서히 정리가 된다. 프

브리치즈를 극찬한 샤를마뉴 대제. 1512년 알브레히트 뒤러 그림.

랑크족이 갈리아 지방에 세운 프랑크 왕국이 서유럽의 주도권을 잡으면서 점차 안정기로 접어든 것이다. 특히, 카롤링거 가문 출신의 재상인 카를 마르텔Charles Martel은 732년, 프랑스 서부의 도시인 푸아티에에서 아브드 알 라만이 이끄는 아랍 군대를 격퇴시켜 불멸의 명성을 얻었다. 서구 학자들은 이 전투를 신흥세력인 이슬람에게서 기독교 유럽을 지켜낸 전투로 평가한다.

카를 마르텔의 아들인 피핀Pepin은 그때까지 간신히 명맥을 유지하던 메로빙거 왕조를 무너뜨리고 새로이 카롤링거 왕조를 열었다. 그리고 이탈리아에 침입해 로마를 위협하던 롬바르드족을 무찌르고 자신이 점령한 땅 중 일부를 교황 스테파노 2세에게 양도하여 환심을 샀다. 피핀이 교황에게 바친 땅은 교황이 다스린다고 하여 '교황령'이라 불렸으며, 지금까지 이어져오고 있다.

피핀의 아들인 샤를마뉴Charlemagne는 할아버지와 아버지가 쌓은 업적을 기반으로 평생 동안 전장을 누비며 서유럽 통일을 위해 혼신의 노력을 쏟았다. 지금의 헝가리 지방에 근거지를 두고 서유럽을 침략하던 유목 민족인 아바르족을 8년에 걸친 기나긴 전쟁을 벌인 끝에 멸망시켰으며, 독일 서북부에 남아 있던 작센(색슨)족과 32년 동안이나 싸워 그들을 결국 정복하고 기독교로 개종시켰다. 또한 서구 기독교 세계의 수호자라는 칭송에 걸맞게 피레네 산맥을 넘어 이슬람 치하에 있던 스페인과 전쟁을 벌였으며, 아버지가 남긴 교황령을 확고히 다져 마침내 800년 로마 교황에게서 서로마 황제의 칭호를 받았다. 이렇게 해서 멸망한 지 약 324년 만에 서로마제국은 게르만 족장의 손으로 다시 살아난 것이다.

수도원에서 탄생한 브리치즈

황제가 되었지만 샤를마뉴 대제는 궁정에서보다 말을 타고 전쟁터에 있는 시간이 더 많았다. 그러던 어느 날 브리 지방의 한 수도원에 들렀는데, 이때 수도사들이 바친 치즈를 먹고는 그 맛에 반해버렸다. 하얀 껍질에 싸인 치즈의 속살은 너무나 부드러우면서도 달콤해서 혀까지 녹아버릴 지경이었다. 이 치즈가 바로 브리치즈brie cheese였다. 샤를마뉴 대제는 "내가 먹어본 음식들 중에서 가장 맛이 좋다."고 이 치즈를 극찬했으며, 수도사들에게 매년 궁정에 공물로 바치라고 했다.

농부가 아닌 왜 수도사들이 치즈를 만들었는지 의아해할

독자들이 있을지도 모르겠다. 중세 암흑시대 유럽에서 포도주와 맥주, 치즈 제조 기술을 간직하던 집단은 수도원의 수도사들뿐이었다. 이들은 인구의 절대 다수가 문맹이던 당시에 문자를 알던 계층이었고, 각종 기술도 연마한 엘리트였다. 포도주와 맥주를 빚는 방법도 수도사들이 개발한 것이다. 포도주는 미사에서 반드시 필요한 것이고, 맥주는 길고 지루한 수도 생활을 견디게 하는 즐거움 중 하나였다. 중세 유럽에서는 벨기에의 수도사들이 만든 맥주가 가장 맛이 좋다는 평가를 받았다. 치즈 역시, 수도사들 스스로가 식량을 만들려고 소와 양, 염소 등을 길러 거기서 나온 젖으로 만든 것이다.

이런 수도사들의 기술이 시간이 흐르면서 농민들에게 전해졌고, 치즈 역시 더 많은 사람이 자주 먹는 일상적인 음식으로 굳어졌다. 유럽 각국에서 자기들 풍토에 맞는 치즈를 개발해내 치즈가 더욱 풍성해졌다.

브리치즈의 형제 격인 카망베르치즈는 조금 늦게 등장했다. 여기에 얽힌 재미있는 이야기가 있다. 1791년 노르망디 지역의 카망베르라는 마을로 한 수도사가 피신해왔다. 프랑스혁명 당시에는 국왕이 아닌 혁명정부에 충성을 서약한 성직자에게만 성직 자격증을 주고, 이를 거부하면 모두 체포

치즈 조각을 섞고 있다.

해서 처형했다. 아마 그 수도사는 맹세를 거부했던 모양이다. 하늘이 도왔던지 수도사는 마리 아렐이라는 여인의 도움을 받아 그녀의 농장에 숨을 수 있었다. 피신처를 마련해준 보답으로 수도사는 마리 아렐에게 치즈 만드는 법을 가르쳐주었고, 얼마 지나지 않아 마리 아렐은 마을 사람들과 함께 수도사가 가르쳐준 대로 치즈를 만들어 시장에 내다 팔기 시작했다. 이 치즈가 바로 카망베르라는 마을 이름을 붙인 카망베르치즈camembert cheese이다.

하지만 역사적인 사실은 조금 다르다. 프랑스 극작가 토마스 코르네유는 1708년 그의 책《세계의 역사와 지리 백과사전》에서 프랑스 북서부의 오른 주에 위치한 비무티어스라는 마을의 시장에서 월요일마다 카망베르치즈가 판매되었다고 언급했다. 즉, 카망베르치즈는 프랑스혁명이 일어나기 훨씬 이전부터 존재했던 셈이다.

이후 카망베르치즈는 브리치즈와 어깨를 나란히 하며 프랑스를 대표하는 치즈로 자리 잡았다. 나폴레옹의 조카로 프랑스 황제가 된 나폴레옹 3세는 카망베르치즈를 유독 좋아해 식탁에 반드시 올려놓으라는 지시를 내릴 정도였다. 카망베르치즈는 1차 대전 때 프랑스 군인들에게 전투 식량으로 지급되기도 했다.

2차 대전 당시 프랑스는 나치 독일에 약 4년간 점령당하는 치욕을 맛본다. 드골 장군을 필두로 한 자유프랑스군이 결사적으로 저항하고 연합군도 가세하면서 1944년 8월 25일 마침내 파리에 다시 프랑스 국기가 걸린다. 이 공로로 드골은 1958년 대통령이 되어 11년 동안 프랑스를 이끌어나간다. 하

카망베르치즈.

지만 드골의 인기는 그리 오래가지 않았다. 군인 출신이라서인지 권위주의적이고 다소 독단적인 그의 통치에 자유분방하기로 이름난 프랑스인들은 순순히 따르지 않았다.

집권 말기가 되자 드골은 친구인 영국 수상 처칠에게 자신이 겪은 어려움을 이렇게 털어놓았다.

"치즈가 400개나 되는 나라는 정말 다스리기 힘들다네."

그러자 처칠은 웃으며 이렇게 위로했다고 한다.

"뭘 그런 걸 가지고 고민을 하나? 그렇게 많은 치즈를 만들 수 있는 나라는 결코 망하지 않을걸세. 나라가 건강해지려면 모든 아이에게 매일 우유를 먹여야 하네. 나는 프랑스처럼 다양한 종류의 치즈와 우유를 생산해내는 나라가 정말 부럽다네."

소주와 설렁탕을 고려에 전파한 몽골의 세계 정복

조선 왕조 내내 사랑받던 소주는 일제 강점기를 거쳐 박정희 정권 때로 접어들면서 뜻하지 않은 탄압(?)을 받는다. 막걸리나 청주, 소주의 원료를 쌀 대신 값싼 밀가루나 고구마로 교체하고 여기에 아스파탐 같은 단맛이 나는 화학 물질을 넣어 만들게 한 것이다. 그 바람에 쌀과 누룩으로 빚어오던 우리의 전통주 산업은 치명적인 타격을 입는다.

설렁탕(위)과 소주(아래).

소주와 설렁탕은 한국인들이 좋아하는 대표적인 음식이다.

먼저 소주부터 이야기해보자. 한국 사회에서 가장 많이 팔리는 술은 단연 소주이다. 몇 년 전부터 와인과 막걸리의 인기가 오르고 있다고는 하지만, 소주를 따라잡기에는 아직 역부족이다. 막걸리 못지않게 우리의 전통술이던 청주도 소주에 밀려버린 지 오래이다.

"소주를 마셔보지 않은 사람은 한국인이 아니다! 그런 사람은 인생을 논할 자격이 없다!"

누가 한 말인지 모르겠지만 저런 말을 들을 때마다 나는 조금 풀이 죽는다. 맥주나 와인은 즐겨 마시지만 그보다 독한 술은 잘 못 마시기 때문이다. 그래서 어쩌다 소주를 마시는 자리에 끼게 되면 마시는 시늉만 하기 일쑤다. 내겐 그저 쓰고 빨리 취하게만 하는 소주를 왜 그렇게들 마셔대는지 영문을 모르겠지만 거꾸로 생각해보면 그런 특징이 소주의 매력 아니겠는가. 힘든 일상에 지쳐 빨리 취해버리고 잠시

나마 현실을 잊고 싶을 때 소주만 한 술이 또 어디 있으랴.

소주가 '국민의 술'이라면 설렁탕은 뭐라 부를까? '국민의 영양식' 정도라고 할 수 있겠다. 소뼈를 우려낸 육수에 양지머리 등을 넣은 설렁탕도 한 끼 식사로 손색이 없는 영양만점의 음식이다. 지금은 좀 비싸졌지만 10여 년 전만 해도 설렁탕은 자장면과 함께 대중적인 점심 메뉴였다.

몽골이 남긴 설렁탕과 소주

설렁탕과 소주는 아이러니하게도 한국 고유의 음식이 아닌, 침략자인 몽골인들이 전해준 것이다. 13세기 초, 100년 가까이 무신들의 득세로 쇠약해진 고려는 새로이 등장한 몽골제국의 공격을 받는다. 저 먼 북방의 초원에서 일어난 몽골 기병들의 말발굽은 순식간에 고려의 전 국토를 휩쓸었고, 그들이 지나가는 곳마다 시체가 쌓이고 피가 흘러넘쳤다.

고려의 백성들은 산성이나 섬으로 피신해 게릴라전을 벌이며 맞섰지만, 수십 년에 걸친 몽골군의 파상적인 공세를 막아내기는 어려웠다. 설상가상으로 방어를 책임질 고려의 중부 정부는 백성들의 고통을 외면한 채 강화도로 도망쳐버렸다. 그러고는 자기들끼리 환락을 즐기는 데 여념이 없었다.

몽골이 쳐들어왔을 때 끝까지 맞서 싸운 건 농민과 천민들이었다. 〈처인성 전투 기록화〉, 전쟁기념관.

결국 40년에 걸친 고려의 대몽항쟁은 실권을 쥔 무신정권을 붕괴시키기 위해 고려 왕실이 몽골에 왕자를 보내 강화를 맺음으로써 패배로 끝난다. 삼별초를 위시한 무신정권의 잔여 세력들은 몽골과 한편이 된 고려 조정에 반대하며 무장 봉기를 일으켰으나, 수적 열세를 이기지 못하고 제주도에서 전멸하고 말았다.

고려를 복속시킨 몽골제국은 여기에 만족하지 않고 일본에까지 손을 뻗었다. 국호를 원元으로 고치고 남송까지 집어삼킨 몽골의 쿠빌라이(원 세조)는 두 차례에 걸쳐 일본 해상 원정을 시도했다. 이때 원나라 군사들이 고려에 장기간 주둔했는데, 경상북도 안동과 제주도에서였다. 안동에 주둔한 몽골 군사들이 마시던 독한 술이 어느새 고려 백성들에게까지 전해졌는데, 그것이 소주이다.

이슬람에서 유래한 소주

1240년 무렵 몽골군이 멀리 페르시아까지 정복하면서 얻은 전리품 중 하나가 도수 높은 증류주였던 아라크Araq였다. 본래 아라크는 페르시아에서 위장약으로 쓰려고 만든 것이었다. 술을 엄격히 금지하는 이슬람 사회에서 어떻게 술이

나왔느냐고 고개를 갸우뚱할 독자들도 있을 것이다. 그 사회에서도 공개적으로 술을 마실 수 없다 뿐이지 암암리에 술을 마시는 사람들은 존재했다. 《아라비안나이트》를 보면 아바스 왕조의 최고 통치자인 칼리프를 모시는 사람들 중에는 '칼리프의 술 상대'란 직책을 가진 비서들이 있었다.

몽골제국의 영토가 확장되면서 아라크도 전파되었다. 고려뿐만 아니라 원나라의 통치를 받았던 중국과 멀리는 동남아시아에까지 아라크가 퍼져나갔다. 특히 몽골군이 주둔하던 안동에서는 특산물로 안동소주가 생겨났다. 이렇게 보면 한국에서는 안동소주야말로 소주의 원형인 셈이다.

소주를 내리는 데 쓰이는 소줏고리. 프레시안.

고려인들은 처음에는 도수가 높아 소주에 거부감을 느꼈지만, 이내 독한 맛에 푹 빠져들었다. 고려 말 김진이라는 장수는 평소에도 소주를 즐겨 마셔 병사들이 한심하게 여길 정도였다. 김진은 왜구가 쳐들어왔는데도 너무 취해 제대로 싸워보지도 못하고 도망치는 바람에 문책을 당하고 유배형에 처해졌다. 소주를 너무 좋아하다가 신세를 망친 것이다.

그런가 하면 이성계의 장남 이방우는 아버지가 고려를 무너뜨리고 왕위를 빼앗은 일을 비관하여 벼슬을 버리고 밤낮없이 소주만 마시다 죽었다고 한다.

군사정권 때 사라진 전통 소주

고려가 망하고 조선이 들어선 이후에도 소주는 여전히 많은 사람의 사랑을 받으며 계속 살아남았다. 성종 때에는 부자들만이 아니라 양민들의 잔칫상에도 오를 정도로 보편화되었다.

임진왜란의 영웅 이순신은 전란 중에 극심한 스트레스를 받아 위장병 증세에 시달릴 때마다 소주를 마셨다고 한다. 독한 술기운으로 고통을 덜려고 했던 것이다. 또 숙종은 군사들의 사기를 북돋우려는 뜻에서 왕실 호위대인 금군禁軍과 훈련도감의 군사들에게 소주와 청주를 50병씩 상으로 하사했다.

소주는 제사 때에도 쓰였다. 무더운 여름철에는 세균들이 왕성하게 활동해 도수가 낮은 청주는 쉽게 상하는 반면, 도수가 높은 소주는 잘 상하지 않아 특히 여름철 제사상에 자주 올랐다. 율곡 이이도 이 점을 강조하며 여름철에는 청주 대신 소주를 제사상에 올리라고 조언했다고 한다.

조선 왕조 내내 사랑받던 소주는 일제 강점기를 거쳐 박정희 정권 때로 접어들면서 뜻하지 않은 탄압을 받는다. 막걸리나 청주, 소주의 원료를 쌀 대신 값싼 밀가루나 고구마로 교체하고 여기에 아스파탐 같은 단맛이 나는 화학 물질을 넣어 만들게 한 것이다. 식량인 쌀을 아낀다는 명분이었는데 그 바람에 쌀과 누룩으로 빚어오던 우리의 전통주 산업은 치명적인 타격을 입는다. 정부의 지시를 어기고 몰래 예전 방식대로 술을 빚던 농민들은 관청의 조사원이 나오면 황급히 술 단지를 숨기곤 했다. 운이 나빠 발각되기라도 하는 날에는 술 단지와 누룩을 모두 빼앗기고, 관청에 끌려가 곤욕을 치렀다.

1963년 정부는 양곡관리법을 근거로 쌀로 술을 빚거나 쌀로 만든 술을 판매하는 것을 금지했다. 이렇게 군사정권을 거치면서 한국의 전통주들은 사실상 맥이 끊겨버렸다. 민주정부가 들어서면서 몇몇 뜻있는 이들이 옛 자료들을 찾아 전통주를 되살려보려고 노력하고 있으나, 뜻만큼 잘되고 있지는 않다. 이렇게 보면 안동소주가 살아남은 건 기적 같은 일이 아닐 수 없다. 정부의 금지령에도 은밀히 제조 기술이 지켜져왔으니 말이다.

소주는 숙취가 심한 편인데 화학 물질이 들어가 있어서다. 화학 물질이 많이 들어갈수록 숙취가 심해지는데, 간에서 알코올을 분해하는 데 시간이 많이 걸리기 때문이다. 전통 소주를 기어이 맛보고 싶으신 분은 안동 특산물인 안동소주를 드셔보기 바란다. 그게 진짜 소주이니까.

임금님만 먹은 타락죽

앞서 말했듯이 설렁탕도 몽골이 전해준 음식이다. 소떼와 양떼를 몰고 넓은 초원을 누비면서 유목생활을 하던 몽골인들은 쇠고기에 야생 파를 넣어 끓인 '술렝sulen'을 즐겨 먹었다. 이것이 고려 때에 전해져 '설렁탕'이 된 것이다. 설렁탕은 소주와 함께 조선시대에 대중적인 음식으로 자리 잡았다.

왕실에서만 먹던 타락죽.

몽골의 지배를 받으면서 생겨난 음식은 소주와 설

렁탕만이 아니다. 우유를 섞어 쑤는 타락죽(우유죽)도 몽골의 영향을 받아 고려 말에 만들어졌다. 타락죽은 조선시대에는 왕실에서만 먹던 귀한 음식이었다. 이 때문에 웃지 않을 수 없는 사건도 벌어졌다. 명종의 외삼촌으로 영의정을 지냈던 윤원형은 1565년 8월 탄핵을 당하는데, 그 이유 중 하나가 타락죽을 만드는 요리사인 낙부酪夫를 자기 집으로 데려가 타락죽을 만들어 먹었기 때문이다.

당시 윤원형은 왕에 버금가는 권력자였지만, 아무리 그렇더라도 어디까지나 신하였다. 신하가 감히 임금만 먹는 타락죽을 실컷 포식한 일은 엄격한 신분사회였던 조선에서는 결코 용서받지 못할 대죄였던 것이다.

육회도 몽골의 영향으로 탄생한 음식이다. 고려시대에 이르러 불교의 영향으로 육식을 금하는 문화가 자리 잡으면서 고기 요리 기술도 점차 퇴화되었다. 그러다가 고려 말에 몽골의 지배를 받으면서 날 쇠고기를 저며 생으로 먹는 육회 요리가 널리 퍼졌다. 늘 고기를 먹어 고기 요리 기술이 매우 발달한 몽골인들에게서 고려인들은 고기 다루는 법을 배웠다. 쇠락한 불교를 밀어내고 한반도의 지배 사상으로 부상한 유교도 이런 현상을 부추겼다. 유교 창시자인 공자가 육회나 생선회를 즐겨 먹었다는 사실은 조선의 사대부들이 아무런 거리낌 없이 회를 먹을 수 있는 근거가 되었다.

그런데 몽골인들이 즐겨 먹던 치즈인 아롤이나 버터, 요구르트는 한반도에 제대로 전파되지 못했다. 한반도에는 목초지가 적어 몽골이나 서양처럼 젖을 많이 내는 젖소를 키우기 어려웠고 그 때문에 전통 종인 한우도 젖이 적었다. 당연히 사람들은 우유를 먹을 기회가 거의 없었고 이 때문에 우유를 소화시키는 젖당도 갖고 있지 않았다. 그러다 보니 우유를 생으로 먹으면 배탈이 나기 십상이었다. 죽에 우유를 넣어 끓이는 타락죽 같은 방식으로나 겨우 섭취할 수 있었다.

일상에서 흔히 접할 수 있는 이런 음식들을 전해준 이가 침략자 몽골인들이라니, 어쩐지 아이러니하다.

이탈리아에 파스타를 전해준 이슬람교도

파스타 하면 스파게티만을 떠올리지만 사실 파스타는 스파게티뿐만이 아닌 라자니아, 라비올리같이 밀가루가 들어간 모든 이탈리아 음식을 아우르는 명칭이다. 파스타는 이탈리아에서 생긴 것이 아니라 외부에서 들어온 음식이다.

파스타.

이탈리아는 오래전부터 남북 간에 지역 갈등이 심해 골치 아픈 사회 문제로 남아 있었다. 공업이 발달해 상대적으로 부유한 북부 지역에서는 "우리가 왜 세금을 내서 저 가난한 남부 촌놈들을 도와줘야 하나?"며 원성을 높이곤 했다. 아예 이탈리아에서 독립해 자기들만의 나라를 세우자는 움직임까지도 있었다. 반면 대부분이 농사를 짓고 소득이 낮은 남부 지역 주민들은 자신들을 깔보는 북부 지역 사람들을 가리켜 "자기들 배불릴 궁리만 하는 돼지들."이라며 적개심을 드러냈다. 이런 이탈리아인들을 하나로 묶어준 것이 있다. 그것은 애국심 같은 거창한 이념이 아니라 바로 파스타라는 음식이다.

한국에서는 파스타 하면 스파게티만을 떠올리지만 사실 파스타는 스파게티뿐만이 아닌 라자니아, 라비올리같이 밀가루가 들어간 모든 이탈리아 음식을 아우르는 명칭이다. 그런데 이 파스타는 이탈리아에서 생긴 것이 아니라 외부에서 들어온 음식이다. 그렇다면 파스타를 처음 만들어 먹은 곳은 어디일까?

가장 널리 알려진 얘기는 유명한 기행문 《동방견문록》을 쓴 베네치아의 장사꾼 마르코 폴로가 그의 아버지를 따라 당시 몽골족이 통치하던 중국(원나라)에서 파스타를 가져와 이탈리아에 전파했다는 것이다. 그런데 제노바 도서관에 보관돼 있는 고문서에 따르면 1279년 무렵, 폰치오 바스토네 Ponzio Bastone라 는 사람이 '건조시킨 마카로니'가 들어 있는 상자를 유산으로 남겼다는 내용이 있다. 마르코 폴로가 원나라에서 고국 베네치아로 돌아온 1295년보다 훨씬 이전에 이미 이탈리아인들은 파스타의 한 종류인 마카로니를 일상생활 속에서 먹고 있었던 것이다. 이렇게 보면 마르코 폴로가 원나라에서 파스타를 가져왔다는 통설은 사실이 아닐 수 있다!

마르코 폴로.

그렇다면 이 이야기는 어디서부터 시작되었을까? 1929년 미국의 한 파스타 회사가 판매량을 늘릴 목적으로 〈마카로니 저널〉에 마르코 폴로가 파스타를 중국에서 가져와 퍼뜨렸다는 광고를 실으면서였다. 그리고 이 광고 내용을 미국

할리우드의 영화 제작진들이 영화(마르코 폴로가 중국에서 파스타를 먹는 장면)에 담으면서 사실로 굳어진 것이다. 영상 매체의 힘이 얼마나 큰지 보여주는 일화다.

시칠리아를 정복한 아랍인들의 선물, 파스타

마르코 폴로가 파스타를 전해준 것이 아니라면, 대체 누가 이탈리아에 파스타를 가져다준 것일까? 여러 주장이 분분하지만 파스타의 기원에 관한 가장 오래된 단서는 고대 그리스까지 거슬러 올라간다. 2세기의 그리스인 의사 갈레노스는 밀가루와 물을 반죽해서 만드는 이트리온Itrion이라는 음식에 대해서 말했다. 그리스인들과 앙숙이었던 유대인들도 이트리온은 즐겨 먹었는데, 《탈무드》를 보면 이트리움Itrium을 언급하고 있다. 이트리움은 이트리온을 유대인 말로 발음한 것이다.

9세기에 이르러 이트리움은 이트리야Itriyya라는 이름이 되어 이탈리아로 들어온다. 7세기 중엽, 멀리 아라비아사막에서 일어난 아랍인들은 예언자 무하마드의 인도 아래 맹렬한 기세로 세계 정복에 나섰다. 천년 제국 로마의 후계자인 비잔티움제국과 위대한 페르시아제국도 새로운 신앙으로 무장한 아랍인들의 공격 앞에서 속절없이 무너졌다.

불과 한 세기 만에 아랍인들은 그들의 본고장인 아라비아 반도에서 멀리 스페인과 북아프리카, 인도와 중앙아시아에 이르는 거대한 지역을 손에 넣었다. 그리고 초승달이 그려진 아랍의 군기는 지중해의 한가운데 떠 있는 시칠리아 섬에까지 이르게 된다.

이집트와 북아프리카가 아랍제국의 지배를 받게 된 7세기 말부터 시칠리아는, 배를 타고 바다를 건너는 아랍 해군의 약탈에 시달렸다. 9세기 초에 들어서자 아랍의 침공은 더욱 잦아졌다. 북아프리카를 정복하고 정착한 아랍과 새로 이슬람으로 개종한 베르베르인들(지금의 모로코와 알제리 등 아프리카 북쪽에 살던 유목 민족)은 풍요로운 시칠리아를 단순히 약탈만 하는 것이 아니라, 아예 정복하여 영원히 지배하려는 야심을 품었다. 당시 아프리카 북부는 황량한 사막 지대여서 아랍인과 베르베르인들은 풍요로운 땅을 탐냈는데, 북아프리카에서 가깝고 토지도 비옥하던 시칠리아가 새로운 정복지로 적합하다고 여긴 것이다.

827년 아랍과 베르베르의 대군을 태운 대선단이 시칠리아에 도착했다. 그때까지 시칠리아를 다스리던 비잔티움제국의 군대는 이미 약해질 대로 약해진 상태여서 도저히 신흥

세력인 아랍의 군대를 당해낼 수 없었다. 물론 이탈리아 본토의 도시들과 시칠리아 주민들은 이슬람 군대에 맞서 격렬하게 저항했지만, 번번이 격파해도 계속 북아프리카에서 끝없이 도착하는 이슬람의 대군을 막기에는 역부족이었다.

시칠리아 침공을 시작한 지 51년 후인 878년, 섬의 중심지인 시라쿠사가 아랍과 베르베르 연합군에게 함락되면서 시칠리아는 이슬람의 영토가 되었다. 이것은 단순히 지배층이 비잔티움에서 아랍으로 교체되는 정치적인 사건으로 국한되지 않았다. 새로운 문화인 아랍 문명이 유럽의 한복판인 시칠리아에 들어와 융화되는 현상을 만들어내었다.

아랍의 지배를 받으면서 시칠리아에는 여태까지 경험하지 못한 음식 문화가 전해지는데, 밀가루를 반죽해 조금씩 길게 떼어서 건조한 다음 걸쭉한 수프에 넣어 먹는 마카로니였다. 마카로니는 이트리야에서 파생된 음식 중 하나다. 그리스에서 시작된 이트리온이 돌고 돌아 이트리움을 거쳐 이트리야로 이탈리아에 입성한 것이다.

중세의 이슬람교도들도 파스타를 즐겨 먹었다. 한 예로 한국인들도 즐겨 먹는 마카로니는 14세기 무렵에 활약한 중앙아시아의 정복자 티무르가 자주 먹던 요리였다. 중동의 역사학자인 이븐 할둔이 시리아를 점령한 티무르를 방문했을 때 대접받은 음식도 마카로니를 넣은 수프였다고 한다.

티무르가 좋아했던 마카로니.

이렇게 시칠리아에서는 9세기 말부터 11세기 말까지 약 200년 동안 아랍의 지배를 받으며 파스타를 먹는 문화가 자리 잡혔다. 그런데 11세기 들어서 새로이 북쪽에서 또 다른 침략자가 나타난다. 유럽과 지중해는 물론이고 저 먼 북아메리카까지 휩쓸며 서구 세계를 공포에 떨게 했던 바이킹들의 후손인 노르만인이었다.

노르만 정복과 스파게티의 탄생

아랍이 시칠리아를 정복한 약 40년 후인 911년, 롤로라는 수장이 이끄는 바이킹 군대는 프랑스 북서부에서 정착하게 되는데, 지금의 노르망디 반도다. 북쪽에서 온 사람Northman들이 산다고 하여 지역 이름이 노르망디로 바뀐 것이다. 노

이랍 세력에 맞서 싸우는 노르만 기사들. 11세기 후반에 노르만족 여인들이 짠 태피스트리. 바이외 태피스트리 박물관.

르망디에 터를 잡은 노르만인들은 프랑스인들과 혼혈을 하고 기독교로 개종했지만, 그들의 핏속에 흐르는 바이킹의 용맹한 기질은 사라지지 않았다. 모험과 약탈, 정복에 대한 갈망으로 불타던 노르만 기사들은 1066년, 바다를 건너 영국을 정복하고 노르만 왕조를 세운다. 그리고 멀리 지중해를 돌아 시칠리아에까지 손을 뻗었다.

1068년 남부 이탈리아의 주요 도시들을 점령한 노르만 기사들은 본격적으로 시칠리아를 침공하기 시작했다. 탁월한 군사 지휘관인 로저 기스카르는 노르만 기사 700명을 이끌고 시칠리아 곳곳에서 이슬람교도들을 격파하고, 영토를 넓혀갔다.

갑자기 북쪽에서 쳐들어온 침략자들을 본 아랍인들은 당황해하면서 저항하려 애썼으나, 노르만 기사들의 용기와 대담성은 아랍인의 수적인 우세마저 압도해버렸다. 거기에 시칠리아를 근거지 삼아 로마와 이탈리아 남부를 위협하던 아랍인들을 경계하던 교황과 기독교도들이 노르만 기사들을 적극적으로 후원해준 덕분에 전황은 급격히 노르만인들 쪽으로 기울어갔다.

마침내 1091년, 시칠리아 수도인 팔레르모마저 노르만 모험가들의 손에 떨어지고 아랍 세력은 완전히 소멸되었다.

이제 시칠리아에는 노르만 왕조가 들어섰다. 그러나 시칠리아를 지배한 노르만족은 다른 기독교 국가들처럼 이슬람교도들을 쫓아내거나 탄압하지 않았다. 오히려 이슬람 문화를 그들의 삶 속에 적극적으로 받아들였다. 기독교가 지배하던 중세 유럽에서는 실로 보기 드문 경우였다.

그 결과 시칠리아에는 유럽-기독교 문명과 아랍-이슬람 문명이 조화를 이루어 새로운 문화가 탄생했다. 시칠리아에 아직도 남아 있는 노르만 왕들의 왕궁은 유럽의 첨탑 양식과 아랍의 아라베스크 양식이 섞인 모습이다. 노르만 왕들은 아랍인으로 구성된 친위 부대를 두었고, 기독교 교회와 이슬람 모스크가 서로 나란히 서 있으면서 예배를 알리는 종소리와 무에진(이슬람 사원에서 예배 시간을 소리쳐 알리는 사람)의 목소리가 사이좋게 울려 퍼지게 했다. 그리고 아랍인들이 들여온 파스타도 그대로 두었다. 노르만 왕들은 파스타를 즐겨 먹었으며, 이 모습을 왕궁이나 성당의 벽에 그려넣기도 했다.

노르만의 지배 기간 동안, 파스타는 다른 지역으로 전파되기 시작했다. 1154년 알모라비드(지금의 모로코) 왕국의 학자인 무하마드 알 이드리시는 자신의 지리학 책에서 “칼라브리아를 비롯한 시칠리아 왕국의 많은 지방 도시에서 이트리야가 생산되고 있으며, 모든 기독교와 이슬람 왕국들로 수출되고 있다."고 말했다.

〈파스타 먹는 소년〉, 1808년 모저 그림.

노르만의 관용 정책 덕에 이트리야는 서서히 이탈리아 본토로도 전파되었고, 노르만이 시칠리아를 정복한 지 약 4세기가 지난 15세기에 들어서면서 마침내 이탈리아 본토에서 밀가루를 반죽해 틀에 넣고 길게 뽑아내는 최초의 스파게티가 탄생한다.

초기의 스파게티는 면발에 해산물이나 돼지고기, 볶은 마늘 등을 넣어 올리브기름이나 버터로 볶아서 먹는 방식이었다. 토마토소스를 얹어 먹는 스파게티는 19세기에나 등장했다.

스파게티 덕에 건설된 수에즈 운하

한동안 이탈리아에서 먹던 스파게티는 16세기 무렵 프랑스 왕가로 시집간 메디치 가문의 왕비들이 이탈리아식 요리법을 전해줌으로써 유럽 대륙에 널리 퍼져나간다. 미트볼이나 라

스파게티로 총독의 마음을 사로잡은 페르디낭 마리.

자니아 같은 요리들도 이 무렵 등장했으며 이 요리들은 순식간에 유럽 왕족들의 입맛을 사로잡았다.

시대가 흐르면서 스파게티는 유럽뿐만이 아니라 다른 나라에서도 크게 환영을 받았다. 19세기 중엽 지중해와 홍해, 인도양을 잇는 수에즈 운하를 건설하기 위해 이집트를 방문한 프랑스인 페르디낭 마리 Ferdinand Marie는 이집트 총독인 무함마드 알리의 반대에 부딪혀 어려움을 겪었다.

"수에즈에 운하를 뚫겠다는 발상은 지나치게 무모하고, 실현 가능성이 없으니 허락할 수 없소."

운하 개통에 필요한 허가 신청서가 번번이 되돌아오자 고민하던 페르디낭은 총독이 어린 아들인 사이드를 애지중지한다는 사실을 알아내고는 방법을 바꾸었다. 사이드에게 자신이 직접 만든 스파게티를 대접한 것이다. 난생 처음 스파게티를 먹어본 사이드는 너무나도 기막힌 맛에 반해 감탄사를 연발했다.

"세상에, 이렇게 맛있는 음식이 있다니! 이런 음식은 여태까지 한 번도 먹어보지 못했어!"
"왕자님이 드신 스파게티 말고도 저는 다른 종류의 스파게티도 만들어드릴 수 있습니다. 왕자님께서 원하신다면, 앞으로 더욱 많은 스파게티를 대접하겠습니다."
"정말 고맙소, 페르디낭. 이렇게 나를 위해 맛있는 요리를 만들어준 선생을 위해 내가 보답할 수 있는 방법이 있겠소?"
"저는 아무것도 바라지 않습니다만……."
"아니오. 도움을 받았으면 반드시 답례를 하는 것이 사람의 도리요. 선생이 원하는 게 있으면 뭐든지 말씀해보시오."

그 말에 페르디낭 마리는 두 눈을 빛냈다.

"왕자님께서 그러시다면 한 가지만 들어주십시오."
"무엇이오?"
"저는 지중해와 홍해, 인도양을 잇는 운하를 건설하고 싶습니다. 이 운하가 건설되면, 바다를 건너는 전 세계의 무역 상선들이 자연히 이집트를 방문하게 됩니다. 그리되면 이집트는 막대한 이익을 얻게 되니, 앞으로 이집트 국민들은 가만히 있어도 돈방석에 앉게 되는 셈입니다. 왕자님이 생각하셔도 굉장히 좋은 일이 아닙니까?"

"그대의 말은 잘 알았소. 허나 지금 당장은 나에게 힘이 없소. 장차 내가 아버지를 대신해 총독이 되면 그때 가서 그대의 부탁을 꼭 들어주리다."

어린 왕자 사이드는 그렇게 페르디낭에게 다짐했고, 페르디낭은 그 말을 가슴 깊이 새겨두었다. 그리고 마침내 때가 왔다. 1854년 아버지가 죽은 뒤 총독이 된 사이드는 페르디낭과 약속한 것을 떠올리고는 수에즈 운하 공사를 허락해주었다. 스파게티를 앞세운 페르디낭의 외교가 세계의 역사를 바꾼 것이다.

대왕들도 반한 플롭

공포의 제왕인 티무르에게도 어울리지 않게 자상한 면이 있었다. 전장에서 병사들을 위해 플롭 등의 음식을 직접 요리해 먹인 것이다. 중앙아시아 사람들은 플롭이 먹으면 힘이 나고 원기 회복에 좋은 음식이라고 여기는데, 아마 티무르의 군사들도 그런 생각으로 플롭을 먹었으리라.

플롭.

우즈베키스탄이나 카자흐스탄, 투르크메니스탄 같은 중앙아시아 국가들을 방문하면 우리나라 볶음밥과 비슷한 밥 요리를 볼 수 있다. 바로 플롭plov이다. 이 음식에 관한 흥미로운 이야기가 있다.

필라프, 파에야의 원조

세계 정복의 야망을 품은 알렉산드로스 대왕은 페르시아 제국을 정복한 후 좀 더 동쪽으로 나아갔다. 그러다 지금의 사마르칸트(우즈베키스탄 중동부에 있는 주도)인 마라칸다 부근에서 사나운 유목민인 스키타이족과 중앙아시아의 토착 귀족들의 강력한 저항에 부딪혀 한동안 주춤거렸다. 특히, 험준한 고산 지대인 파라이타케네(지금의 타지키스탄)의 영주인 옥시아르테스는 집요한 게릴라전으로 약 3년 동안이나 알렉산드로스를 괴롭혔다.

그러나 알렉산드로스는 불굴의 투지와 우수한 전술, 무기를 앞세워 마침내 스키타이족을 격파하고 옥시아르테스가 근거지로 삼은 파라이타케네의 고산 지대에 다다랐다. 그러자 이 광경을 본 옥시아르테스는 "우리는 새도 날아오기 힘든 높은 산 위에 살고 있다. 너희가 우리를 잡고 싶거든 날개가 달린 군대라도 만들어보내라."며 조롱했다. 이 말을 들은 알렉산드로스는 "그렇다면 하늘을 나는 군대를 보내겠다!"고 맞받아쳤다.

옥시아르테스와 다른 토착 귀족들은 알렉산드로스가 허풍을 떤다고 비웃었지만, 며칠 후에 그들은 정말로 '하늘을 나는 군대'를 보았다. 하얀 망토를 걸친 병사 300여 명이 밧줄과 등산 장비를 이용해 파라이타케네의 험준한 절벽과 골짜기를 기어올라 와 옥시아르테스가 머무는 요새를 번개같이 습격했던 것이다. 알렉산드로스의 특수부대에 허를 찔리고 본거지를 발각당한 옥시아르테스는 더는 맞설 수 없음을 깨닫고 항복한다. 그리고 자신의 요새로 알렉산드로스 대왕을 초청하는데 이때 알렉산드로스는 한 번도 먹어보지 못한 특이한 요리를 맛본다. 그것이 플롭이었다. 당시 옥시아르테스를 비롯한 파라이타케네 원주민들은 잔칫날을 비롯해 중요한 행사가 열리는 날이면 플롭을 먹었다고 한다.

옥시아르테스에게서 플롭을 대접받은 알렉산드로스는 그 맛에 무척 감탄하며 부하 장병들에게도 요리해 먹도록 했다. 알렉산드로스가 귀환하면서 고국인 마케도니아와 그리스에도

플롭에서 파생된 필라프(왼쪽)와 파에야(오른쪽).

플롭이 전해졌고 세월이 흐르면서 점점 유럽 각국으로 퍼졌다. 이탈리아의 쌀 요리인 필라프pilaff나 스페인의 볶음밥인 파에야paella는 모두 플롭에서 파생된 것이다.

군사들을 위해 직접 플롭을 만든 티무르

플롭과 관련된 유명 인사는 알렉산드로스만이 아니다. 그보다 1,000년 뒤에 태어난 티무르제국의 건설자 티무르도 플롭을 무척 즐겨 먹었다. 1336년 몽골계 부족인 발라스에서 태어난 티무르는 자신을 칭기즈칸의 후계자라 자처하며 몽골제국의 부활을 일생의 숙원으로 삼았다. 그는 스물여덟 살의 나이로 처음 군사를 일으킨 이래 사방을 종횡무진 누비며 단 한 번도 패하지 않은 불패의 용장이었다. 그가 거느린 몽골족과 투르크족으로 구성된 기마부대는 북으로는 킵

차크한국(몽골계 국가)과 남으로는 인도, 서로는 시리아에까지 가서 무수한 전투를 치렀으며 그 전쟁들에서 모두 승리한 '무적의 군대'였다.

티무르는 잔혹성 면에서만 보면 선배 유목민 정복자였던 아틸라나 칭기즈칸을 능가했다. 그는 적과 싸워 승리할 때마다 휘하 병사들에게 죽은 적군의 목을 잘라 탑을 쌓도록 지시했다. 특히, 인도의 수도 델리를 함락했을 때는 무려 10만 개나 되는 적군의 머리를 쌓는 잔인성을 보였다고 한다.

그러나 이런 공포의 제왕인 그에게도 어울리지 않게 자상한 면이 있었다. 전장에서 병사들을 위해 플롭 등의 음식을 직접 요리해 먹인 것이다. 중앙아시아 사람들은 플롭이 먹으면 힘이 나고 원기 회복에 좋은 음식이라고 여기는데, 아마 티무르의 군사들도 그런 생각으로 플롭을 먹었으리라.

말년에 티무르는 이전엔 겪어보지 못한 큰 도전자와 맞닥뜨린다. 유럽으로 진출해 기독교에 맞서 이슬람 성전聖戰을 벌이던 오스만제국의 술탄 바예지드 1세였다. 1402년 두 군주는 터키의 앙카라 고원에서 일대 격전을 벌였다. 그런데 울던 아이도 울음을 그치게 한다는 바예지드의 친위부대 예니체리도 백전백승을 거두어온 티무르의 기마부대 앞에서는 맥없이 무너지고 말았다. 포로가 된 바예지드는 철장에 갇

인도를 공격하는 티무르 군대.

혀 평생을 고통스럽게 살다가 죽었다.

이렇게 오스만제국을 빈사 상태로 만든 티무르는, 소아시아 끝의 도시인 스미르나에 근거지를 두고 이슬람에 항전해온 요한기사단(예루살렘을 순례하는 기독교도들을 이슬람교도들의 공격에서 보호하려고 1113년에 창설된 조직)과도 싸워 승리를 거두었다. 후일 요한기사단은 로도스와 몰타 섬을 차지하고 오스만제국에 끈질기게 대항해 막대한 타격을 준 기독교 세계의 최정예부대였지만, 티무르의 군대만큼은 막아내지 못했다.

서방 원정을 성공리에 마친 티무르는 곧바로 동방으로 방향을 틀었다. 당시 중국에서는 40년 전에 몽골족의 원나라가 한족들의 봉기에 밀려 북쪽으로 쫓겨나고, 주원장이 세운 명나라가 들어서 있었다.

몽골제국의 부흥을 숙명으로 여기던 티무르는 우선, 피신해온 칭기즈칸의 직계 후손인 보나시리를 몽골초원으로 보내 원나라의 정통 후계자임을 선언하도록 했다. 당시 몽골초원으로 후퇴한 원나라의 잔존 정권은 내분이 심한 상태였다. 이 때문에 티무르는 자신에게 피신해온 보나시리가 칭기즈칸의 후손인 점을 내세워 그를 원나라의 후계자이자 몽골족들의 새로운 군주로 삼아 다시 몽골제국을 재건하려고

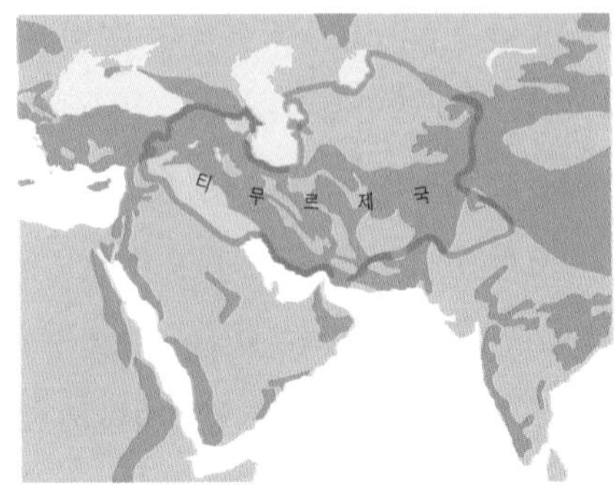

티무르제국을 세운 티무르(왼쪽)와 1405년 그가 죽을 당시 티무르제국의 영토(오른쪽).

했다. 이를 위해 자신이 직접 20만 대군을 이끌고 중국으로 쳐들어가 명나라를 정복할 생각도 하고 있었다.

그러나 아무리 절세의 용맹스런 영웅이라고 해도 나이는 이길 수 없는 법. 평생의 숙원을 풀기 위해 위풍당당하게 출전했지만 티무르는 일흔이라는 고령의 나이를 이기지 못하고 오트라르 성에 머물던 중 숨을 거두고 만다. 약 200년 전, 칭기즈칸이 보낸 사절단을 모두 죽이는 바람에 피비린내 나는 복수극이 벌어졌던 오트라르 성에서 칭기즈칸의 후계자임을 자처하던 티무르가 죽고 말았으니 참으로 기묘한 일이 아닐 수 없다.

칭기즈칸이 보낸 사절단을 죽인 이는 오트라르 성의 성주인 이날축Inalchuk이었다. 당시 오트라르 성은 호라즘 영토였는데, 사절단을 죽인 일로 칭기즈칸은 호라즘을 공격해 멸망시킨다. 물론 이날축도 오트라르 성이 함락되면서 몽골군에게 죽음을 당했다.

플롭 조리법

플롭은 우리나라 볶음밥과 비슷하지만, 유목민의 음식이라는 특성상 양 기름이 많이 들어가 조금 느끼하다. 지방에 따라 재료와 요리 방법이 조금씩 다르지만 플롭은 대체로 다음과 같은 순서로 요리한다.

재료 고기는 쇠고기나 양고기, 닭고기를 주로 쓴다(200그램 정도). 이슬람을 믿지 않는 러시아인의 경우는 돼지고기를 쓰기도 한다. 채소는 기본적으로 고기에 잘 어울리는 양파와 당근을 쓰고(500에서 600그램), 버섯이나 토마토, 피망 등을 넣어도 된다. 쌀은 1킬로그램가량(2, 3인분용)을 미리 씻어 놓는다. 음식의 간을 맞출 소금이나 후추 같은 조미료도 준비해놓는다.

만들기

1. 고기와 양파, 당근을 잘게 썬다.
2. 프라이팬에 식용유나 양 기름을 붓고 기름이 끓어오르면 썬 양파를 넣고 튀긴다. 양파는 오래 익힐수록 단맛을 내기 때문에 미리 넣어 튀기는 것이 좋다.
3. 이번에는 자른 고기를 집어넣고 양파와 함께 5분에서 7분 정도 튀긴다. 그런 뒤 썰어놓은 당근을 넣는다. 이때 소금과 후추, 미리 씻어놓은 쌀도 넣어 함께 튀긴다.
4. 이제 물을(진한 맛을 원하면 육수를 넣어도 된다) 붓고 약 20분간 약한 불에서 뜸을 들인다.

임진왜란이 가져다준 고추와 고추장

남쪽 전라도 지방에서부터 고춧가루로 버무린 김치를 만들어 먹은 것이다. 전라도는 다른 지역보다 날씨가 덥고 습해서 음식에 소금을 많이 넣지 않으면 쉽게 상했다. 그래서 자연히 김치에도 소금과 고춧가루를 듬뿍 넣어 상하는 것을 막고자 한 것이다.

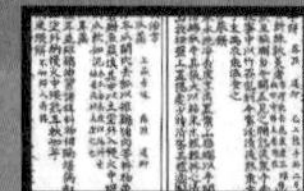

고추.

고추로 만든 고추장과 고춧가루는 우리나라 대표적인 음식 양념이다. 각종 찌개나 국을 비롯해서 우리가 먹는 대개의 음식에 들어간다.

먼저 고추장을 보자. 고추장 중에서도 단연 돋보이는 것이 전북 순창에서 만드는 순창 고추장인데, 매콤하면서도 달콤한 맛이 특징이다.

순창 고추장에 관해 많은 속설이 떠도는데, 그중 하나가 순창 고추장이 조선시대 왕에게 바치던 진상품이었다는 것이다. 고려 말 이성계가 평소 존경하던 고승 무학대사를 만나려고 순창으로 내려갔다. 길을 걷다 우연히 농민들이 고추장에 밥을 비벼 먹는 모습을 보게 되었는데 그 밥이 너무 맛있어 보여 한 입 얻어먹는다. 그 맛에 반해버린 이성계가 왕이 된 후에도 그 맛을 잊지 못해 순창 농민들에게 매년 고추장을 진상하라고 명령했다는 것이다. 그런데 이 이야기는 사실이 아니다. 순창에서 고추장을 만들었다는 내용은 조선 중기인 1740년 이표라는 사람이 지은 요리책 《수문사설》에서야 비로소 처음 언급되기 때문이다.

2009년 2월 한국식품연구원과 한국학중앙연구원이 16세기 말인 임진왜란 이후에 고추가 들어온 것이 아니라 조선 초기부터 있었다고 주장한 일이 있다. 그러면서 1433년 편찬된 의학서 《향약집성방》과 1460년에 나온 식이요법서 《식료찬요》에서 '초장椒醬'이라는 말이 나온 것을 근거로 들었다. '초장'을 고추장으로 해석한 것이다.

하지만 임진왜란 이전에 '초椒'라는 말은 고추가 아닌 산초山椒(산초나무 열매)나 천초川椒(초피나무), 호초胡椒(후추)를 가리킬 때 쓰였다. 특히 가루로 빻은 산초나무 잎과 열매는 매운맛을 내는 향신료로 주로 쓰였고, 산초나무 잎과 열매로 만든 장을 초장椒醬이라고 했다. 경상도 지방에서는 맨드라미꽃 즙으로 붉은색을 내고 초장으로 양념한 절인 김치를 많은 사람이 즐겨 먹었다고 한다. 그러다 더욱 강하고 자극적인 맛을 내는 고추가 들어오면서부터 초장이 사라졌다. 따라서 고추가 우리나라에서 자생했다는 주장은 그리 설득력이 없다.

신대륙에서 건너온 고추

그렇다면 신대륙인 멕시코나 페루에서 자랐던 고추는 언제, 어떻게 우리에게까지 전파된 것일까. 고추는 1492년 콜럼버스의 신대륙 탐험으로 세상에 알려졌다. 쿠바와 아이티 등 서인도제도에 상륙한 콜럼버스 일행이 그곳 원주민들이 음식에 넣어 먹는 고추를 발견하고 이를 유럽으로 가져간 것이다. 당시 아시아 나라들과 무역을 하던 스페인과 포르투갈 상인들이 고추를 인도와 일본 등지로 전파했고, 인도에서는 1500년에 고추가 재배되었다. 일본에서는 1542년 규슈의 영주인 오오토모 요시시게大友義鎭라는 사람이 포르투갈 선교사에게서 고추를 선물로 받았다는 기록이 있는데, 이것이 고추에 관한 최초의 기록이다.

일본에 전래된 고추가 한국으로 전파된 시기는 임진왜란 때였다. 그 시기에 부산을 비롯한 경남 해안 지대에 왜군이 오래 주둔했는데, 별로 반기지는 않았지만 왜군과 함께 살면서 이들의 문화도 받아들이게 된 것이다. 그중 하나가 바로 고추였다.

그러나 고추가 처음부터 조선 사람들에게 환영받은 것은 아니다. 임진왜란 이후인 1614년 이수광이 지은《지봉유설》에서는 고추를 가리켜 "남만의 풀로 독이 있으며 일본에서 처음 전파되어 왜개자倭芥子라고 이름 붙였다. 지금은 그 종자가 주점에 이따금 보이며, 그 맛이 맵고 독하여 많이 먹는 사람은 죽는다."고 부정적으로 표현했다. 1670년 경북 안동의 정부인 안동 장씨가 쓴 요리책인 《음식디미방》을 보아도 고추를 이용한 요리나 고추장이 들어간 음식은 전혀 찾아볼 수 없다.

19세기에 등장한 빨간 배추김치

고추장에 관한 한국 최초의 기록물은 앞서 말한 대로 1740년에 쓰인 《수문사설》이다. 이 책에는 메주콩을 빻은 뒤 거기에 고춧가루와 찹쌀, 새우·조개 같은 해산물에 다진 생강을 넣어 고추장을 만들고 이것을 조정에 진상한다고 적혀 있다. 이렇게 보면 순창 고추장은 태조 이성계가 아닌 영조 때 진상품으로 올려졌다. 26년 후인 1766년에 유중림이 쓴 농업책인 《증보산림경제》에도 고추장을 담그는 방법이 나와 있다. 순창군처럼 찹쌀에 고춧가루, 메줏가루를 넣고 새우와 전복 등 각종 해산물을 첨가한다는 점에서는 대체로 비슷하다. 1809년에 여성 실학자이자 서유구의 형수인 빙허각 이씨가 아녀자들을 위해 엮은 일종의 생활백과사전인 《규합총서》에는 고추장에 단맛을 내기 위해 꿀을 넣는다는 기록도 있다.

지금 우리가 먹는 고춧가루로 버무린 배추김치가 등장한

것은 19세기 말이다. 놀랄 분도 있겠지만, 의외로 그리 오래되지 않았다. 고추가 들어오고 나서도 우리 조상들은 여전히 무로 만든 동치미나 오이를 소금에 절인 짠지, 파김치 등을 먹고 있었다. 그러다 남쪽 전라도 지방에서부터 고춧가루로 버무린 김치를 만들어 먹은 것이다. 전라도는 다른 지역보다 날씨가 덥고 습해서 음식에 소금을 많이 넣지 않으면 쉽게 상했다. 그래서 자연히 김치에도 소금과 고춧가루를 듬뿍 넣어 상하는 것을 막고자 한 것이다. 소금뿐 아니라 고추에 포함된 캡사이신 성분도 세균 번식을 억제시킨다.

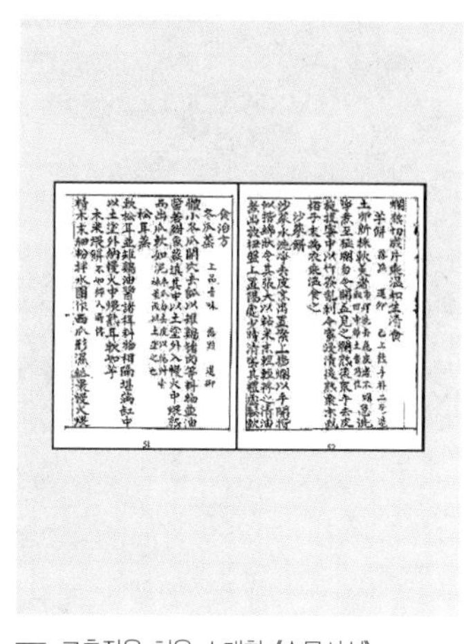
고추장을 처음 소개한 《수문사설》.

전라도 사람들이 서울로 올라오면서 맵고 짠 고춧가루 김치가 전국 각지로 퍼져나갔다. 처음에는 강렬하고 자극적인 맛에 다들 거부감을 나타냈으나, 먹을수록 점점 그 맛에 중독되어 나중에 다른 김치들은 싱거워서 도저히 먹을 수 없는 지경에 이르렀던 것이다. 그 바람에 맛이 심심한 김치들

고춧가루로 버무린 배추김치는 19세기에나 등장한다.

이 시나브로 사라졌다.

이제 우리는 고춧가루 없이는 한 끼도 먹기 어려울 정도로 고춧가루에 길들여졌다. 입맛이 까다로운 어떤 이들은 고춧가루로 범벅이 된 음식들을 보면서 "온통 매운맛뿐이니 다른 맛을 느낄 수 없다."고 불평을 터뜨리기도 하지만 말이다. 또 어떤 이들은 한국인의 위암 발병률이 높은 원인을 매운 고춧가루에서 찾기도 한다. 물론 고춧가루가 건강에 좋기만 한 것은 아니다. 그러나 고춧가루를 많이 먹는다고 해서 위암 발병률이 높다는 주장도 그리 설득력은 없어 보인다. 너무 단순하게 말하는 건지 모르겠지만, 우리보다 고춧가루를 많이 먹는 멕시코나 인도 사람들의 위암 발병률이 낮기 때문이다.

한편 고춧가루를 먹으면 고추의 캡사이신 성분이 신체에 쌓인 지방을 태워 비만을 막는 효과가 있다는 연구 결과도 있다. 그래서 최근 미국 할리우드 여배우들은 고춧가루를 다이어트 용도로 먹는다고 한다.

하지만 고춧가루로 버무린 김치를 볼 때면 문득 궁금해진다. 맨드라미꽃으로 발갛게 물들이고 산초 가루로 양념한, 옛 사람들이 즐겨 먹었다던 그 김치 맛은 대체 어떠했을까 하고 말이다.

역사를 바꾼 생선 한 마리의 힘

청어 저장법으로 인해 청어 무역의 주도권이 발트 해에서 네덜란드로 넘어갔다. 네덜란드는 유럽 각지에 장기간 보관할 수 있는 청어를 팔아 막대한 이득을 보았다. 그 덕에 1648년, 유럽 최강대국이자 자신들을 지배하던 스페인 군대를 물리치고 독립하는 데 성공한다.

청어.

고대 갈리아 지방 사람들은 영국 해협에서 청어를 잡으면서 살았다. 갈리아를 정복한 로마인들은 갈리아인들이 먹던 훈제한 햄이나 돼지고기는 금세 받아들였지만, 청어는 그다지 반기지 않았다. 청어는 몸에 기름기가 많아서 로마까지 운송하는 동안 금방 썩어버렸는데, 역한 냄새를 풍기는 상한 청어를 맛보았으니 좋아할 리가 없었던 것이다.

로마제국이 멸망하고 기독교가 유럽을 지배하면서 청어로 만든 요리가 크게 각광을 받았다. 예수의 수난을 기념하는 사순절 동안에는 고기를 먹으면 안 되었는데, 이 기간에 고기를 대체할 단백질이 풍부한 음식으로 청어를 포함한 해산물을 주로 먹었기 때문이다.

하지만 먹는 생선 종류에 따라서도 신분이 드러났다. 왕족이나 귀족들은 농어 같은 고급 생선을 먹었고, 대부분 서민들은 청어를 먹었다. 청어는 너무나 많이 잡혀서 '높으신 분들'이 먹기에는 가치가 떨어진다고 여긴 모양이다. 오늘날도 그렇지만, 상류층들은 대중과 구별되기를 원치 않는가.

청어를 잡는 중세 유럽의 어부. 1555년 올라우스 망누스가 쓴 《북방 민족의 역사》란 책에 실린 삽화.

네덜란드를 최강의 해상국가로 만든 청어

1159년부터 시작된 '한자동맹(독일 북쪽과 발트 해 연안에 있는 여러 도시가 상업상의 목적으로 결성한 연합체)'에서 다루었던 중요한 무역품에는 청어가 포함되어 있었다. 당시 청어 무역의 중심지는 독일 북부 발트 해에 있는 뤼겐 섬이었는데, 이곳에서 매년 7월과 9월까지 엄청난 양의 청어가 잡혔다.

시대와 장소는 다르지만, 프랑스의 쥘 미슐레가 쓴《바다》에서는 청어떼 잡는 모습을 다음처럼 묘사했다.

> "북해와 발트 해는 6월 말마다 온통 청어로 가득 차서 배가 항해할 수 없을 정도다. 수많은 청어들이 몰려오는 모습이 섬처럼 보일 정도이다."

가히 상상이 되지 않는 장관이다. 뤼겐 섬에서 잡히는 청어의 모습도 아마 저러했으리라. 저토록 많은 청어가 잡히다 보니, 중세 유럽에서 청어는 "바다의 밀"이라고 불릴 정도로 거의 제2의 주식이나 다름없었다.

발트 해에서 잡은 청어는 노보고로트와 스웨덴, 덴마크, 노르웨이, 독일, 영국, 프랑스, 스페인 등 거의 전 유럽으로 팔려나갔다. 그러던 중 네덜란드에서 획기적인 저장법이 발명되었다. 1350년경 네덜란드 남부 지방의 어부인 빌헬름 뷰켈존이 내장을 뺀 청어를 간수에 절이면 청어가 상하지 않는다는 사실을 알아냈다. 청어 내장에는 지방이 많아 내장 때문에 금방 상해버렸던 것이다.

청어 저장법으로 인해 청어 무역의 주도권이 발트 해에서 네덜란드로 넘어갔다. 네덜란드는 유럽 각지에 장기간 보관할 수 있는 청어를 팔아 막대한 이득을 보았다. 그 덕에 1648년, 유럽 최강대국이자 자신들을 지배하던 스페인 군대를 물리치고 독립하는 데 성공한다. 유럽에서 제일가는 해상무역국가로 떠올랐고, 신대륙에도 진출하여 뉴욕의 전신인 뉴암스테르담을 세웠다. 멀리 동남아시아 지방인 인도네시아에도 식민 거점을 마련하는 등 눈부신 황금기를 맞이한다.

조선에서 귀하게 쓰였던 청어

네덜란드가 간수에 절인 청어를 팔아 재미를 보고 있을 무렵, 동양의 조선에서도 청어를 주목하고 있었다. 건국 초기부터 조선인들에게 청어는 익숙한 생선이었다. 조선 3대 왕 태종은 자신과 왕위를 놓고 2차 왕자의 난을 벌였다가 토산兎山으로 유배된 형 이방간에게 쌀과 말린 청어를 보냈고, 태종의 후계자인 세종대왕은 종묘 제례 때 청어를 올리기도 했다. 조선에서는 청어를 다른 나라에 공물로 보내기도 했다. 1429년 세종대왕은 명나라에 고등어 200근, 도미 500근과 함께 청어 500근을 보냈다고 한다.

1453년 수양대군이 조카인 단종에게서 왕위를 빼앗으려고 김종서와 황보 인 등 고명대신(임금의 유언으로 나라의 뒷일을 부탁받은 대신)들을 죽이고 정권을 장악하는 계유정난이 일어났다. 그러자 이듬해인 1454년 2월에 대마도對馬島 태수 종성직宗盛職이 사신을 보내 "조선에 군사적인 분쟁이 발생했다고 하니, 우리가 군사를 보내어 돕겠습니다."고 대담한 제의를 해왔다.

그러나 이를 허락했다가 자칫 잘못하면 대마도와 왜군이 조선 땅에 들어와 뜻밖의 변란이 터질지도 모를 일이었다. 그래서 조선 조정은 대마도 사신에게 "이미 난리는 끝났고 나라는 태평하니, 그대들이 올 필요는 없소. 그대들이 이렇게 사람을 보내 급히 문의하고 도우려 한 점을 가상히 여겨 말린 청어 1,000마리와 대구 100마리를 선물로 내려주겠소."라고 완곡히 거부하는 답장을 보냈다. 이후 단종을 몰아내고 왕위에 오른 세조는 1461년 4월, 종성직의 어머니가 죽자 장례식을 치르는 데 쓰라며 말린 청어 2,000마리를 부의품으로 보내기도 했다.

조선이 대마도에 청어를 자주 보낸 이유는 대마도는 대부분 높은 산으로 이루어져 주민들이 농사를 짓기 어려워 청어를 비롯한 생선을 주식으로 삼았기 때문이다. 이러한 사실은 1509년 3월 경차관(조선시대 수시로 특수 임무를 띠고 각 도에 파견된 특명관) 김근사金謹思와 제포(조선이 일본과 교류지로 개항한 삼포 중 하나)에 살던 왜인이 나눈 면담에서도 알 수 있다. 왜인은 김근사에게 "11월과 12월 사이에 청어와 대구를 잡지 않으면 우리(대마도 주민)들은 살 수 없습니다."라고 털어놓았다.

대마도 주민들처럼 절박한 처지는 아니었지만, 조선의 어민들도 청어잡이에 열중하기는 마찬가지였다. 세종대왕 때인 1437년 5월, 나라 살림을 책임진 부서인 호조에서 이를 우려하는 상소를 올릴 정도였다. 상소 내용은 경상도와 전라도, 충청도와 황해도 백성들이 앞다투어 청어를 잡아 큰 이득을 보고 있으며 이를 그대로 방치할 경우 많은 백성이 농사를 그만두고 고기잡이에만 매진할지 모른다는 것이었다. 1544년 9월, 가덕도에서 성을 쌓는 책임자도 이와 비슷한 상소를 올린다. 웅천과 김해, 양산과 밀양에 사는 무수한 백성이 언제 왜구가 쳐들어올지도 모르는 위험한 상황인데도 청어잡이에 열중한다는 것이다. 이 관리는 청어를 잡아서 얻는 이익이 매우 커서 왜구에게 죽음을 당하는 것도 두려워하지 않으니, 사실상 어부들의 청어잡이를 금지할 방법이 없다고 실토했다.

조선 조정에서 왜 저토록 청어잡이를 우려했던 걸까. 조선은 농사를 가장 중요한 국가 산업으로 여겼다. 상업이나 어업 같은 나머지 산업들은 멀리했다. 따라서 조선의 지배층들은 대부분 농부인 백성들이 농업보다 청어를 잡는 어업에 종사하는 현실을 우려했던 것이다. 농부들이 청어를 잡으러 바다로 나가면 농사지을 사람이 줄어들고, 그러면 자연히 농업 생산량도 줄어들 테니 말이다.

1592년 임진왜란이 발발하자 선조는 백성들의 민심을 수습하려고 여러 조치를 취했다. 그중 하나가 백성들이 나라에 바치던 신선한 청어의 양을 줄여준 것이다. 청어를 많이 잡아서 바쳐야 했던 황해도 해주 백성들이 이를 크게 환영했다고 한다.

청어로 백성들의 허기를 달래준 이순신

임진왜란 때문에 청어잡이 문제로 고심했던 건 어부들만

임진왜란 당시 이순신은 둔전 농사와 청어잡이로 굶주린 백성과 병사들의 허기를 달래주었다. 〈동래부순절도〉, 육군사관학교 박물관.

이 아니었다. 명장 이순신도 청어잡이에 골몰했다. 이순신의 《난중일기》에 보면 청어잡이와 관련된 내용이 꽤 있다. 1595년 12월 4일자에서는 부하 황득중과 오수 등이 청어 7,000마리를 묶은 두름을 싣고 왔으며 그것을 하급 군관인 김희방이 곡식을 사러 가는 배에 실어 보냈다는 내용이 실려 있다.

당시 이순신은 한산도에 둔전(변경이나 군사 요지에 주둔한 군대의 군량을 마련하려고 만든 토지)을 마련해 여기에서 나온 곡식으로 수군에 복무하는 병사들과 한산도로 몰려드는 피난민들을 먹였다. 하지만 둔전에서 생산되는 것만으로는 그 많은 입을 다 먹여 살리기 어려웠다. 그래서 이순신은 시간이 날 때마다 병사들에게 청어를 잡도록 했다. 그 청어들은 병사와 피난민들에게 공급되었고, 김희방이 한 것처럼 곡식과 맞바꾸는 데 쓰였다.

1596년 1월 4일자에서는 부하 송한련과 송한 등이 청어 1,000여 마리를 잡았으며, 이순신이 나간 사이에 800마리를 더 잡았다고 나와 있다. 이틀 후인 1월 6일에는 하루 종일 비가 내리는 중에도 오수와 박춘양 등이 청어 2,080마리를 잡아와 이를 하천수가 받아서 말렸으며, 황득중은 청어 두름 200개를 바쳤다고 쓰여 있다.

《난중일기》를 보면 조선 수군들은 청어를 날것으로보다는 말려서 먹는 것을 더 좋아했던 것으로 보인다. 앞에서 말했듯이 청어는 몸에 지방 성분이 많아 상하기 쉽다. 수군 본부는 바다와 가까운 곳에 있어 습기가 많고 더욱이 드나드는 사람이 많아 청어에 세균이 생기기도 쉬웠다. 자칫 잘못해 세균에 감염된 청어를 먹으면 수군과 피난민들이 식중독을 일으킬 우려가 있었다. 그래서 가급적 수분과 기름기를 제거하고 건조한 청어를 먹었던 것 같다.

이순신은 종종 청어를 다른 사람들에게 보내주기도 했다. 《난중일기》 1596년 2월 13일자를 보면, 제주 목사 이경록에게 식량으로 쓸 청어, 대구와 화살대를 만드는 전죽을 보냈다는 내용이 있다. 이해 10월 11일에 진무성이 청어 4,300마리를 가지고 왔다는 내용을 끝으로 《난중일기》에서 더는 청어 얘기가 나오지 않는다. 아마 조정에서 보내주는 식량 사정이 나아져 청어잡이에 의존할 필요가 없어진 듯하다.

이순신이 남긴 《난중일기》.

임진왜란 내내 조선

백성들은 전쟁으로 인해 정신적, 육체적 고통에 시달렸다. 하지만 이순신은 둔전 개간과 청어잡이를 통해 병사들과 백성들의 굶주림을 해결하는 한편 전투력을 유지해 마침내 나라를 지킬 수 있었다.

임진왜란이 끝나고 나서도 청어는 조선인들에게 귀중한 물품으로 쓰였다. 1618년 4월 소명국은 광해군에게 심문을 받는 자리에서 자신과 한 패인 익엽이 청어 200마리를 광릉을 지키는 유 참봉에게 뇌물로 주고, 그 대가로 서까래로 쓰일 나무 200그루를 벌목하게 했다고 자백하기도 했다.

청어는 평화의 상징으로 인식되기도 했다. 인조가 즉위하고 나서 1629년 3월, 황해도 감사 이경용은 황해도 강령 바다에서 청어가 잡히자 "옛날 노인들이 서해에 청어가 다시 잡히면 세상이 평화롭고 나라에 풍년이 든다고 했습니다!"고 자랑스럽게 보고했다. 만주 지역에서 새로 일어난 후금이 쳐들어온 정묘호란이 2년 전에 있었던 터라, 서해에서 청어가 잡힌 현상이 전쟁이 끝나고 평화가 찾아왔다는 징조로 해석한 모양이다.

하지만 그로부터 7년 후인 1636년, 후금은 국호를 청으로 바꾸고 다시 조선을 쳐들어온다. 신기한 징조라고 다 믿을 건 못되나 보다.

만주족과 한족의 화합을 이끈 만한전석

1661년에 즉위한 강희제는 천하의 민심을 잘 알고 있었다. 고민 끝에 강희제는 묘안을 짜냈다. 성대한 연회를 베풀어 한족과 만주족이 밤낮없이 먹고 마시게 함으로써 그간 서로에게 가졌던 악감정을 훌훌 털어버리게 하자는 것이었다.

세계에서 음식 문화가 가장 화려한 나라는 단연 중국이다. 프랑스나 터키, 멕시코도 다들 자기 나라 음식을 으뜸으로 치지만, “날아가는 것 중에는 비행기, 두 발 달린 것 중에는 사람, 네 발 달린 것 중에는 책상만 빼놓고 다 먹는다.”는 말이 있을 정도로 중국 요리의 다양성과 풍부함만큼은 따라잡지 못한다.

삼불점.

우리는 중국 요리 하면 중국집에서 배달해주는 자장면이나 짬뽕, 탕수육 따위를 떠올리지만 사실 이것들만 가지고 중국 요리 운운하기는 어렵다. 그리고 설령 중국에서 건너왔더라도 이 요리들은 시간이 흐르면서 한국인의 입맛에 맞게 변해버려 중국 요리로 치기도 뭣하다.

드넓은 땅덩이만큼 중국에는 수만 종류의 음식이 있다. 흔히 중국 요리는 베이징, 쓰촨성, 광저우, 상하이 네 가지로 나뉜다고 하지만, 이 분류에 포함되지 않은 요리도 수두룩하다. 이렇게 족히 수만 개는 넘는 중국 요리를 과감하게 집대성한 초호화판 연회식이 있으니, 바로 청나라 때 만들어진 만한전석滿漢全席이다.

한족을 지배한 만주족

청나라는 중국 역사상 최후의 정복 왕조였다. 1611년 건주여진(당시 여진족의 세 분파 중 하나) 족장인 누르하치가 건설한 청나라(원래는 후금)는 불과 60만 명이 사는 소국에 지나지 않았지만, 놀랍게도 명나라와 사르후에서 결전을 벌여 대승을 거두었다. 당시 명나라는 이자성과 장헌충이 주도해 일으킨 민란을 진압하느라 제대로 외적 토벌에 나설 수 없었고, 그 틈을 타 누르하치가 지휘하는 용맹한 팔기군은 굶주린 늑대처럼 명나라에 달려들어 야금야금 먹어치웠다.

이런 상황에서 명나라는 속수무책으로 무너져갔다. 마침내 1644년 수도 베이징이 이자성이 이끄는 반란군에게 함락되었고, 명의 마지막 황제인 숭정제는 아들들을 몰래 도피시킨 뒤 황후와 딸들을 죽이고 자신도 목매달아 자살했다. 이렇게 해서 명나라는 사실상 자멸하고 말았다.

하지만 천하의 주인은 이자성이 아닌 청나라였다. 베이징으로 통하는 요새인 산해관을 지키고 있던 명나라 장수 오삼계가 관문을 열고 청군을 끌어들여 이자성의 반란군을 공격했던 것이다. 당시 청나라의 실권자인 도르곤은 어서 와서 이자성을 무찔러달라는 오삼계의 편지를 받자 "예전에

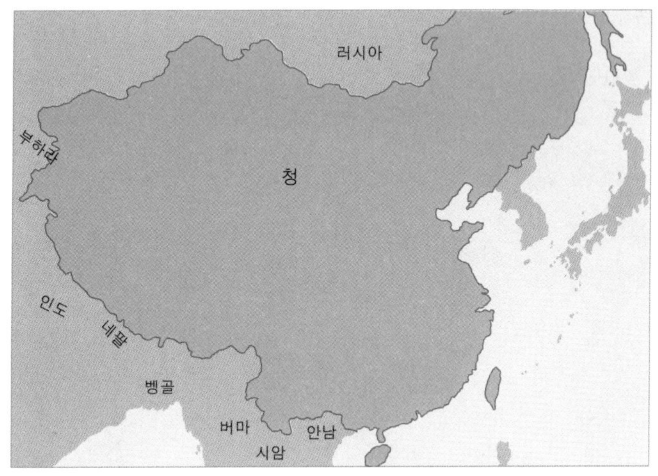

중국 역사상 영토가 가장 거대했던 제국, 청나라. 지금 중국의 영토 대부분은 청나라 때에 이룩한 것이다.

태조(누르하치)와 태종(홍타이지)도 넘지 못했던 산해관이 저절로 열리다니, 이는 하늘이 우리에게 천하를 넘겨준다는 뜻이로다!" 하며 환호성을 질렀다고 한다.

청군의 참전 소식에 크게 놀란 이자성은 20만 대군을 이끌고 산해관으로 달려간다. 일편석이라는 곳에서 오삼계의 군사와 맞서 싸우나, 청나라 팔기군에게 측면 공격을 당해 대패한다. 이후의 전투에서도 계속 패해 쫓기던 이자성은 결국 구궁산에서 농민들에게 피살되고 말았다. 농민들에게서 식량을 빼앗으려다 죽음을 당한 것이다. 한때 50만 대군

변발을 하고 있는 청나라 사람들. 1655년 요한 니외호프 그림.

을 거느리고 천하를 파죽지세로 휩쓸면서 대순황제大順皇帝라고 칭했던 호걸의 최후치고는 너무나 비참했다.

이리하여 이자성도 사라진 베이징의 자금성에는 청나라 황실이 들어앉았다. 아직 양쯔강 남쪽에 명나라 잔존 세력들이 버티고 있었지만, 그들은 청나라와 싸워 몰아낼 힘도 의지도 없었다. 첩자들을 통해 이들의 상황을 알아낸 청나라는 남진을 강행한다. 그리하여 베이징이 함락된 지 1년 만인 1645년 명나라 제2의 수도인 남명마저 청군의 손에 넘어간다. 그리고 1662년 명나라 황실의 마지막 핏줄인 영력제마저 청군의 앞잡이가 된 오삼계에게 살해됨으로써 명나라는 영원히 막을 내렸다.

이렇게 해서 명은 완전히 망했고, 청나라가 중원의 지배자가 되었지만 모든 것이 순탄하지만은 않았다. 중원의 인구 중 절대 다수는 여전히 한족이었고, 그들은 청나라의 만주족들을 오랑캐라고 경멸하고 있었으니까.

청나라는 베이징에 입성하자마자 모든 한족에게 변발을 할 것을 강요했다. 변발을 하지 않으면 누구라도 예외 없이 처형했다. 사람들은 살아남기 위해 어쩔 수 없이 변발을 할 수밖에 없었다. 선비들 중에는 변발을 하기 싫어서 아예 머리카락을 다 밀어버리고 중이 되는 이도 많았는데, 청나라 조정은 그것조차 봐주지 않고 그들을 몽땅 잡아들여 참수해 버렸다. 그러자 한족 사이에서 반청 분위기가 팽배했고, 지방 곳곳에서 민란이 끊이지 않았다. 주원장 같은 뛰어난 호걸이 나타나 "저 만주족 오랑캐들을 몰아내자!"고 선동하면 순식간에 한족들이 봉기해 청 왕조를 뒤집어버릴 판이었다.

음식을 통해 화합을 도모한 강희제

1661년에 즉위한 강희제는 이러한 천하의 민심을 잘 알고 있었다. 자칫 잘못하다가는 그 옛날 몽골족의 원나라처럼 한족들에게 밀려나 황량한 고향으로 쫓겨날 수도 있음을 명심하고 있었다. 고민 끝에 강희제는 묘안을 짜냈다. 성대한 연회를 베풀어 한족과 만주족이 밤낮없이 먹고 마시게 함으로써 그간 서로에게 가졌던 악감정을 훌훌 털어버리게 하자는 것이었다.

환갑을 맞은 강희제는 이것을 기념하여 전국에 명을 내려 환갑이 넘은 노인 3,000명을 골라 자금성으로 초대해 온갖 산해진미를 대접했다. 이때 만주족과 한족들의 진귀한 요리가 모두 한자리에 차려졌다는 뜻으로 만한전석이라는 이름이 처음 생겼다.

만한전석의 방대함은 요리가 차려지는 기간을 통해 알 수 있는데, 만한전석은 다른 음식들처럼 한두 시간 안에 다 먹고 나가는 것이 아니라 자그마치 사흘 동안이나 계속 음식들이 나오는 초대형 풀코스인 것이다.

중국 역사상 가장 위대한 군주로 평가받는 강희제. 만주족과 한족의 화합을 위해 만한전석이라는 요리를 생각해냈다.

만한전석은 딱히 형태가 규정돼 있지 않다. 형식과 절차에 목숨을 거는 일본인이 만한전석을 차렸다면 다르겠지만, 융통성이 넘치는 중국인의 특성을 반영해 만한전석의 상차림은 차릴 때마다 다르다. 그렇다고 아예 절차가 없는 것은 아니고, 대체적으로 다음과 같이 구성된다.

먼저 상은 하루에 두 번 차려진다. 한 번 식사할 때마다 요리 40여 개가 나오니 사흘이면 무려 240가지나 되는 음식을 맛보게 되는 셈이다! 평생 구경하기도 힘든 온갖 종류의 음식을 맛볼 수 있으니 이 얼마나 놀랍고 대단한 일인가.

각 상은 서양의 고급 레스토랑처럼 전채 요리와 주요리,

후식으로 이루어져 있다. 자리에 앉으면 주요리가 나오기 전에 먼저 전채 요리가 나오는데 입맛을 돋우는 새우탕, 꿀에 절인 복숭아나 여지 같은 달콤한 과일과 땅콩·호두 같은 견과류가 올라온다. 이제 주요리가 나올 차례다.

주요리에는 뜨거운 음식이 많은데, 대강 추려 말하면 다음과 같다. 송나라 시인 소동파가 직접 만들었다는 돼지고기찜 요리인 동파육과 절에서 수행하는 승려가 담장을 넘어 먹고 싶을 정도로 맛이 뛰어난 젤라틴 수프인 불도장, 곰이 꿀을 핥아 먹을 때 쓰는 앞발에 꿀을 발라 반나절 동안 푹 삶은 후에 만드는 곰발바닥 요리, 바다제비가 둥지를 틀 때 뱉은 침을 모아 만든 제비집 요리, 어린 오리들을 잘 삶아서 말린 남경오리 요리, 비둘기구이, 중국 3대 진미 중 하나인 말린 상어 지느러미로 만든 샥스핀, 달걀과 새우와 햄을 넣고 볶아낸 중국식 볶음밥, 원숭이골요리, 전복에 돼지고기와 닭고기 등을 넣고 10시간 정도 삶아내어 만드는 전복찜, 꼬치에 꽂아 구워 먹는 양고기구이, 다진 고기를 소로 넣은 만두 샤오롱바오, 튀긴 누룽지에 갖은 해물과 채소를 볶아서 걸쭉하게 끓인 소스를 부어 먹는 누룽지탕, 잘게 다진 돼지고기를 둥글게 빚어 만든 중국식 미트볼, 해삼과 각종 해산물을 함께 쪄낸 해삼탕 등이다.

만한전석 모형.

물론 차가운 음식을 주요리로 내놓아도 상관은 없다. 만한전석은 주최하는 사람의 마음에 따라 얼마든지 음식이 달라질 수 있다. 계절이 덥거나 찬요리를 좋아하는 사람이 만한전석을 차릴 경우에는 새우와 오징어, 해삼 등을 넣은 차가운 해물 냉채와 오향장육 등이 나오기도 한다.

주요리를 먹었으면 그 다음은 후식이 나올 차례다. 보통은 뜨거우면서도 달콤한 맛이 나는 옥수수죽이나 찹쌀죽이 차려진다. 청나라 황제들이 먹었던 간식으로 녹말가루에 달걀, 설탕을 넣어 만든 일종의 팬케이크인 삼불점三不粘도 후식 중 하나로 들어간다. 삼불점은 접시에 달라붙지 않고, 이에 달라붙지 않고, 젓가락에 달라붙지 않는다는 뜻이다. 부드러우면서도 달콤해 후식으로 일품이다.

이렇게 먹은 후 바로 다음 상을 받는 일은 아무리 대식가라고 해도 어려울 것이다. 그러므로 한 차례 식사가 끝난 후에는 손과 발을 움직이는 간단한 체조를 하면서 시간을 보낸다. 체조를 끝낸 뒤에는 입을 헹구거나 화장실에 들러 불편한 속을 해결할 수도 있다. 그러다가 대여섯 시간쯤 지나 어느 정도 소화가 되었다 싶으면 다음 상을 받는다. 이때 이미 먹었던 음식들은 나오지 않는다.

사흘 동안 총 240가지의 호화 요리를 실컷 먹고 돌아가는 손님들의 기분은 어떠했을까. 아무리 반청 감정이 깊은 사람이었다고 해도 자신을 위해 진귀한 갖가지 음식을 베풀어 준 황제에게 감사해하지 않았을까.

수가 적은 만주족이 절대 다수인 한족을 무려 270여 년 동안이나 지배할 수 있었던 이유 중 하나가 만한전석으로 상징되는 청나라의 화합 정책이었다. 세상 어디를 가도 사람들에게 가장 중요한 건 먹고사는 일이고, 그것을 제대로 해준다면 통치자로서의 자격은 최소한 있는 셈이다.

오스만제국을 물리치고 얻은 커피와 크루아상

유럽인들이 커피를 맛본 것은 16세기 말경이었다. 커피를 마셔본 유럽인들은 "아무런 맛도 없고 그저 지독히 쓸 뿐이다!"고 혹평하며, 와인이나 맥주 대신 '시꺼먼 구정물' 이나 마셔대는 '미개한' 터키인들이라며 깔보았다고 한다.

미국에서 시작된 스타벅스는 거의 전 세계에 체인점을 열면서 '고급 커피' 바람을 불러왔다. 물론 이전에도 커피는 많은 사람의 사랑을 받았다. 유럽이나 중동은 물론이고, 구한말 한국에서도 커피는 신분을 막론하고 좋아하는 기호품이었다. 고종 황제만 해도 커피를 좋아해 매일 마실 정도였다고 한다.

커피 원료인 커피콩.

현재 세계의 유명 커피 상표들은 대부분 미국이나 유럽 등 서구에서 만들어진 것들이다. 하지만 아이러니하게도 정작 커피는 서양이 아닌 그들과 오랫동안 적대관계였던 아랍권에서 나온 음식이다.

커피 원산지는 아프리카 동부에 있는 에티오피아이다. 에티오피아 고원 지대에서 염소를 키우던 목동이 한 염소가 커피콩을 먹은 후 힘차게 뛰어다니는 것을 보고는 자신도 먹어보았단다. 그런데 피로가 말끔히 사라지는 게 아닌가. 이것이 커피에 관한 최초의 일화이다.

9세기 무렵 커피는 에티오피아 등 동부 아프리카와 교역을 하던 아랍 상인들을 거쳐 이슬람 지역으로 급속히 전파되었다. 커피를 가장 환영한 사람은 수피라 불리는 이슬람 수도사들이었다. 오랫동안 명상을 하다 보면 자칫 지루해져 졸리기 마련인데, 커피콩을 볶아 그 즙을 마시고 나면 졸음을 쫓을 수 있었던 것이다. 서민들도 커피를 좋아했다. 교리에 따라 알코올이 들어간 술이 금지된 이슬람 사회에서 커피는 술을 대신해 이웃 사람들과 친분을 쌓는 데 요긴한 최적의 음료수였다.

유럽인들이 커피를 맛본 것은 16세기 말경이었다. 오스만제국이 자국을 방문한 유럽 각국의 외교 사절단에게 커피를 접대하면서였다. 그러나 처음부터 커피가 유럽인들에게 좋은 인상을 준 것은 아니었다. 커피를 마셔본 유럽인들은 "아무런 맛도 없고 그저 지독히 쓸 뿐이다!"고 혹평하며, 와인이나 맥주 대신 '시꺼먼 구정물'이나 마셔대는 '미개한' 터키인들이라며 깔보았다고 한다.

비엔나를 넘본 오스만제국

유럽에 커피가 본격적으로 전해진 것은 뜻밖에도 '전쟁' 때문이었다. 커피는 1683년 오스트리아의 수도 비엔나를 두 번째로 공격한 오스만제국 군대가 유럽인들에게 남겨둔 선물이었다.

〈비엔나 전투 1683〉, 프란츠 게펠스 그림, 비엔나 역사박물관.

지금의 터키는 물가 폭등 등 경제난에 시달리는 후진국으로 전락했지만, 불과 300년 전만 해도 세계를 호령하던 강력한 나라였다. 터키의 전신인 오스만제국은 600여 년 동안 존속하면서 유럽과 아프리카, 아시아 세 대륙에 걸친 대제국을 건설했다. 이 과정에서 오스만제국은 특히 유럽 대륙을 집중적으로 공격했는데, 그 기세가 어찌나 맹렬했던지 오스만제국에서 멀리 떨어진 영국에서조차 오죽하면 "오스만제국은 지구상에서 가장 큰 공포의 대상이다."고 말할 정도였다.

오스만제국이 비엔나의 문턱을 처음 넘은 건 1529년이었다. 비엔나 정복에 동원된 오스만 군대는 약 10만 명에 달했는데, 멀리 이집트에서부터 페르시아 국경을 지키던 병력까지 포함되었다. 그러나 비엔나 사람들은 완강히 저항했다. 때마침 폭우가 연일 쏟아졌다. 그 때문에 도로가 진흙탕이 되면서 오스만 군대의 보급로에 문제가 생겼다. 엎친 데 덮친 격으로 콘스탄티노플을 무너뜨린 오스만의 거포巨砲도 도착하지 못했다.

결국 오스만 군대는 철수하지 않을 수 없었다. 그렇다고 해서 비엔나를 손에 넣으려는 야심을 완전히 접은 것은 아니었다. 그로부터 154년 후인 1683년 오스만제국의 술탄 메메드 4세는 총사령관 무스타파 파샤를 필두로 15만 대군을 비엔나로 보낸다.

붉은 바탕에 하얀 초승달이 그려진 군기를 휘날리며 오스만의 대군은 북으로 진격했다. 7월 7일 비엔나를 눈앞에 둔 오스만 군대는 도시를 포위하고 성벽 밑에 폭탄을 설치해 성벽을 무너뜨릴 계획을 세웠다. 그러자 비엔나 측은 갱도를 파서 오스만 군대가 성벽 밑에 설치한 폭탄을 제거하는 것으로 맞섰다. 그러나 고작 1만 5,000여 명으로 오스만 군대를 막아내기는 역부족이었다.

오스만 군대는 결국 성벽 지하에 폭발물을 설치해 성벽을 부수었다. 그러고는 성을 완전히 포위한 채 성 안으로 들어가는 모든 식량을 차단시켰다. 식량이 점점 떨어지자 성 안 사람들은 극심한 굶주림에 시달렸다. 평소에는 전혀 먹지도 않던 개나 고양이를 거리낌 없이 먹고 성 안으로 날아드는 비둘기까지 잡아먹었다. 하지만 오스만 군대의 포위망은 전혀 느슨해질 기미를 보이지 않았다. 그만큼 사람들의 굶주림은 더해만 갔다.

비엔나 전투가 남긴 커피와 크루아상

급기야 배고픔을 견디다 못한 사람들 사이에서 항복하자

폴란드 최정예 기병부대 윙드 후사르.

는 여론이 일기 시작했다. 하지만 운명은 비엔나 사람들을 버리지 않았다. 유럽 각지에서 동맹군이 결성돼 비엔나를 돕기 위해 오고 있었기 때문이다. 로렌의 공작 찰스의 지휘 아래 작센과 바이에른, 바덴과 프란코니아, 슈바벤 지역의 군대로 이루어진 4만 7,000여 명의 신성로마제국군이 비엔나로 향하고 있었고, 여기에 전력이 막강한 폴란드 국왕 얀 3세가 직접 지휘하는 폴란드 군사 3만 7,000여 명도 오고 있었다. 특히 폴란드 군대에는 당시 유럽 전역에 무적의 부대로 명성을 떨치던 기마부대 윙드 후사르Winged Hussar의 기마병 약 2만 명도 포함되어 있었다. 윙드 후사르는 1576년 헝가리와 트란실바니아 왕자인 스테판 바토리가 폴란드 왕으로 추대되면서 만든 것으로, 독수리 날개가 달린 갑옷을 입고 5미터가 넘는 긴 창으로 무장한 최정예부대였다.

비엔나 사람들이 오스만 군대에 포위되어 하루하루 굶주

림에 시달리던 9월 11일 밤, 마침내 동맹군 8만 4,000여 명이 카르파티아 산맥을 넘어 비엔나 서쪽에 도착했다. 그리고 다음 날 일대 결전이 벌어진다.

크루아상.

목숨을 걸고 달려드는 동맹군의 보병부대와 윙드 후사르의 저돌적인 공격에 오스만 군대는 크게 패한다. 결국 비엔나 점령을 포기한 채 자신들의 목숨이라도 건지기 위해 허겁지겁 후퇴하고 말았다. 비엔나 사람들을 비롯해 온 유럽 사람들이 이 소식을 듣고 뛸 듯이 기뻐했다. 수백 년 동안 유럽 기독교 세계를 공포에 떨게 했던 오스만제국을 기독교 동맹군이 단합해 무릎을 꿇렸기 때문이다.

전쟁이 끝난 후, 피터 벤더Peter Wender라는 제빵사는 이 역사적인 사건을 기념하려고 오스만 군대의 군기에 그려진 초승달 모양을 본떠 빵을 만들었는데, 이것이 크루아상이다.

크루아상은 이후 오스트리아인들이 즐겨 먹는 음식이 되었고, 오스트리아 출신인 공주 마리 앙투아네트가 프랑스 왕실로 시집가면서 요리법도 함께 가져가 프랑스에서도 널리 퍼진다.

크림커피 아인슈페너.

비엔나커피도 비엔나 전투와 관련된 음식이다. 오스만제국 군대 보급품에 커피콩도 포함되었는데, 도망가느라 대부분 놓고 가는 바람에 그중 하나인 커피콩을 손에 넣게 된 것이다. 전해지는 말로는 오스만 군대에 포로로 잡혀 있던 쿨스지스키Kulczycki라는 사람이 포로로 잡혀 있는 동안에 커피콩을 볶아 우려내어 커피 만드는 법을 배웠다고 한다. 오스만 군대가 패주할 때 용케 빠져나와 비엔나로 돌아온 그가 커피 만드는 법을 사람들에게 가르쳐주었다는 것이다.

'비엔나커피'라는 커피 이름은 있지만 정작 비엔나에는 이런 이름의 커피가 없다. 굳이 비슷한 것을 찾자면 커피에 생크림을 듬뿍 얹는 '아인슈페너Einspanner'라는 커피가 있기는 하다. 비엔나에서 판매되는 커피들은 대개 커피콩을 그대로 볶아서 우려내 매우 진하고 쓴맛이 강하다. 어쩌면 이것이 애초의 커피 맛은 아니었을까.

알라모 전투에서 탄생한 껌

결국 3월 6일 멕시코군은 총공격을 감행했고 민병대 186명은 최후까지 총을 쏘며 저항하다 모두 전사하고 만다. 전투가 끝난 뒤 사상자 수를 세어본 산타 안나는 깜짝 놀랐다. 고작 200명도 되지 않는 민병대에 대항하느라 멕시코군이 1,600명이나 죽었으니 어찌 놀라지 않을 수 있겠는가.

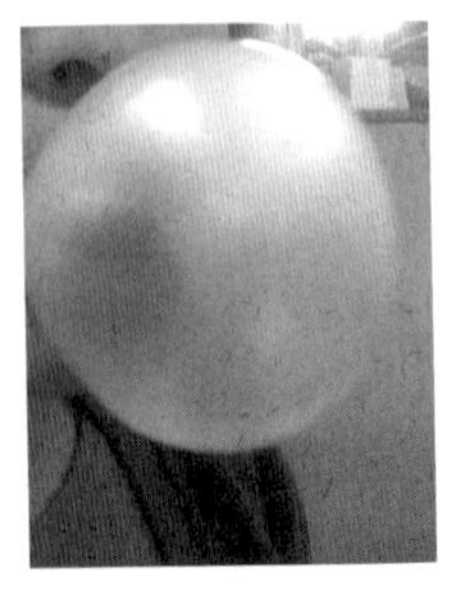
껌.

싸고 보잘것없어 보이지만 사실 껌은 결코 무시할 만한 것이 아니다. 모 대기업만 해도 수익 대부분을 껌 판매에서 얻고 있다니 말이다. 남녀노소 누구나 즐겨 씹는 껌은 미국에서 건너온 간식거리다. 그럼 껌은 미국에서 처음 만들어진 것일까? 그럴 수도 있고 아닐 수도 있다. 이게 대체 뭔 말이냐고? 일단 들어주시라.

수액에서 비롯된 껌

처음 껌을 씹은 민족은 그리스인이었다. 그리스인들은 매스틱나무에서 추출한 수액을 굳힌 수지를 자주 씹었는데, 간식거리로서가 아니라 입 안을 청소하기 위해서였다. 믿기지 않겠지만, 그리스인들은 거의 이를 닦지 않았다고 한다. 그래서 입 냄새를 없앨 겸 입 안을 깨끗하게 하려고 이를 닦는 대신 매스틱나무의 수액을 씹었던 것이다.

그러나 그리스인들의 껌 문화는 다른 것들처럼 로마를 통해 유럽으로 널리 퍼지지는 못했다. 껌 씹는 모습이 그다지 좋아 보이지 않아서였을까?

껌 씹는 풍습은 신대륙인 아메리카에서 널리 퍼져 있었다. 중앙아메리카 대륙의 원주민인 마야인들은 사포딜라나무 열매에서 뽑아낸 치클chicle을 씹었다. 멕시코의 아즈텍 사람들과 카리브 해의 원주민들도 사포딜라나무의 치클을 애용했다고 한다. 북아메리카 원주민들은 가문비나무의 수액을 자주 씹고 다녔다.

1492년 쿠바에 이른 스페인의 탐험가 콜럼버스는 스페인 여왕 이사벨라에게 보내는 편지에서 "이곳의 원주민들은 나무에서 뽑아낸 수액을 말려 항상 씹고 있습니다."라고 적었다. 쿠바 토착민들이 씹는 건조한 나무 수액이 원시적인 형태의 껌이었을 것이다.

미국 독립의 전초전 알라모 전투

본격적인 껌의 역사는 미국 역사상 유명한 알라모 전투(1836년 멕시코 영토인 텍사스 주 샌안토니오의 알라모 요새에서 일어난 멕시코군과 미국 이주자들 간의 싸움)에서 시작되었다. 현재 미국에서 두 번째로 큰 주인 텍사스는 당시 미국이 아닌 스페인이 지배하고 있었다. 1520년 스페인의 장군 에

마야인들의 간식거리였던 사포딜라나무의 열매. 여기에서 껌의 원료인 치클이 추출된다.

르난 코르테스가 멕시코 지역에 있던 아즈텍 왕국을 정복하면서 지금의 멕시코를 비롯한 중남미(브라질을 제외한)와 텍사스, 뉴멕시코, 캘리포니아 등이 전부 스페인의 식민지가 되었다.

그런데 1800년대에 들어서면서 신대륙의 식민지 분위기가 급변하기 시작한다. 1789년 프랑스에서 일어난 대혁명의 여파가 유럽 본토는 물론 각 나라가 차지하던 식민지에까지 영향을 끼친 것이다. 인류의 자유와 평등을 외치는 혁명 정신이 왕족과 귀족을 중심으로 이루어진 사회 구조를 송두리째 바꾸어놓았다. 특히 유럽에서 파견된 총독들의 억압적인 통치에 신음하던 신대륙 이주민들은 이런 시대 흐름을 타고 들고일어났다. 프랑스 지배를 받던 아이티에서는 투생이라는 흑인 운동가가 중심이 되어 프랑스인을 내몰고 공화국을 세웠고, 스페인과 포르투갈의 식민지인 중남미 각지에서도 본국의 억압에서 벗어나려는 이주민들의 독립 요구가 들끓었다.

때마침 나폴레옹전쟁의 여파로 스페인과 포르투갈 본토가 프랑스군에게 점령당하자, 멀리 떨어진 중남미 식민지들에 대한 통제력이 크게 약화되었다. 이 틈을 놓치지 않고 스페인 식민지였던 멕시코에서는 이투르비데를 중심으로 식민지

멕시코 초대 대통령이자 알라모 전투와 산 야신토 전투를 지휘한 산타 안나.

태생의 백인들이 본토에서 파견되는 부왕과 관료들을 몰아내고 1821년 독립을 선언한다.

스페인에서 독립한 멕시코는 처음에는 이투르비데가 황제 아구스틴 1세로 즉위한 제국이었으나, 얼마 못 가 그를 또 다른 혁명으로 축출하고 장군인 산타 안나Santa Anna를 대통령으로 취임시켜 공화국이 되었다.

산타 안나는 갓 태어난 신생 공화국 멕시코를 발전시키고 부족한 인구를 채우기 위해 적극적인 이민 장려 정책을 폈다. 이에 멕시코와 국경을 맞대고 있던 미국 출신 이민자가 많이 몰려들었다. 미국 본토에서 가까운 데다 넓은 토지가 얼마든지 있는 텍사스는 가난하지만 삶을 개척하려는 열정에 불타오르던 사람들의 마음을 사로잡았다. 이민 정책을 편 지 불과 8년 만에 텍사스에는 미국 이민자 약 3만 명이 살게 되었다. 반면 멕시코 출신 주민들은 고작 4,000명 정도였다.

이쯤 되자 멕시코 정부는 텍사스에 사는 미국 이민자들

이 멕시코가 아닌 미국의 세력권에 편입되는 것은 아닌가 하며 불안해했다. 그래서 미국인들의 노예 수입에 강하게 제동을 걸었다. 사실 멕시코의 법은 노예 수입을 금지하고 있었다. 그러나 당시 텍사스로 몰려온 미국인들은 고소득 사업인 목화 농장을 주로 운영했으므로 일할 노예들을 수입하지 못하게 하는 것은 사업을 하지 말라는 말이나 다름없었다.

이처럼 산타 안나는 텍사스에서 시행했던 이민 정책을 엄격히 제한하고, 아울러 노예 수입도 강도 높게 규제했다. 그러자 미국인 이민자들은 "멕시코 정부가 우리의 자유를 억압하고 있다!"고 크게 반발하며 1836년 2월 멕시코에서 독립하여 텍사스 공화국을 세우겠노라 선언하기에 이른다. 목화 농장 사업과 노예 수입을 마음대로 하겠다는 내용도 빠뜨리지 않았다.

일껏 베풀어준 은혜가 배신으로 되돌아오자 격분한 산타 안나는 6,000명에 이르는 군대를 직접 이끌고 텍사스로 쳐들어갔다. 그러자 이민자들은 대부분 군대를 피해 미국 본토로 도망쳤다. 그러나 민병대 대원 186명만은 끝까지 남았다. 그들은 알라모 요새로 집결해 그곳에서 멕시코군을 맞아 싸우기로 결심했다.

〈알라모 함락〉, 1901년 로버트 젠킨스 온더당크 그림. 달라스 미술관.

알라모 요새에 도착한 산타 안나는 민병대에게 항복할 것을 권했으나 민병대는 이를 거부했다. 결국 멕시코군은 요새를 공격하기 시작했다. 그런데 놀랍게도 민병대보다 30배나 많으면서도 멕시코군은 전투가 벌어질수록 무수한 사상자만 낼 뿐 요새 안으로 들어가지 못했다. 데이비 크로킷과 제임스 보이 등 뛰어난 장교들의 지휘를 받던 민병대는 요새 안에 몸을 숨긴 채 전진해오는 멕시코군을 정확히 저격했다.

정면 공격이 무리라고 판단한 산타 안나는 요새로 통하는 보급로를 차단하고 민병대가 식량이 떨어져 항복하러 나오기를 기다렸다. 하지만 민병대는 굶주림과 질병에 시달리면서도 끝내 항복을 거부하고 계속 항전했다.

결국 3월 6일 멕시코군은 총공격을 감행했고 민병대 대원들은 최후까지 총을 쏘며 저항하다 모두 전사하고 만다. 전투가 끝난 뒤 사상자 수를 세어본 산타 안나는 깜짝 놀랐다. 고작 200명도 되지 않는 민병대에 대항하느라 멕시코군이 1,600명이나 죽었으니 어찌 놀라지 않을 수 있겠는가.

알라모 전투 얘기가 미국 본토에 알려지자 미국 언론들은 이 사건을 '미국판 테르모필레 전투(기원전 490년경 테르모필레에서 그리스 연합군이 페르시아제국의 백만 대군에 맞서 최후까지 싸우다 전사한 사건)'라며 대서특필했다. 테르모필레 전투의 그리스 연합군들처럼 텍사스 이민자들도 자유를 지키기 위해 목숨을 걸고 싸운 용사들이라며 치켜세웠다. 그러자 미국 각지에서 텍사스 이민자들의 원수를 갚고 멕시코에 보복해야 한다는 여론이 빗발쳤다.

텍사스에서 탈출한 이민자들은 텍사스 독립위원회를 결성하고, 텍사스가 멕시코의 영토가 아닌 독립 국가가 되어야 한다고 주장했다. 그리고 텍사스의 자유를 지키는 민병대에 자원하여 멕시코와 싸우는 사람들에게는 텍사스의 토지를 나누어주겠다고 선언했다. 그러자 새로운 땅에서 살고 싶었던 수많은 사람이 미국 전역에서 몰려들었다. 자원자들로 구성된 대규모의 미군은 샘 휴스턴 장군의 지휘 아래 텍사스로 전진했다. 그리고 1836년 4월 21일 산 야신토에서 벌어진 전투에서 미군은 멕시코군과 싸워 압도적인 승리를 거둔다.

아이러니하게도 당시 멕시코 군대를 지휘하던 인물이 알라모 전투를 승리로 이끈 산타 안나였다. 결국 산타 안나는 체포되어 미국으로 압송되었고, 미국 앤드루 잭슨 대통령에게 텍사스는 멕시코 영토가 아닌 독립된 땅임을 선언해야 했다. 패전의 대가로 자국 땅을 빼앗긴 그의 심정이 오죽이나 원통했을까. 독립한 텍사스는 9년 후인 1845년, 자발적으로 미국과 합병하였다. 결국 텍사스 독립 전쟁은 미국의 배만 불려준 셈이 되고 말았다.

망명한 독재자가 전해준 치클 껌

그 후 산타 안나는 고국으로 돌아올 수 있었지만, 그의 앞길은 평탄하지 못했다. 엄연한 자국 영토를 잃게 한 그를 탄핵하는 목소리가 끊이지 않았고, 대통령 자리에서 물러나라는 압력도 거셌다. 그러나 산타 안나는 권력을 지키려고 독재 정치까지 폈지만, 끝내 국민들의 뜻을 이기지 못하고 원수의 나라인 미국으로 도망치는 신세가 되었다.

망명한 산타 안나는 뉴욕에서 살았다. 그런데 어느 날 토마스 애덤스라는 사진작가가 그를 찾아왔다. 산타 안나는 고국에서 했던 것처럼 치클을 씹으면서 그와 얘기를 나누었는데, 이야기 도중 애덤스가 무엇을 씹고 있는지 물었다. 산타 안나는 "멕시코 사람들이 좋아하는 간식입니다. 치클로 만들었지요."라고 대답했다.

그 순간 애덤스는 치클을 껌으로 만들어 씹으면 지금까지 미국인들이 씹던 파라핀 왁스보다 훨씬 맛있고 건강에도 좋은 껌이 되리라 확신했다. 그래서 산타 안나에게 그가 가져온 모든 치클을 자신에게 팔라고 요구했다. 마침 산타 안나도 자신의 권력을 되찾기 위해 병사를 모을 자금이 필요하던 참이라 흔쾌히 수락했다.

치클을 넘겨받은 애덤스는 연구를 거듭한 끝에 1871년 치클에 감초 성분과 향을 넣은 껌을 만드는 기계를 발명했고 이 기계에 대한 특허권도 얻었다. 처음으로 기계로 껌을 대량 생산하게 된 것이다.

이후에도 껌은 계속 발전했다. 1880년에는 윌리엄 화이트가 치클에 옥수수 시럽과 박하 추출물을 첨가한 유카탄이라

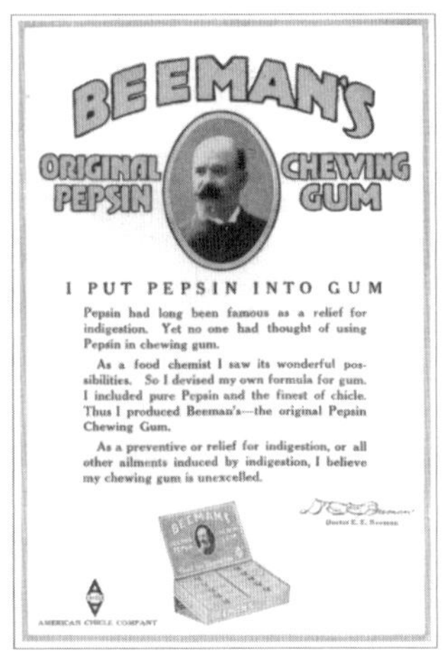

에드워드 박사가 개발한 비만스(왼쪽)와 윌리엄 화이트가 개발한 유카탄(오른쪽).

는 새로운 껌을 개발해냈다. 내과의사였던 에드워드 박사는 소화에 도움을 주는 펩신 분말과 치클을 넣어 비만스라는 추잉검을 발명했다. 이것이 요즘 우리가 씹는 껌의 시초다.

미군들에게는 껌이 필수품으로 보급된다고 한다. 껌을 씹으면 긴장이 풀어지고 소화도 잘되기 때문이다. 일이 왕창 몰려들어 고된 하루였다면 퇴근길에 껌 하나 사서 드시는 건 어떨지. 못된 상사와 하루를 팽팽 달리며 살 수밖에 없게 만든 사회를 생각하면서.

아편전쟁의 비통함을 곱씹으며 만든 탕수육

고심 끝에 중국인들은 영국인들 입맛에 맞고 서툰 젓가락질로도 잘 집어 먹을 수 있는 요리를 개발하기로 했다. 탕수육을 대접받은 영국인들은 연신 탄성을 내질렀다. 입에 쩍쩍 달라붙는 기막힌 맛도 맛이려니와 무엇보다 힘들게 젓가락질을 하지 않고 포크를 쓰듯 그냥 대충 찍기만 해도 쉽게 먹을 수 있었기 때문이다.

얼마 전 채만식 소설《태평천하》를 읽다 흥미로운 대목을 발견했다. 주인공인 고집불통 윤직원 영감이 어린 애첩 춘심이의 환심을 사려고 머슴 삼남이를 시켜 중국집에 음식을 주문하는 장면인데, 여기에서 요즘 우리도 즐겨 먹는 우동과 탕수육이 나오는 것이다.

탕수육.

"너, 배 안 고프냐?"
"아뇨. 왜요?"
"배고프다머넌 우동 한 그릇 사줄라구 그런다."
"우동만, 요?"
"그러먼?"
"나, 탕수육 하나만……".
"허! 그년이 생부랑당이네! 탕수육인지 그건 한 그릇에 을매씩 허냐?"
"아마 이십오 전인가, 그렇죠?"

우동 두 그릇 탕수육 한 그릇 얼른 빨리…… 삼남이는 이 소리를 마치 중이 염불하듯 외우면서 나갑니다.

일제 강점기가 지난 지금에 와서도 탕수육은 여전히 인기 있는 음식이다. 어른, 아이 할 것 없이 모두 좋아한다. 누구나 알고 있듯이 탕수육은 중국 요리인데, 대체 언제부터 만들어 먹게 된 것일까?

무역 적자를 줄이려고 아편을 판 영국

한국으로 건너온 중국인(화교)들이 한국인 입맛에 맞게 만든 자장면과 마찬가지로 탕수육이 만들어진 지도 그다지 오래되지는 않았다. 탕수육의 기원은 19세기 중엽 청나라 말기로 거슬러 올라간다.

1840년을 맞은 청나라 조정은 불안과 근심으로 어수선했다. 중국 역사상 지금까지 한 번도 보지 못한 서양 오랑캐들의 침략이 눈앞에 닥친 것이다. 전쟁의 발단은 어이없게도 마약 때문이었다. 청나라의 차와 도자기, 비단을 광적으로 좋아한 영국인들은 매년 막대한 양의 은을 쏟아붓고 그것들을 사갔다. 그런데 해가 갈수록 그 양이 늘자 영국 정부는 청나라와 교역하면서 발생하는 엄청난 무역 적자(1810년까지 은 2,600만 냥) 때문에 골머리를 앓았다.

이에 자국의 특산품인 모직물을 청나라로 수출해보았지만 거의 팔리지 않아 영국 정부와 상인들은 울상을 지었다. 비단과 명주옷을 입던 중국인들은 동물의 털로 만든 모직물을 오랑캐들이나 입는 저급한 것으로 취급했던 것이다. 더욱이 영국과 무역을 하는 중국의 남부 지방은 날씨가 덥고 습기가 많은 곳이라 더더욱 모직물이 필요 없었다.

어떻게 하면 무역 적자를 해소할 수 있을까 고민하던 영국 상인들은 기발한 생각을 떠올렸다. 약으로 쓰이던 아편을 중국에 수출하자는 방안이었다. 이미 16세기 무렵부터 중국에서는 포르투갈 상인들이 은밀히 파는 아편을 구해 환각제로 복용하는 사람들이 많았다. 임진왜란 때 조선에 명나라 원군을 보내준 만력제도 아편을 즐겨 피운 중독자였다.

1729년 청나라 옹정제는 전국에 아편 금지령을 내리고 아편을 피우거나 판 사람을 최고 사형까지 처할 수 있게 하는 법을 만들었다. 하지만 정부의 무시무시한 조치에도 암암리에 숨어서 아편을 팔고 사서 피우는 사람들은 조금씩 늘어만 갔다. 그중에는 조정에서 일하는 고관대작들도 있었다.

이런 중국의 상황을 면밀히 관찰하고 있던 영국은 중국인들에게 아편을 대량으로 판매해 무역 적자를 일거에 해소하려는 계획을 세웠다. 때마침 영국은 인도를 거의 다 식민지로 만든 상태여서 넓은 인도 땅에 아편을 심어 많은 아편을 생산할 수 있었다.

1816년부터 본격적으로 시작된 영국의 아편 '수출'은 계

아편에 중독된 중국인들.

속 늘어나 1838년 무렵에는 무려 4만 상자에까지 이르렀다. 1816년에 5,000여 상자를 수출했던 것을 감안하면 실로 놀라울 정도이다. 이것은 중국인들이 그만큼 아편을 많이 사서 피웠다는 얘기도 된다.

한 번 아편을 맛본 청나라 사람들은 너 나 할 것 없이 앞다투어 아편을 사서 밤낮 가리지 않고 피워댔다. 농민이나 장인(기술자), 노동자, 기생 같은 하층민들은 물론이고 나라를 지켜야 할 군인이나 중책을 맡은 정부 관리들도 아편에 빠져들었다. 청정 도량에서 수행을 해야 할 승려들도 염불보다 아편을 더 많이 피웠고, 심지어 황제인 도광제 본인도 아편에 손을 댔을 정도로 중국은 말 그대로 '아편쟁이들'의 소굴로 전락해버렸다. 미국의 중국사 연구자인 조너선 스펜스Jonathan Spence에 따르면 청나라 말기에 성인 남성 중 약 10분의 1이 아편을 피웠다니, 당시 아편 중독이 얼마나 심했는지 짐작할 수 있다.

서양 오랑캐를 만만히 본 청나라

아편에 점점 홀리는 백성들이 많아지자 뜻있는 사람들은 현실을 개탄하며 크게 우려했다. 이렇게 백성들이 죄다 마약 중독자가 된다면, 대체 일은 누가 하고 나라는 누가 지킬 것인가?

한때는 아편에 취했다가 강한 의지로 끊어버린 도광제는 1839년 임칙서를 발탁해 아편을 완전히 근절하도록 했다. 도광제가 임칙서를 기용한 데에는 나름의 이유가 있었다. 임칙서는 동생이 아편을 피우다 죽은 일 때문에 아편과 아편을 파는 상인들을 극도로 증오했고, 아편을 중국에서 영원히 사라지게 해야 한다는 사명감에 불타오르고 있었다.

황제의 명을 받은 임칙서는 즉시 임지인 광저우로 내려가 광둥廣東에 근거지를 두고 있던 외국 상인들에게 정식 포고

아편 근절에 나선 임칙서. 해군상하이박물관.

문을 보냈다. 그 내용은, 외국 상인들은 지금 가지고 있는 아편을 모두 내놓고 다시는 중국에 아편을 들여오지 말 것이며 이런 내용을 문서로도 남겨야 한다는 것이었다. 이것을 어길 시에는 사형에 처하고 재산을 몰수하겠다는 엄포도 놓았다.

처음에 영국 상인들은 임칙서의 의지를 가볍고 보고 아편 1,000여 상자만을 내놓았다. 이를 본 임칙서는 "저들이 얕은 수작을 부려 계속 아편을 팔려고 하는구나!" 하며 격노했다. 그도 그럴 것이 영국이 1816년 이후 중국에 들여온 아편을 모두 합치면 약 8만 상자에 달하는데 고작 1,000여 상자라니? 이건 새 발의 피도 안 되는 양이었다.

임칙서는 영국 상인들이 머무르는 이관夷官을 포위하고 음식과 물 공급을 끊었다. 갈증과 굶주림에 시달리던 영국 상인들은 이틀 동안 버티다 결국 가지고 있던 아편 대부분인 2만 상자를 내놓았다. 임칙서는 이 아편 상자들을 해안가에서 모두 녹인 다음 바다로 흘려보냈다.

그러나 아직 사태는 해결되지 않았다. 영국 상인들은 아편을 내놓기는 했지만, 다시 아편을 들여오지 않겠다는 서약서는 쓰지 않고 마카오로 가버렸다. 막대한 돈벌이가 되는 아편을 팔지 않으면 수익을 챙길 수 없었기 때문이다. 이런 상황에서 영국 해군 병사가 만취해 임유희라는 중국인을 구타해 죽인 사건이 터져 청나라 백성들 사이에서 반영 감정이 들끓었다. 임유희 유족과 청나라 관리들은 그 영국 병사를 자신들이 처벌하려 했으나 영국 측에서 이를 거부했다.

그러자 아편을 받아 없앤 일로 사기가 충천해 있던 임칙서는 마카오의 중국인 관리들에게 명령을 내려 영국인들에게 식량과 물 공급을 중단하고 그들 밑에서 일하던 중국인 노동자들도 전부 그만두게 했다. 그리고 군대를 끌고 가 마카오를 봉쇄해버렸으며, 살인범을 양도하지 않으면 이런 조치를 계속할 것이라고 으름장을 놓았다.

이쯤 되자 영국 상인들도 더는 물러서지 않았다. 9월 4일 영국 함대가 마카오 봉쇄를 뚫기 위해 항구로 접근하다가 청나라 함대와 전투를 벌였다. 사소한 접전이었지만 이 해전에서 청군은 크게 패했다. 그리고 이 일로 영국과 청나라 두 나라는 감정의 골이 깊어진다. 12월 6일 임칙서는 청군이 입은 피해에 대한 보복으로 영국과 더는 무역을 하지 않겠다는 폭탄선언을 했다.

전쟁 소식을 들은 영국 의회에서는 강경론이 득세했다. 중국이 도발을 해왔으니 이참에 무력으로 중국을 굴복시켜 시장을 개방하도록 압력을 넣자는 것이었다. 결국 1840년 5월 의회는 전쟁을 공식 선포하고, 6월에 영국은 인도에 주둔하던 병력 4,000여 명을 함대 18척에 나누어 중국으로 이동시켰다. 그리고 저우산군도舟山群島에 상륙해 주둔하고 있던 청나라 군사와 교전을 벌였다. 이것이 '아편전쟁'의 시작이었다.

영국 군대가 중국 땅에 발을 디뎠다는 소식을 들은 도광제와 조정 대신들은 코웃음을 쳤다. 보잘것없는 저 서양 오랑캐들이 감히 천하제일의 대국인 중국에 싸움을 걸다니? 임칙서는 도광제에게 다음과 같이 상소문을 올려 마카오 해전은 사소한 국지전에 불과하니 걱정할 필요 없다고 호언장담했다.

2차 아편전쟁 당시 광저우를 공격하는 영국군.

"영국인들 배는 지나치게 커서 강으로 다닐 수 없고, 영국인들은 다리를 두꺼운 천으로 감싸고 있어 몸을 빨리 움직일 수도 없습니다. 그들이 육지로 올라온다면 우리는 쉽게 그들을 이길 수 있습니다."

충직한 신하의 상소문을 본 도광제도 기고만장해하며 소리쳤다.

"저 오랑캐들을 일격에 박살내 천조天朝의 지엄함을 보여라!"

그러나 들려오는 전황은 전혀 예상 밖이었다. 영국군이 가는 곳마다 청군은 족족 참패했고, 지휘를 맡은 장수들은 죄다 도망가는 등의 추태를 보였다. 심지어 저장浙江 전투에서 영국군의 전사자는 고작 두 명에 불과한 데 반해 청군은 무려 5,000여 명이나 전사하면서 참패를 당했다. 서북 변방족의 반란을 진압하여 명성을 떨친 쟁쟁한 장군들이 다시 지휘를 맡아도 계속 똑같은 일이 반복되었다.

한 번은 웃지 않을 수 없는 해프닝도 있었다. 영국군이 먼 곳에서 쏘아대는 포탄이 자신들을 정확히 명중하는 것을 본 청나라 장군 혁산은 영국군이 요술을 부린다고 착각했다. 그래서 여성용 변기와 돼지 피를 잔뜩 모아 영국군 함대가 보이는 곳에다 전시해놓는 비방을 썼다. 《삼국지연의》 초반부에서 황건적들이 도술을 부려 군대를 만들어내자, 유비 삼형제가 개와 돼지의 피를 던져 그 도술을 무력화시키는 장면과 비슷하다. 물론 영국 함대는 그런 술수에도 아랑곳없이 계속 포탄을 퍼부었지만 말이다.

영국 함대는 중국 연해를 종횡무진 누비며 연안 도시들을 잇달아 점령해나갔고, 광저우와 칭하이호靑海, 닝보寧波, 진장晉江, 상하이 등의 도시들이 모두 영국군의 군홧발에 무참히 짓밟혔다. 연전연승한 영국군은 급기야 황제가 있는 수도 베이징의 턱 밑인 톈진天津까지 쳐들어왔다.

일이 이쯤 되자 그제야 도광제와 대신들은 사태의 심각성을 깨달았다. 영국은 결코 보잘것없는 오랑캐가 아니었고, 청나라 군대는 숫자만 많았지 그들을 당해낼 수 없다는 것을 말이다. 1842년 8월 29일 마침내 청나라와 영국은 정식으로 강화조약을 체결했다. 이때 청나라 측에서는 황제의 신임을 받는 흠차대신 기영耆英이 대표로 참석했는데, 그는 영국 측 인사들에게 친절하고 예의바른 태도를 보여 호감을 샀다. 그러나 그런 겉모습과 달리 친구들에게 보낸 편지에서는 영국인들을 "몸에서 더러운 냄새가 나고 털투성이인 야만인들……"이라며 극도로 경멸했다고 한다.

청나라와 영국이 맺은 강화조약 내용은 이러했다. 홍콩을 영국에 넘겨주고, 아울러 광저우와 아모이廈門, 푸저우, 닝보, 상하이 5개 항구 도시를 개항해 영국과 자유롭게 무역할 수 있게 해주며, 전쟁에 들어간 비용 1,200만 냥과 몰수되어 폐기된 아편 배상금 600만 냥을 영국에 지불한다는 것이었다. 누가 봐도 굴욕적인 항복 문서나 다름없었다. 이 조약으로 홍콩은 1997년에 반환될 때까지 약 150여 년간 영국 식민지가 되었다.

이제 자유롭게 무역을 할 수 있게 되자 장사를 통해 한몫 단단히 잡아보려는 영국인들로 홍콩, 광저우 등지는 붐볐다.

굴욕적인 요리

그러나 새로운 터전에 자리를 튼 기쁨도 잠시, 영국인들은 먹는 문제로 불편을 겪기 시작했다. 그전까지는 주로 배나 영국인 상관에서 지내던 터라 미리 가져온 음식으로 식사를 해결할 수 있었지만, 중국에 발을 딛고 살면서는 자연히 중국인이 대접하는 음식들을 먹어야 했다. 그런데 식사 도구부터 불편했다. 포크나 숟가락에 익숙한 영국인들로서는 웬 길쭉한 나무 막대기(젓가락)를 써서 음식을 집어 들어

올리는 게 보통 어려운 일이 아니었다. 이런 상황에 영국인들은 슬슬 불만이 쌓였고, 이 문제를 중국 측에 정식으로 항의하기에 이른다.

"당신들, 일부러 이런 걸 쓰게 해서 우리를 골탕 먹이려는 것 아니오?"
"전쟁에서 지니까 이딴 식으로 보복을 하다니, 정말 비열한 수작이오!"
"도대체 우리 입장을 한번이라도 생각이나 해본 거요? 나무젓가락으로 식사를 하는 건 당신들 문화지, 우리 문화는 다르단 말이오."

쇄도하는 영국인들의 비난에 그들을 접대하던 중국 측 인사들은 어안이 벙벙했다.

"아니, 젓가락이 뭐 어떻다고 저렇게 성질을 부리나?"
"저들은 삼지창 같은 포크로 음식을 찍어서 먹지 않습니까? 그런데 포크가 없이 젓가락으로 식사를 하려니 영 불편한 모양입니다."
"쳇, 중국에 왔으면 젓가락질 정도는 배워야 하는 거 아냐? 여기가 자기들 땅인 줄 아나……."
"뭐, 계속 저대로 놔뒀다간 또 저걸 핑계로 무슨 해코지를 할지도 모르니 손을 쓰는 게 낫습니다."
"어떻게 할 텐가?"
"저 많은 영국인들을 위해 일일이 포크와 숟가락을 준비하는 건 좀 무리고, 서투른 젓가락질로도 쉽게 먹을 수 있는 음식을 만들어줘야겠죠."

고심 끝에 중국인들은 영국인들 입맛에 맞고 서툰 젓가락질로도 잘 집어 먹을 수 있는 요리를 개발하기로 했다. 우선, 육식을 좋아하는 영국인들의 식성을 고려해서 넉넉히 공급할 수 있는 돼지고기를 선택했다. 돼지고기를 한 입 크기로 썰어 간장·생강·후추 따위로 간을 하고, 적당히 간이 배면 고기에 달걀흰자 푼 것과 녹말가루 푼 물을 넣어 버무린 후 튀겨냈다. 그리고 그 위에 소스를 부었는데, 소스는 녹말가루를 푼 물에 설탕·간장·소금 등으로 간을 하고 버섯·당근·오이 등 볶은 채소와 식초를 넣어 함께 끓여 만든다. '달고 신맛이 나는 고기'라는 뜻으로 이 음식을 탕수육糖醋肉이라고 정했다.

탕수육을 대접받은 영국인들은 연신 탄성을 내질렀다. 입에 쩍쩍 달라붙는 기막힌 맛도 맛이려니와 무엇보다 힘들게 젓가락질을 하지 않고 포크를 쓰듯 그냥 대충 찍기만 해도 쉽게 먹을 수 있었기 때문이다.

얼마 지나지 않아 탕수육은 중국에 머무는 외국인들에게 선풍적인 인기를 끌었다. 중국 측도 이에 만족하여 중국을 방문하는 외국인들에게 탕수육을 자국의 대표 음식이라고 선전했다. 탕수육을 먹어본 외국인들은 모두 극찬을 아끼지 않았다.

인천 차이나타운.

시간이 흘러 탕수육은 가까운 나라인 조선에도 전해졌다. 19세기 말, 인천 등지로 들어온 중국인 노동자들은 춘장을 볶아 국수에 얹어 먹는 자장면과 함께 탕수육을 만들어 자주 먹었는데, 이것이 서서히 조선인들에게도 전해졌다. 입소문이 나자 화교들이 차린 중국집 메뉴에 자장면과 탕수육이 포함되었다.

탕수육은 지금도 많은 사람의 사랑을 받고 있으며, 여전히 중국집에서 인기 있는 메뉴다. 아편전쟁의 치욕을 삼키며 침략자인 영국인들에게 대접할 음식을 만들던 중국인들의 눈물이 지금 세계인의 입맛을 매혹시키는 밑바탕이 된 것이다.

노동의 고단함을 달래준 피시앤칩스

대부분 노동자 같은 하류 계층이 먹다 보니 피시앤칩스는 노점상이나 펍, 싸구려 식당에서 주로 팔았다. 음식도 고급스러운 포장지가 아니라 대개 신문지에 싸주었다. 간혹 호기심 많은 지식인들이 피시앤칩스를 사서 먹어보려다 신문지 잉크와 음식 기름이 뒤범벅이 되어 먹지 못하는 일도 있었다.

영화 〈반지의 제왕 2 - 두 개의 탑〉을 보면 반지 운반자 프로도 일행인 샘이 골룸에게 "황금빛의 맛 좋은 감자칩과 생선 튀김, 너도 좋아하게 될 거야."라고 하는 대사가 나온다. 소설을 쓴 원작자인 톨킨이 꽤나 피시앤칩스fish and chips를 좋아했던 모양이다. 어디 톨킨뿐이겠는가. 영국인이라면 누구나 이 튀김 요리를 사시사철 가리지 않고 즐겨 먹는다. 영국의 식민지였던 캐나다나 미국, 호주와 뉴질랜드 등지에서도 피시앤칩스는 무척이나 인기 있는 음식이다.

피시앤칩스.

이렇듯 피시앤칩스는 영국을 대표하는 음식이지만, 이 음식이 등장한 지는 그리 오래되지 않았다. 애초에 감자라는 작물 자체가 영국이나 유럽에는 없었다.

가축 사료로 쓰인 감자

감자의 원산지는 남아메리카에 있는 페루이다. 페루를 지배했던 잉카제국 사람들은 감자를 물에 넣었다가 안데스산맥의 고산지대로 가져가 얼렸다. 그리고 얼어붙은 감자를 햇볕에 말린 다음 가루로 빻아서 빵처럼 뭉쳐 비상식량으로 삼았다.

1532년 피사로가 이끄는 스페인군이 잉카제국을 침략했다. 수적인 면에서 잉카인들이 훨씬 우세했으나 스페인군의 상대가 되지 못했다. 피사로의 교활한 전술과 스페인군의 강철 갑옷, 날카로운 검에 기가 질렸을 뿐만 아니라 무엇보다 한 번도 보지 못했던 기마병을 무서운 괴물로 여겨 도저히 저항할 수 없었던 것이다.

잉카제국을 멸망시킨 피사로.

스페인군의 침략이 시작된 지 40년 후에 잉카제국은 완전히 멸망했고, 피사로를 따라온 스페인 사람들은 각각 부왕이나 총독의 지위를 얻어 잉카를 다스리게 되었다. 그러면서 처음으로 감자와 고구마를 보게 되었다.

감자와 고구마 생김새가 신기했던지 스페인 사람들은 그것을 1588년 스페인 국왕 펠리페 2세에게 보냈다. 스페인의 신대륙 정복이 유럽에 새로운 작물을 가져다준 셈이다.

그러나 감자는 유럽에서 그다지 환영받지 못했다. 생김새가 이상한 데다 뿌리인지 열매인지도 확실하지 않고, 성경에 나오지도 않는 작물이라서 부유층이든 가난한 사람들이든 모두 낯설어했다. 더욱이 어떻게 조리해 먹어야 할지 몰라 난감했던 것이다. 지금이야 감자 껍질을 벗겨 먹어야 한다는 사실을 잘 알고 있지만, 감자를 처음 본 유럽인들은 그냥 먹었다가 복통과 소화불량에 시달리기 일쑤였다. 이런 경험을 당한 사람들은 더더욱 감자를 멀리하게 되었다.

고구마 처지는 그나마도 나았다. 유럽 전역에 널리 퍼지지는 못했지만 스페인 왕실에서는 이례적으로 좋은 대접을 받았으니 말이다. 펠리페 2세가 신대륙에서 들여온 초콜릿을 듬뿍 끼얹은 고구마 스튜를 틈이 날 때마다 즐겨 먹었던 것이다. 초콜릿의 달콤 쌉싸래한 맛이 고구마의 단맛과 잘

정복의 부산물로 유럽에 알려진 감자.

어우러져 별미로 인정받았던 모양이다.

한동안 천대받던 감자가 식품으로 각광받기 시작한 것은 17세기 말부터였다. 벨기에 역사학자 요 헤라르트Jo Gerard는 벨기에의 뫼스Meuse 계곡 부근에서 사는 사람들이 감자를 튀겨 먹는 것을 보았다고 기록했다. 그곳 사람들은 작은 물고기를 튀겨 먹는 풍습이 있었는데, 강물이 얼어붙는 바람에 물고기를 잡을 수 없자 물고기 대신 감자를 길게 세로로 썰어 튀겨 먹었다고 한다. 이것이 세계 최초의 감자튀김이다.

맥도날드 같은 패스트푸드점에서 감자튀김을 일컬어 프렌치프라이French fry(프랑스식 감자튀김이란 뜻)라고 하는데 사실 감자튀김을 처음 만들어 먹은 곳은 프랑스가 아닌 벨기에였다. 프렌치프라이라는 말 자체도 1차 대전 당시 벨기에에 상륙한 미군과 영국군이 감자튀김을 보고 프랑스 음식이라고 착각해서 그렇게 부르게 된 것이다.

그래서 벨기에 사람들은 프렌치프라이라는 이름을 몹시 못마땅하게 여긴다. 마치 우리가 일본인들이 김치나 막걸리를 자기들 음식이라고 선전하는 모습을 보며 느끼는 불쾌감과 비슷하다. 이런 이유로 벨기에는 감자튀김의 원조가 자기 나라임을 알리는 홍보 행사를 치열하고 벌이고 있다. 벨기에에 가면 감자를 관광객들이 보는 앞에서 직접 튀기는 감자박물관이 있다.

영국의 식민지였던 아일랜드 사람들은 18세기 초부터 감자를 먹었다. 영국인들은 아일랜드 사람들에게 선심 쓰듯 감자를 나누어주었는데, 아일랜드 사람들을 불쌍히 여겨선 아니었다. 당시 감자가 가축 사료로 쓰였다는 점만 봐도 짐작할 수 있는 일이다.

하지만 감자를 받은 아일랜드 사람들의 생각은 달랐다. 그들은 몇 차례의 시행착오 끝에 감자의 껍질을 벗기는 데 성공했고, 감자를 삶아 먹게 되었다. 처음에는 감자를 어떻게 먹는지 몰라서 싹이 난 감자를 그냥 먹었다가 배탈이 나기도 하고, 감자를 껍질째 먹어 소화불량에 시달리기도 했다고 한다. 그러다가 감자 껍질을 벗기고 삶아 먹으면 해가 없다는 사실을 알고 주식으로 삼게 된 것이다. 감자는 같은 양의 빵보다 열량과 탄수화물, 비타민이 더 풍부한 데다 생산량도 많았다. 이런 감자 덕인지 1820년대 아일랜드는 인구가 800만 명으로 급격히 불어났다.

아일랜드 사람들이 한창 감자의 맛을 알아갈 무렵인 18세기 중엽, 유럽 대륙 본토에서도 서서히 감자가 각광받기 시작했다. 일례로 1755년 메농이라는 사람이 쓴 프랑스에서 나온 요리책《궁전의 저녁 만찬》에 감자튀김이 나온다. 인접 국가인 벨기에의 감자튀김에서 다분히 영향을 받은 것이다.

감자의 재발견

1763년 프로이센과 벌인 7년 전쟁에서 포로로 잡혀갔던 프랑스 군대의 군의관이었던 파르망티에Parmentier는 귀국하고 나서 만나는 사람마다 감자를 먹어보라고 권유하고 다녔다. 프로이센 감옥에 갇혀 있을 때 먹었던 감자 맛을 잊지 못했던 것이다. 당시 프로이센에서는 전쟁 포로들에게 빵보다 만들기 쉽고 값도 싼 감자를 지급했다.

파르망티에가 감자는 맛과 건강에서 모두 좋고, 식품으로도 완벽하다고 주장했지만, 사람들은 그의 말을 별로 귀담아듣지 않았다. 심지어는 "감자 같은 불량 식품을 먹으라고 하다니, 제정신이야?" 하는 조롱까지 퍼부었다. 그런데 한 사람이 파르망티에의 말에 관심을 보였으니, 프랑스 국왕인 루이 16세였다.

왕비 마리 앙투아네트와 함께 루이 16세는 별장에 물레방아와 농가를 짓고 농부 차림으로 농장 일을 하는 취미가 있었다. 왜 그랬을까 고개가 갸우뚱해지지만 호화로운 생활에 물려 그랬던 게 아닐까 싶기도 하다. 부부는 감자를 직접 심어 길렀고, 감자 꽃을 무척 좋아해 베르사유 궁전에서 귀족들을 불러 모아 놓고 벌이는 연회장에서도 감자 꽃을 모자나 윗도리에 꽂고 자랑스럽게 활보했다. 왕과 왕비가 그러자 자연히 귀족들도 그들의 취미를 모방하였고 덩달아 감자의 가치도 올라갔다. 버터로 버무린 감자와 치즈를 넣은 감자 스튜는 프랑스 귀족들에게 인기 있는 음식이 되었다.

한 손에 감자 꽃을 들고 있는 파르망티에. 1812년 프랑수아 듀몽 그림.

1789년 프랑스혁명이 일어나면서 감자는 더욱 보편적인 음식으로 자리 잡았다. 정치적인 격변과 지방 곳곳에서 터지는 내란 때문에 사람들은 너 나 할 것 없이 굶주림에 시달렸고, 밀이나 보리보다 빨리 자라면서 영양가도 높은 감자

감자 꽃을 장식으로 썼던 루이 16세(왼쪽)와 마리 앙투아네트(오른쪽).

를 닥치는 대로 먹어댔다.

혁명의 혼란기에 혜성같이 등장한 영웅 나폴레옹도 감자튀김을 매우 좋아했다. 그는 하급 장교 생활을 오래해서 사치스러운 음식 대신 소박하면서도 열량이 높은 음식을 선호했다. 나폴레옹이 전쟁터에 나갈 때마다 가장 많이 먹었던 음식이 바로 감자튀김과 파르메산치즈 그리고 달걀 프라이였다.

노동자들의 음식

1860년 런던에서 조셉 말린Joseph Malin이라는 사람이 자신이 운영하는 가게에서 하얀 생선살과 감자칩을 함께 튀겨서 가난한 공장 노동자들에게 팔았다. 이것이 최초의 피시앤칩스다. 힘든 육체노동을 오랫동안 해야 하는 노동자들에게 칼로리가 높은 튀김 요리는 인기가 대단했다.

조셉 말린이 만든 피시앤칩스는 영국 전역으로 빠르게 퍼졌고, 영국의 해외 식민지로까지 전해졌다. 캐나다와 호주는 말할 것도 없고, 영국에서 독립한 미국에서도 피시앤칩스는 영국계 이민자들이 주로 찾는 간식으로 자리 잡았다.

초기에는 피시앤칩스 생선으로 주로 대구를 사용했지만 경우에 따라서 가오리나 넙치, 명태와 심지어는 돔발상어까지 썼다고 한다. 호주에서는 상어가 잘 잡혀 상어도 많이 썼다.

대부분 노동자 같은 하류 계층이 먹다 보니 피시앤칩스는 노점상이나 펍Pub, 싸구려 식당에서 주로 팔았다. 음식도 고급스러운 포장지가 아니라 대개 신문지에 싸주었다. 간혹 호기심 많은 지식인들이 피시앤칩스를 사서 먹어보려다 신문지 잉크와 음식 기름이 뒤범벅이 되어 먹지 못하는 일도 있었다.

피시앤칩스에는 기본적으로 소금과 식초를 쳐 먹고, 여기에 레몬소스나 타르타르소스를 추가하기도 한다. 타르타르소스는 맥도날드 같은 패스트푸드점에서 파는 생선버거나 새우버거와도 잘 어울린다. 펍 같은 술집에서는 피시앤칩스를 식사 겸 술안주로 팔며, 이 때문에 대개 영국인은 피시앤칩스를 먹을 때 맥주도 함께 주문해 마신다.

처음에 피시앤칩스는 주로 가난한 노동자들이 먹었다. 그림은 산업혁명기 노동자들.

영국으로 유학 간 한국인 중에는 지하철이나 식당 같은 공공장소에서 종종 식초 냄새가 진동한다며 울상을 짓는 이들이 더러 있다. 하지만 피시앤칩스에 맛을 들이면 달라진다. 식초 냄새만 나면 절로 입 안에 침이 고일지도 모를 일이다.

2차 대전 당시, 영국 어민들은 독일 해군의 해상 봉쇄 작전 때문에 먼 바다로 나가 생선을 잡기가 어려웠다. 그러다 보니 자연히 피시앤칩스도 마음껏 먹을 수 없게 되었다. 마침내 나치 독일이 패망하고 2차 대전이 영국을 비롯한 연합군의 승리로 끝나자 영국인들은 거리로 뛰쳐나와 일제히 환호성을 질렀다. 전쟁이 끝났다는 해방감 때문이겠지만, 피시앤칩스를 다시 마음껏 먹을 수 있다는 설렘도 마음 한 구석에는 있지 않았을까?

영국 서민들 삶과 함께해 온 피시앤칩스 위상도 조금씩 변하고 있다. 일단 생선과 감자를 튀기던 기름이 쇠고기, 돼지기름에서 땅콩기름 같은 식물성 기름으로 바뀌었다. 동물성 기름이 비만과 콜레스테롤을 불러일으키는 주범이라는 연구 결과 때문이다. 그러나 이런 변화에 반대하는 목소리도 적지 않다. 식물성 기름에 튀기면 맛이 이전만 못하기 때문이다. 그래서 영국 북부나 스코틀랜드의 많은 상점에서는 아직도 돼지기름을 쓴다.

또 영국 주변 바다가 공장에서 흘러나오는 폐수로 심하게 오염되어 일주일에 한 번 이상 피시앤칩스를 먹으면 안 된다는 보고서도 발표되었다. 체내에 중금속이 쌓여 여러 성인병에 걸릴 수 있다는 것이다. 그런데도 피시앤칩스가 당장 영국인의 식탁에서 사라질 것 같지는 않다. 몇 가지 위험요소가 있다고 하여 버리기에 피시앤칩스는 영국인들이 너무나 사랑하는 음식이기 때문이다.

2차 대전 때문에 세계에 알려진 스팸

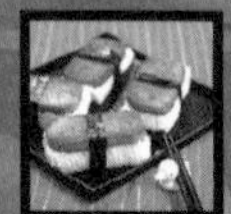

2차 대전이 터지면서 스팸은 더욱 큰 인기를 누렸다. 영국, 프랑스 등 연합국은 독일 해군의 잠수함 작전 때문에 제대로 식량을 공급받기 어려웠다. 특히 독일 해군은 영국을 둘러싼 해협에 잠수 함대를 풀어 놓고, 영국으로 가는 연합국 측의 보급선을 닥치는 대로 격침시켜 영국을 곤경에 빠뜨렸다. 이런 사정으로 인해 미국은 비행기로 영국에 대규모로 물량을 공급했는데, 그중 하나가 스팸이었다.

소시지와 함께 대중화된 서구식 고기 요리가 바로 햄이다. 그중에서도 인스턴트식품인 '스팸'은 누구나 한 번쯤 먹어보았을 것이다. 이미 조리가 되어 있어 뚜껑을 열고 열을 가하면 금방 먹을 수 있는 레토르트식품이라는 특성을 감안하지 않더라도 스팸이 생긴 지는 그렇게 오래되지 않았다. 스팸은 미국 호멜 사에서 처음 만들어낸 상품이다.

스팸.

호멜 사는 원래 햄을 만드는 육류 가공 업체였는데, 햄을 만들면서 한 가지 문제가 생겼다. 돼지를 도살할 때마다 어깨 부위 살들이 남아도는 것이다. 어깨 부위는 뼈가 많아 사람들이 잘 먹지 않는 통에 그 부위 살들을 매번 돈을 주고 폐기해야 하는 형편이었다. 고민 끝에 회사 경영진들은 어깨뼈에서 살을 발라내 소금으로 양념을 한 다음 캔에 넣어 판매했다. 고기를 캔에서 꺼내어 부치거나 구워서 먹게 한 것이다. 그리고 이 새로운 상품 이름을 '양념한 고기와 햄 Spiced Meat and Ham'이라는 뜻에서 스팸SPAM이라고 이름 지었다.

전쟁터에서 양식이 되어준 스팸

1937년 처음 공개된 스팸은 짭짤하면서도 달콤한 맛에 먹기 좋은 분홍빛까지 띠어 금세 선풍적인 인기를 끌었다. 더구나 다른 고기 요리들과 달리 미리 양념이 되어 있고 간단히 열만 가하면 먹을 수 있으니 호응이 클 수밖에 없었다.

2차 대전이 터지면서 스팸은 더욱 큰 인기를 누렸다. 영국, 프랑스 등 연합국은 독일 해군의 잠수함 작전 때문에 제대로 식량을 공급받기 어려웠다. 특히 독일 해군은 영국을 둘러싼 해협에 잠수 함대를 풀어 놓고, 영국으로 가는 연합국 측의 보급선을 닥치는 대로 격침시켜 영국을 곤경에 빠뜨렸다. 이런 사정으로 인해 미국은 비행기로 영국에 대규모로 물량을 공급했는데, 그중 하나가 스팸이었다.

처음에는 좀 낯설어했지만 영국인들은 이내 스팸의 맛에 빠져들었다. 독일 공군의 연일 계속되는 런던 폭격으로 인해 군인들은 물론이고 서민들까지 제대로 음식을 조리할 시간이 나지 않아 대부분의 식사를 스팸으로 때웠다. 심지어 스팸에 밀가루를 묻혀 튀긴 '스팸 프리터spam fritter'라는 음식까지 등장했을 정도였다.

독일군들도 스팸을 접한다. 독일군에 붙잡힌 연합군 포로

1953년 한 잡지에 실린 스팸 광고.

하와이 명물인 스팸 초밥.

들에게 적십자사가 스팸을 지급했는데, 그 과정에서 포로들을 관리하던 독일군 병사들도 스팸을 알게 된 것이다. 그러나 대부분 독일 병사들은 규정대로 포로들에게 스팸을 주고 자신들은 묽은 감자 수프만 먹었다고 한다.

2차 대전 후 초강대국이 된 미국은 세계 곳곳에 군대를 파견했는데, 이때 스팸도 전해졌다. 19세기부터 미국 영토가 된 하와이와 1972년까지 미국이 점령했던 오키나와에서는 스팸이 흔한 음식으로 자리 잡았다. 하와이는 지금도 미국 전역에서 스팸을 가장 많이 먹는 지역이다. 일본에서 건너온 이민자들이 많이 사는 이곳에서는 구운 스팸을 초밥에 얹어 먹는 '스팸 초밥'이 인기 있는 지역 명물이라고 한다. 심지어 꿀을 첨가한 달콤한 맛이 나는 스팸이나 스파이스 같은 매운 향신료를 섞은 스팸도 생산되어 판매되고 있다.

더운 날씨와 돼지고기를 즐겨 먹는 음식 문화가 일찍부터 발달한 오키나와에서도 스팸은 사람들이 즐겨 찾는 식품이다. 오키나와에서는 스팸을 햄버거의 패티로 넣거나 일본식 라면에 넣어 먹는다.

가난한 자들의 고기

40여 년간 미국 식민지였고 미군이 오랫동안 주둔했던 필리핀에서도 스팸은 인기가 많다. 필리핀 사람들은 주로 스팸을 잘게 썰어 볶음밥에 넣어 먹는다. 1945년 해방 직후부터 지금까지 미국의 영향을 받고 있는 한국에서도 스팸은 널리 알려져 있다. 주로 기름에 부쳐 먹으며, 부대찌개처럼 찌개 종류에 넣어 먹기도 한다. 한국은 미국과 영국에 이어 세계에서 세 번째로 스팸 소비량이 많다고 한다. 하지만 스팸은 소금기가 많아 그다지 건강에는 이롭지 않은 음식이다. 이 때문인지 미국이나 하와이에서는 "가난한 자들의 고기"라고 깎아내리기도 한다. 돈이 없어서 품질 좋은 고기를 먹지 못하는 부류들이 먹는 음식이라는 것이다. 최근 미국에서 스팸 소비량이 늘어나고 있는 추세를 보면 영 일리가 없는 말은 아닌 듯싶다. 금융 대란과 대량 실업 사태로 사람들 주머니가 얄팍해지자 싼 값에 고기를 먹을 수 있는 스팸이 다시 각광을 받고 있는 것이다. 스팸을 만드는 회사 입장에서야 콧노래를 부를 만한 일이겠지만, 스팸을 사 먹는 사람들로서는 못내 입맛이 씁쓸하리라.

한국전쟁이 남긴 상처 그리고 부대찌개

미군들이 먹다 버린 음식 찌꺼기라고 쉽게 얻을 수 있는 것도 아니었다. 미군 부대에 드나들면서 청소나 세탁 등 허드렛일을 하는 사람들에게 뒷돈을 주고 몰래 빼내 와야 했다. 이렇게 못하는 사람들은 한밤중에 몰래 미군 부대에 들어가 훔쳐다 먹었다.

부대찌개.

고등학교 3학년 때 읽은 참고서에서 이런 글귀를 보았다. 한국전쟁이 한창이던 때 한국인들은 포탄 탄피를 주어다 교회의 종을 만들었고 미군들이 버린 폐차를 지프 택시로 개조했으며 자동차 타이어를 잘라 슬리퍼로 신고 다니는 등 지옥 같은 전쟁을 겪으면서도 끈질기게 살아남았으니 생명력이 강인한 위대한 민족이라는 등의 자화자찬으로 가득 찬 내용이었다. 이 부분을 읽으면서 나는 모르게 피식 웃고 말았다. 전쟁 중에 주위에 보이는 사물들을 재활용한 것은 비단 한국인뿐만이 아니기 때문이다. 그것을 근거로 민족성 운운한다는 게 어쩐지 아전인수 격의 해석 같고 지나치다 싶었다. 사실 난리 통에는 다만 살아남기 위해서 눈에 보이는 건 뭐든지 이용하고 활용할 수밖에 없는 것 아닌가.

살아남기 위해 선택한 찌꺼기 음식

지금 말하려는 부대찌개도 그렇다. 우리 할아버지와 아버지 세대들의 입맛이 유별나서 멀쩡한 음식들을 놔두고 일부러 미군들이 먹다 버린 소시지나 햄 조각들을 주워다 먹었을까? 물론 아니다. 그저 굶어 죽지 않고 살아남으려고 어쩔 수 없이 선택한 고육지책이었다.

한국인들에게 한국전쟁은 결코 잊을 수 없는 사건이다. 총력전이었다는 점에서 16세기 말 임진왜란과 양상이 비슷하다. 그나마 임진왜란은 전쟁 직후와 말기를 제외하면 4년이라는 휴전 기간이 있었지만, 한국전쟁은 그런 것도 없었다. 남한과 북한이 서로의 영역에 깊숙이 들어가 한바탕 쓸고 쓸리면서 400만 명에 이르는 사람들이 끔찍하게 죽어나갔다. 군인들뿐만 아니라 많은 민간인이 이데올로기의 희생양이 되었다. 빨갱이, 반동이라는 죄명 아래 남과 북 모두 서로에게 총부리를 겨누었고, 그런 잔혹한 행위들은 애국으로 포장돼 열렬히 찬양받았다.

언제 죽을지 모른다는 두려움과 함께 전쟁 중에 고통스러운 일 중 하나가 단연 먹는 문제다. 목숨이 왔다 갔다 하는 판에 음식 맛이 어떻다 저렇다 점잔 빼면서 까탈을 부릴 수는 없었을 것이다. 굶주린 사람들은 당장 눈에 보이는 것들로 뭐든 만들어 먹었다. 평소에는 거들떠보지도 않던 다 시든 배추 잎사귀나 상한 채소들도 암시장에서 비싼 값에 팔렸다. 이런 것들을 구할 수 없는 사람들은 미군들이 먹다 버

한국전쟁 당시 피난민들 모습. 국가기록원.

린 음식 찌꺼기를 모아 먹었는데, 이것이 부대찌개가 생긴 배경이다.

온 국토가 초토화되고 무엇 하나 먹을 것 없는 상황에서 미군들이 먹다 버린 음식은 그야말로 성찬이었다. 특히 일 년에 고기 한 번 제대로 먹기 어려웠던 당시 한국인 대다수에게 미군들이 먹었던 햄과 소시지는 천국에서 내려온 음식이나 다름없었다. 비록 씹다 버려 이빨 자국이 선명하게 남아 있더라도 말이다.

동서양 음식의 어색한 만남

지금 우리 시선으로 본다면 "어떻게 남들이 먹다 버린 걸 먹냐?"며 욕지기를 느낄지 모르겠지만, 당시 사람들은 "어떻게 저 귀한 음식들을 아무렇게나 내다 버리는 걸까? 양코쟁이들은 음식 아까운 줄도 모르는구먼." 하며 혀를 찼다.

그런데 미군들이 먹다 버린 음식 찌꺼기라고 쉽게 얻을 수 있는 것도 아니었다. 미군 부대에 드나들면서 청소나 세탁 등 허드렛일을 하는 사람들에게 뒷돈을 주고 몰래 빼내 와야 했다. 이렇게 못하는 사람들은 한밤중에 몰래 미군 부대에 들어가 훔쳐다 먹었다. 안정효의 소설 《하얀 전쟁》에 보면 이런 상황이 잘 묘사돼 있다.

사람들은 특히 스팸을 비롯한 햄과 소시지를 좋아했다. 이미 양념이 되어 있어 잠깐 물에 넣어 끓이거나 구우면 금방 먹을 수 있는 스팸은 아이 어른 가리지 않고 모두 좋아했다. 서양 음식이 싫다면서 보수적인 입맛을 가졌던 노인이나 중장년층도 망설임 없이 집어 먹었다.

하지만 많은 사람이 한꺼번에 먹어야 하니 조리법을 달리 생각할 수밖에 없었다. 그래서 물을 붓고 찌개로 끓였다. 물의 양과 불의 세기만 대충 조절한다면 적은 양의 재료로 많은 사람이 배불리 먹을 수 있을 테니 말이다. 그러나 담백한 입맛에 길들여진 한국인들에게 스팸과 소시지를 비롯한 서양 음식은 오래 먹으면 느끼했다. 그래서 어느 정도 시간이 지나자 햄과 소시지만 넣던 찌개에 토속 음식인 김치나 각종 나물들도 넣어 끓여 먹는 방법을 고안해냈다.

이런 과정을 거쳐 탄생한 음식이 바로 부대찌개였다. 누가 붙였는지는 몰라도 미군 '부대'에서 나온 음식 찌꺼기들로 만든 음식이니 잘 어울린다.

지금과는 달리, 1960년대까지만 해도 부대찌개에는 라면 사리가 들어가지 않았다. 1963년에야 라면이 처음 국내에 들어왔고, 초창기에는 값도 무척 비싸서 부대찌개에 집어넣을 엄두를 내지 못했다.

부대찌개에 들어가는 베이키드 빈스.

햄과 소시지 이외에도 부대찌개에 꼭 들어가는 것이 베이키드 빈스이다. 베이키드 빈스는 토마토소스와 설탕에 재운 강낭콩을 푹 삶은 콩 통조림인데, 부드럽고 달콤한 맛 때문에 콩을 싫어하던 어린아이들도 좋아한다. 부대찌개에 넣어주면 고기만 먹어서 느끼한 속을 어느 정도 달래주기도 한다.

전쟁의 배고픔 속에서 나온 부대찌개는 전란을 극복하고 경제 발전을 이룬 지금에도 여전히 많은 한국인의 사랑을 받으며 인기 있는 외식 음식으로 자리 잡았다. 특히, 미군부대가 오래 머물렀던 의정부 지역에 가면 부대찌개를 잘하는 집들이 많다. 그런데 2년 전에 의정부에서 유명한 어느 부대찌개 집에서 사용하는 재료들을 추적해본 일이 있다. 그런데 놀랍게도 여전히 미군들이 먹다 버린 스테이크나 햄, 소시지를 그대로 써서 세상을 놀라게 했다. 식당 주인은 그렇게 해야 맛있다는 어처구니없는 변명을 늘어놓았다고 한다. 전통도 전통 나름이지 그런 전통은 따르지 않아도 되었을 텐데 말이다.

현대에 와서 부대찌개 조리법도 상당히 바뀌었다. 사실, 부대찌개는 어느 개인이 독창적으로 만든 음식이 아니기 때문에 굳이 엄격한 조리법이 있어야 하는 것은 아니지만, 그래도 어느 정도 정해진 형식은 있다.

맨 처음 쇠고기를 우려낸 육수를 냄비에 붓는다. 그냥 물만 부어도 상관은 없다. 그리고 두부와 김치, 팽이버섯과 표고버섯, 대파 등 채소들과 떡국용 가래떡도 함께 넣는다. 당면과 라면 사리도 넣는다. 중요한 재료는 역시 햄과 소시지인데, 대부분 가정에서는 그냥 국산 햄이나 소시지로 하지만 일부러 미국산을 쓰는 사람들도 많다. 그래야 제대로 맛이 난다는 것이다. 좀 고급스러운 식당에서는 여기에 스테이크를 추가하기도 한다. 베이키드 빈스를 넣는 곳도 있지만 요즘에는 넣지 않는 곳도 많다. 넣는 재료가 원체 다양해져서이다. 이런 재료들을 몽땅 냄비에 넣고서 끓여 먹으면 된다.

외국인들이 좋아하는 한국 음식이 김치, 불고기, 잡채 등이다. 부대찌개도 한번 맛보면 무척 좋아한다고 한다. 그러니 혹시 외국인 친구들이 한국에 놀러 오면 부대찌개를 대접하는 것도 괜찮을 것 같다.

부대찌개는 언제 먹어도 맛있지만, 이런 음식이 전쟁 때문에 만들어진 거라면 차라리 먹지 않는 쪽을 선택하고 싶다.

꿀꿀이죽을 대신한 라면

맛과 위생에서 꿀꿀이죽보다 훨씬 뛰어났지만 처음에 라면은 그다지 호응을 얻지 못했다. 면류 음식이라고는 국수밖에 몰랐던 한국인들은 기름에 튀겨 누런 라면을 영 낯설어했다. 심지어 라면을 무슨 옷으로 잘못 알거나 아니면 약으로 쓰려는 사람까지 있을 정도였다.

사람들이 즐겨 먹는 음식 중 하나가 라면인데, 라면은 20세기 초에 일본에서 들어왔다. 당시 제국주의 국가를 꿈꾸며 세계로 뻗어가던 일본은 결국 원자폭탄 두 발에 200만 명이 넘는 전사자를 내면서 몰락했다. 그러나 단순히 원자폭탄 하나만으로 일본이 패망한 것은 아니다. 일본은 군수물자, 생필품의 생산과 식량 보급 면에서도 미국보다 훨씬 뒤떨어졌다.

라면.

2차 대전 내내 미국의 공업 생산량은 일본의 15배를 웃돌았다. 일본 해군이 미군 함대를 격침시켜도 미국 공장에서는 그보다 더 많은 함대를 계속 찍어냈다. 전쟁이 계속될수록 일본은 물자 부족에 시달렸고, 급기야 식민지 조선에서 숟가락과 밥그릇까지 빼앗아가는 지경에 이르렀다. 나중에는 우유까지 비행기 접착제로 쓸 정도였다. 우유에 포함된 카제인 성분이 접착제 역할을 하기 때문이다.

하지만 이보다 더 심각한 문제는 애써 물자를 구해도 필요한 곳까지 제대로 보급할 수 없었다는 것이다. 당시 미군 잠수함 함대가 일본 근해를 장악하고 있었기 때문이다. 동남아시아와 태평양에 주둔한 일본군에게 가야 할 보급선은 모두 침몰을 당했다. 그러자 굶주림에 시달린 전선의 일본군 병사들이 시체를 뜯어먹는 일까지 벌어졌다. 일본군에서 "미군과 영국군 등 연합군의 인육은 먹어도 되지만 일본군의 인육은 먹어서는 안 된다."고 공표할 정도로 일본군의 식량 부족 사태는 심각했다.

폐허에서 탄생한 음식

일본 본토에서도 식량이 부족하기는 마찬가지였다. 우리나라 정치인들이 즐겨 읽었다는 대하소설 《도쿠가와 이에야스》의 저자인 야마오카 소하치는 도로 포장을 뜯어내고 거기에 채소를 심어서 길렀던 일들이 자주 있었다고 회고하기도 했다.

결국 비참한 패전국이 된 일본인들은 한동안 허기와 굶주림에 허덕여야 했다. 미국에서 무상으로 대량의 밀가루가 들어왔지만, 쌀이 주식이던 일본인들은 밀가루 음식에 잘 적응하지 못했다. 일본에서 단팥빵이 나온 이유 중 하나도 일본인들이 빵을 잘 사 먹지 않아서였다. 궁여지책으로 빵에 달콤한 맛을 내는 팥을 앙꼬로 넣었는데 그게 단팥빵이다.

안도 모모후쿠와 그가 만든 세계 최초의 인스턴트라면.

이때 사업가였던 안도 모모후쿠安藤百福라는 사람이 우연히 튀김집에 들러 튀김을 먹다 기발한 생각을 해냈다. 밀가루로 국수를 만들어 튀길 수도 있지 않을까? 이후 안도 모모후쿠는 무수한 시행착오 끝에 밀가루로 만든 국수를 기름에 튀긴 다음 바싹 말려 수분을 제거했다가 끓는 물에 넣으면 부드러운 상태로 되돌아온다는 사실을 알아냈다. 그리고 1961년 닛신식품이라는 회사를 차리고, 닭뼈를 우려낸 육수를 분말로 만들어 넣은 '치킨라면'을 출시했다. 이것이 세계 최초의 인스턴트 라면이다.

꿀꿀이죽을 대신한 라면

일본에서 라면이 나온 지 2년 뒤인 1963년 마침내 한국에도 라면이 상륙했다. 여기엔 유명한 일화가 있다. 삼양식품 전중윤 회장은 어느 날 점심시간에 남대문 시장을 방문했다가 수많은 사람이 꿀꿀이죽 한 그릇을 먹기 위해 줄 서 있는 것을 보고는 큰 충격을 받는다. 그리고 일본에 갔을 때 보았던 라면을 고국에 보급해야겠다고 결심하게 된다. 꿀꿀이죽은 부대찌개의 경우처럼 미군 부대에서 버린 여러 음식 찌꺼기를 모아서 대충 끓인 것이다.

맛과 위생에서 꿀꿀이죽보다 훨씬 뛰어났지만 처음에 라면은 그다지 호응을 얻지 못했다. 면류 음식이라고는 국수밖에 몰랐던 한국인들은 기름에 튀겨 누런 라면을 영 낯설어했다. 심지어 라면을 무슨 옷으로 잘못 알거나 아니면 약으로 쓰려는 사람까지 있을 정도였다.

이래서는 안 되겠다 싶어 삼양식품은 특단의 조치를 취한다. 서울 명동 거리 한복판에서 커다란 솥을 걸어놓고 라면을 끓여 지나가는 사람들에게 무료로 나눠줘 먹게 했다. 일종의 시식회를 연 것이다. 최초의 삼양라면은 닭뼈를 우려낸 육수를 분말 수프로 넣었는데, 용기를 내어 라면을 먹어본 사람들은 "국물에서 닭고기 맛이 난다."며 신기해했다고 한다.

곧 라면은 불티나게 팔려나갔고, 어느새 사람들은 꿀꿀이 죽 대신 라면을 애용하기 시작했다. 물론 처음 라면 값은 물가에 비해 상당히 비싼 편이었지만, 경제가 성장하고 라면이 대량 생산되면서 마침내 서민들의 먹을거리로 자리 잡게 된다.

1971년 라면 역사에 획기적인 사건이 일어난다. 라면의 본고장 일본에서 컵라면이 나온 것이다. 컵라면 역시 닛신 식품 사장 안도 모모후쿠가 개발한 것인데, 한 외국인 바이어가 컵에 라면을 부셔 넣는 것을 보고 아이디어를 얻었다고 한다. 이제 냄비나 그릇이 없어도 바로 물만 부으면 즉석에서 라면을 먹을 수 있으니, 라면을 좋아하는 사람들로서는 무척 반가운 소식이 아닐 수 없었다. 그로부터 1년 뒤 한국의 삼양식품에서도 '삼양 컵라면'을 출시했다.

한창 잘나가던 라면 산업은 1989년 뜻하지 않은 재앙에 부딪힌다. 대표적인 라면 회사인 삼양식품에서 판매하던 라면에 공업용 소뼈로 만든 기름이 들어갔다는 제보가 각 언론사에 뿌려진 것이다. 신문과 방송에서는 라면을 먹으면 마치 죽는 것처럼 보도해댔고, 삼양식품은 순식간에 돈만 좇는 악

한국 최초의 라면은 삼양라면이다. 삼양식품 공장 작업 풍경. 국가기록원.

덕 기업으로 매도당했다. 8년 후인 1997년 대법원에서 삼양이 사용한 공업용 소기름은 인체에 해가 없다는 판결을 내렸지만, 이미 삼양은 라면 회사로서 명성을 잃은 뒤였다.

삼양이 공업용 소기름 파동으로 휘청거리자 경쟁업체인 농심과 한국야쿠르트가 기회를 잡았다. 자신들은 결코 공업용 기름이 아닌 인체에 안전한 식물성 기름만을 쓴다는 점을 크게 부각시킨 것이다. 특히 농심은 막대한 자금력을 동원해 폭넓은 유통망을 확보하고 '안성탕면', '신라면' 같은 히트 상품들을 잇달아 출시하면서 선두에 섰다. 한국야쿠르트에서도 나름대로 성공적인 라면을 만들었는데, 1987년에 나온 '도시락면'이 그것이다. 사각 플라스틱에 담긴 이 라면은 텔레비전 광고를 적극 활용하는 홍보로 큰 인기를 얻었고, 2000년에는 수출도 되었다. 특히 러시아에서 많이 팔렸다.

라면이 서민 음식?

라면을 먹는 사람들이 많아지면서 라면에 얽힌 재미있는 이야기도 생겼다. 강원도 화천군에 사는 여든 살 박 모 씨는 1973년 처음 라면을 맛본 이래 지금까지 37년째 라면만 먹고 있다고 한다. 위 수술을 받은 이후 밥을 통 삼키지 못했는데 라면은 술술 잘 넘어갔다. 그 뒤로 라면을 주식으로 삼게 되었다는 것이다.

박 씨는 조금 특이하게 라면을 먹는데, 일단 면발을 삶아낸 후 찬물에 헹군다. 그런 뒤 거기에 수프와 밭에서 뽑아온 채소를 넣고 비벼 먹는다. 이렇게 해서 30년 넘게 먹어왔는데도 건강에는 아무런 지장이 없다고 한다. 그저 놀라울 뿐이다.

올해로 일흔 살인 이 모 씨는 노르웨이에 살고 있는데 별명이 '라면왕 미스터 리'이다. 이 모 씨는 어린 시절에 미군

부대를 따라다니면서 허드렛일을 했다. 그러던 어느 날 포탄 파편에 맞아 오른쪽 허벅지를 크게 다쳤다. 다행히 미군들의 도움을 받아 노르웨이로 이송되었고, 그곳에서 치료를 받으면서 정착하게 되었다.

노르웨이에서 레스토랑 요리사로 자리를 잡은 이 씨는 그제야 한국이 어떻게 변했는지 궁금해 귀국한다. 마침내 서울 땅 여기저기를 밟다 허름한 식당에서 우연히 라면을 먹게 된다. 그리고 그 맛에 반해버려 라면을 노르웨이에 알리려는 꿈을 품는다. 노르웨이로 돌아간 이 씨는 쇠고기, 닭고기 맛의 라면 상품 두 종류를 출시했다. 처음에는 라면을 보자마자 쓰레기통에 넣을 정도로 낯설어하던 노르웨이 사람들도 금세 라면을 맛있게 먹게 되었다.

라면 사업으로 크게 성공을 거둔 이 씨는 현재 노르웨이에서 국왕 다음으로 여겨질 정도로 사회적 명사가 되었다. 해외에서 한국을 대표하는 민간 외교관 노릇을 톡톡히 하고 있는 셈이다.

그런데 이런 라면이 서서히 서민들의 음식 명단에서 사라질 위기에 놓여 있다. 라면 회사들이 엄청난 흑자에도 갈수록 라면 값을 올리고 있기 때문이다. 불과 10년 전만 해도 "어떻게 1,000원짜리 라면이 나올 수 있겠느냐?"고 농을

일본 라멘집 풍경.

할 정도로 라면 값이 저렴했다. 그런데 거짓말처럼 1,000원짜리 라면이 나오더니, 이제는 1,500원짜리 컵라면도 나오고 있다. 이러다가 한 5년 뒤에는 3,000원, 4,000원 하는 라면도 나오는 것 아닌지 모르겠다. "건강에 좋은 웰빙라면! 화학조미료는 넣지 않고 무공해 유기농으로 가꾼 채소들만 넣었습니다." 하는 식으로 광고 문구나 적당히 꾸미면 될 게 아닌가.

물가를 감안하면 라면 값이 오르는 것이 당연하지 않느냐고 반문할 분들도 있을 것이다. 하지만 물가가 오르면 임금도 함께 올라야 하는데, 지금 한국은 '88만원세대'라는 말이 고유명사로 굳어질 정도로 임금이 물가를 따라잡지 못하고 있다. 평균임금은 오르지 않거나 오히려 내려가는데 물가만 오른다면 서민들은 어떻게 살란 말인가.

이명박 정부는 출범 초기에 라면을 서민 필수품으로 지정하고 가격을 안정시키겠노라 공언했다. 하지만 정권이 수립된 지 1년이 지난 지금, 그런 약속은 공허한 메아리로 남았다. 라면 값은 내려가기는커녕 더욱 올랐으니 말이다. 뭐, "선거 때는 무슨 말인들 못하겠느냐." 하며 선거 때 내건 공약이 지켜지지 않는 것을 그러려니 하는 사회 분위기니, 라면 값의 통제 실패야 별일도 아니리라.

대재앙을 부른 마오쩌둥의 대약진운동과 롱후더우

누구도 요리에 손을 대지 못하는 상황에서 마오쩌둥 혼자만이 배부르게 롱후더우를 먹어대는 모습은 어쩌면 그가 추진한 대약진운동의 미래를 미리 보여준 것인지도 모르겠다. 1958년부터 1960년까지 마오쩌둥이 주도했던 농공업 대증산 정책인 대약진운동은 처음의 기대와 달리 4천만이 넘는 중국인들을 비참하게 굶겨 죽이는 것으로 끝을 맺었다.

롱후더우.

나라마다 독특한 먹을거리와 음식 문화가 있다. 우리나라는 보신탕 때문에 툭하면 서구 언론에게서 곱지 않은 시선을 받는데 먹을거리와 음식 문화에는 다 그만한 배경이 있다. 그러므로 그 나라를 제대로 알지 못한 채 먹을거리나 음식 문화만 따로 떼어내 성급히 판단할 일은 아닌 것 같다. 도리어 먹을거리나 음식 문화를 그 나라를 이해하는 기회로 삼는 것이 더 낫지 않을까.

고양이 요리를 좋아한 마오쩌둥

중국에는 기발하고 특이한 음식이 많은데 그중에 개 못지않게 애완동물로 사랑받는 고양이 요리도 있다. 남부 지방인 광둥성과 푸젠성 등지에서 주로 만들어 먹는다. 특히 광둥성에서는 사향고양이가 인기가 많은데 요리하면 과일 향이 은근히 배어나오기 때문이다. 특이하게도 사향고양이는 과일을 즐겨 먹는다고 한다.

현대 중국을 만든 장본인인 마오쩌둥毛澤東은 고양이 요리를 아주 좋아했다. 마오쩌둥의 고향은 중국 남부에 있는 후난성湖南省인데, 예로부터 후난성 사람들은 맵고 자극적인 요리를 좋아했다. 마오쩌둥도 예외는 아니었다. 그는 매일 고추가 들어간 음식을 반드시 차려오게 했으며, 그중 후추로 범벅이 된 참외 요리와 기름에 튀겨 고춧가루로 버무린 돼지고기를 유독 좋아했다. "매운 것을 못 먹으면 혁명가가 될 수 없다."고 자신 있게 공언했을 정도로 마오쩌둥은 평생 매운 음식을 사랑했다.

20여 년간 마오쩌둥의 주치의를 지낸 리즈수이李志綏가 지나치게 자극적인 음식이나 기름투성이인 돼지고기 튀김은 몸에 나쁘니 가급적 먹지 말라고 말려도 소용없었다. 심지어 1957년 11월 소련을 방문했을 때도 후난성 풍의 매운 음식을 잊지 못해 전속 요리사를 함께 데리고 갈 정도였다. 그는 소련 측에서 제공하는 캐비아나 감자튀김 같은 음식이 도무지 입에 맞지 않는다며 불평을 늘어놓았다. 사실 자극적인 음식에 한번 길들여지면 순한 음식을 먹기 어렵다.

마오쩌둥.

소련의 발전된 모습을 보고 뭔가 깨달았는지 귀국한 지 두 달 후인

1958년 1월 마오쩌둥은 공산당의 모든 고위 간부에게 광시성廣西省의 도시인 난닝南寧으로 모이라고 명령을 내렸다. 그런데 난닝의 회의장에서 특이한 음식이 나와 참석자들의 눈길을 끌었다. 그것은 룽후더우龍虎鬪라는 근사한 이름을 가진 요리였다. 용과 호랑이의 싸움, 룽후더우라는 이 음식은 대체 무엇으로 만든 것일까.

이름만 보고 정말 용과 호랑이 고기로 만든 음식인가 보라고 순진하게 생각할 분도 있을지 모르겠다. 하지만 세상에 용이 어디에 있겠는가. 보통 '용'이라는 말이 들어간 중국 음식은 '뱀'으로 만든 요리라고 보면 된다. 광둥성을 비롯해 중국 남부 지방에서는 뱀으로 만든 요리를 자주 먹는다. 원래 한나라 이전까지 광둥, 푸젠 같은 남부 지역은 한족이 아닌 웨족越族들이 살던 곳이었다. 《삼국지》로 유명한 손권의 오나라가 들어섰을 때 이들 웨족들은 바이웨白越나 샨웨山越란 이름으로 불렸는데, 오나라에 복종하지 않고 오랫동안 저항한 부족이었다. 바로 이 웨족들이 즐겨 먹던 음식이 뱀을 끓인 뱀탕이었다. 지금도 광둥이나 푸젠, 광서 지역 사람들은 뱀 요리를 좋아하며, 일상적으로 즐겨 먹는 편이다.

본론으로 돌아가서, 룽후더우의 재료 중 하나가 앞에서

언급했던 사향고양이이다. 용이 뱀을 가리키는 것처럼, 중국 음식 이름에 들어간 호랑이는 고양이를 뜻한다. 뱀이나 고양이는 기생충과 세균이 많아서 회처럼 날고기로는 절대 먹을 수 없다. 오랫동안 열에 익혀 먹어야 한다. 보통은 가죽을 벗긴 후 푹 삶아서 내오는데, 취향에 따라 고기를 끓는 기름에 바싹 튀겨 먹기도 한다.

실패한 대약진운동

연회에 참석한 사람들을 보며 마오쩌둥은 확신에 찬 목소리로 이렇게 선언했다.

"이제 우리 중국은 앞으로 3년 안에 영국을 따라잡고, 10년 안에 미국을 능가하는 세계 최강대국이 될 것이오! 그러기 위해서는 먼저 철강 생산량을 크게 늘려야 하오. 전국 모든 농가의 뒤뜰에 작은 용광로를 건설해 거기서 철을 생산하도록 하시오. 민가에서 쇠를 만들 수만 있다면, 머지않아 우리 중국은 외국에서 철을 수입하지 않아도 될 것이오. 이 웅대한 계획을 나는 '대약진운동'이라고 부르겠소. 모두들 한번 열심히 해봅시다!"

의기양양하게 일장 연설을 마친 후 마오쩌둥은 사람들에게 롱후더우를 먹어보라고 권했다. 하지만 참석자들은 도저히 먹어볼 용기가 나지 않아 거의 먹지 못했다. 그 자리에 있었던 리즈수이에 따르면 "요리에 기름기가 너무 많아서 먹기가 힘들었다."고 한다. 좀처럼 젓가락을 대지 못하거나 주저하는 사람들과는 반대로, 마오쩌둥은 아주 맛있게 롱후더우를 먹어치웠다.

누구도 요리에 손을 대지 못하는 상황에서 마오쩌둥 혼자만이 배부르게 롱후더우를 먹어대는 모습은 어쩌면 그가 추진한 대약진운동의 미래를 미리 보여준 것인지도 모르겠다. 1958년부터 1960년까지 마오쩌둥이 주도했던 농공업 대증산 정책인 대약진운동은 처음의 기대와 달리 4,000만이 넘는 중국인들을 비참하게 굶겨 죽이는 것으로 끝을 맺었다. 날씨 때문에 기근이 든 것이었을까. 물론 아니다. 흉년은커녕 오히려 계속 풍년이 들어 들판은 영근 곡식으로 가득했다. 하지만 문제는 그 곡식들을 수확할 건장한 장정들이 몽땅 뒤뜰 용광로에서 쇳덩이를 집어넣는 일에 매달리고 있었다는 것이다. 여자나 아이들이 그 많은 곡식을 추수하기에는 역부족이었다. 그 바람에 미처 추수하지 못한 곡식들이 그대로 썩어가는 안타까운 풍경이 중국 곳곳에서 벌어졌다.

또, 장정들의 힘을 소진시켰던 뒤뜰 용광로도 대재앙을 불러왔다. 당초 마오쩌둥은 강철을 일반 용광로에서도 만들

대약진운동 홍보 포스터. 풍요로운 포스터 풍경과 달리 이 기간에 많은 중국인이 굶어 죽었다.

수 있는 줄로 알고, 거기에 철로 만들어진 온갖 생활용품들을 집어넣게 했다. 하지만 만들어진 쇠는 쓸모없는 연철들뿐이었다. 결국 강철은 강철대로 만들지 못하고 냄비니 주전자니 하는 꼭 필요한 생필품만 잃게 된 꼴이었다.

대약진운동 일환으로 벌어진 참새 박멸 캠페인도 농업에 해로운 결과를 불러왔다. 마오쩌둥이 농민들에게 참새들을 박멸하라고 지시했는데, 참새가 곡식의 낟알을 먹는 해로운 새라는 점에서였다. 하지만 그는 한 가지 사실을 간과하고 있었다. 바로 참새는 곡식만 먹는 것이 아니라 곡식을 갉아먹는 해충들도 먹어 없애는 생태계의 균형자라는 점이다. 마오쩌둥의 지시대로 전국 각지의 농민들은 참새들을 닥치는 대로 잡아 한동안 농촌에서 참새의 자취조차 찾아보기 어려웠다.

그 결과, 천적이 없어진 해충들이 기하급수적으로 불어나 곡식들을 닥치는 대로 먹어치워 버리고 말았다. 그러자 수확할 것이 없는 농민들은 극심한 굶주림에 시달렸다. 급기야 수천만이 넘는 사람들이 굶어 죽고, 이런 상황이 연일 베이징의 중앙 정부에 보고되었다. 하지만 마오쩌둥은 그런 보고를 받고도 농민들의 고통에는 별로 마음을 쓰지 않고 오히려 역정을 냈다.

"먹을 것이 모자라면 식사량을 줄이면 되고, 그것도 없으면 아무거나 구해다 먹으면 될 게 아닌가! 굶주림이나 기근은 옛날에도 얼마든지 있었던 일이다. 그게 뭐 그리 대수라고 호들갑을 떠나?"

마오쩌둥이 애써 자신의 치명적인 실책을 외면하는 동안 류사오치劉少奇와 펑더화이彭德懷 같은 공산당 간부들은 직접 농촌으로 내려가 농민들이 겪는 끔찍한 고통을 생생하게 돌아보았다. 그리고 이런 사실을 당의 중앙회의에서 보고했고 아울러 이런 결과를 초래한 마오쩌둥을 신랄하게 비판했다. 다른 간부들도 류사오치의 의견에 동조하면서 마오쩌둥을 압박했다. 이쯤 되자 결국 마오쩌둥도 자신의 실책을 인정하지 않을 수 없었다. 그리하여 중국 전역을 파멸로 몰고 갈 뻔했던 대약진운동은 3년 만에 종결되고, 중국인들은 간신히 굶주림에서 벗어날 수 있었다. 한 권력자의 잘못된 열정은 수천만의 생명을 앗아가고서야 쓸쓸하게 막을 내렸다.

러시아인들의 애환이 담긴 흑빵과 보드카

엘리자베타 여제가 정부의 보드카 독점 판매권을 철폐하는 법령을 발표하기 전까지 보드카에서 나오는 세금은 러시아 국가 전체 수입의 40퍼센트나 차지할 정도였다고 한다. 얼마나 많은 러시아 사람이 보드카를 마셔댔는지 짐작이 가는 수치다.

불과 20년 전만 해도 소련은 미국과 어깨를 나란히 하던 초강대국이었다. 그러나 1991년 연방이 해체되면서 15개의 작은 나라로 분열되었다. 그러면서 우리의 관심 밖으로 밀려난 듯하다. 하지만 아직도 러시아는 지구상에서 가장 넓은 영토와 풍부한 지하자원을 가진 대국이며, 이는 결코 러시아를 무시할 수 없는 잠재력으로 남아 있다.

흑빵(위)과 보드카(아래).

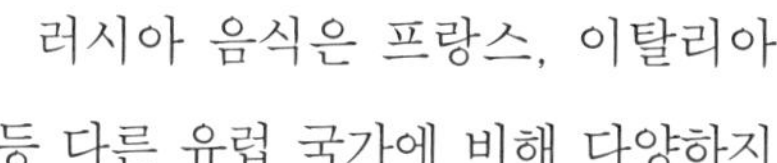

러시아 음식은 프랑스, 이탈리아 등 다른 유럽 국가에 비해 다양하지 않고 대체로 소박한 편이다. 하지만 칼로리와 열량이 높아서 추운 겨울을 보내야 하는 러시아인들에게는 매우 적합하다.

러시아인들이 러시아 명물로 꼽는 세 가지가 있는데, 하나는 쓴맛을 내는 흑빵이고, 두 번째는 아름다운 러시아 아가씨들이며, 세 번째가 보드카이다. 이 중 흑빵과 보드카에 대해 얘길 나누어보자.

먹고 베고 잤던 흑빵

호밀을 주원료로 해서 만드는 흑빵, 일명 초르니 흘렙 chorny hleb은 오랫동안 러시아인들에게 사랑받아 온 음식 중 하나다. 밀가루를 정제해서 만드는 부드러운 하얀 밀빵과 달리 흑빵은 일단 딱딱한 데다 입에 넣고 씹으면 신맛이 난다. 이 때문에 처음에는 선뜻 먹기 힘들지만 먹을수록 시큼한 맛이 색다른 별미라는 걸 알게 된다.

러시아 인구의 절대 다수를 차지했던 가난한 농민들은 초르니 흘렙을 우리의 밥처럼 주식으로 삼았다. 결혼식을 하거나 멀리 여행을 떠날 때도 이 빵을 먹었다. 시대가 흘러 제정러시아가 무너지고 소련이 들어서자 도시의 노동자들도 흑빵을 자주 먹었다. 특히 주머니 사정이 넉넉지 않은 사람들은 흑빵 한 덩어리와 물 한 컵으로 한 끼를 때우곤 했다.

나폴레옹은 어린 시절부터 군인이 되겠다는 꿈을 품고 일부러 하얀 빵 대신 검은 빵을 먹었다고 한다. 당시 유럽의 군인들은 흑빵을 주식으로 먹었기 때문에 익숙해지기 위해서였다.

나치에 맞서 '대조국 전쟁'을 벌이던 2차 대전 당시의 소련 군인들도 흑빵을 먹었다. 북한에 진주했던 소련군을 본 실향민들 말에 따르면, 소련 군인들은 트럭을 타고 이동할 때 흑빵을 깔고 앉았다가 식사 때가 되면 칼로 그 빵을 잘라서 먹었다고 한다. 밤이 되면 빵을 베고 잠들고 말이다. 즉, 흑빵은 소련 병사들에게 한 끼 식사였을 뿐만 아니라 의자 겸 베개 역할까지 톡톡히 해냈으니, 그들에게 없어서는 안 될 소중한 일상용품이었던 것이다.

흑빵은 다른 용도로도 쓰이는데, 효모 넣은 물에 흑빵을 넣고 발효하면 크바스kvas라는 알코올음료가 된다. 크바스는 989년 《러시아 연대기》에 처음 언급되지만 그보다 훨씬 이전부터 동유럽이나 스칸디나비아 같은 북유럽 사람들은 만들어 마셨을 것으로 추측된다. 8~12세기경 기록된 북유럽의 고문헌 《에다》를 보면 오딘을 비롯한 신들은 침을 뱉어 지혜로운 현자인 크바시르Kvasir를 창조했다고 한다. 나중에 크바시르는 난쟁이들에게 살해되고 그의 피는 꿀과 섞여 술이 되었는데, 오딘은 이 술을 시인들에게 나눠주면서 노래와 시를 짓도록 했다고 한다.

전통적인 크바스는 알코올 함유량이 4퍼센트 내외로 매우 낮았다. 그래서 러시아나 폴란드, 우크라이나 같은 슬라브족 사회에서 크바스는 술이라기보다는 지금의 사이다 같은 일종의 청량음료로 여겨졌다. 동유럽에서는 물 대신 크바스를 마시기도 했는데 물에 석회석이 섞여 나올 정도로 수질

크바스를 파는 길 가게.

이 나빠서였다. 대개 크바스는 밀·보리·호밀 같은 곡식과 효모·맥아를 물에 넣고 나무통에서 발효해 만들지만, 곡식 대신 흑빵을 넣어도 상관없다. 영화 〈홀리데이〉를 보면 죄수들이 교도소에서 몰래 밀주를 빚을 때 식빵을 플라스틱 병 속에 넣는데, 영국 작가 닐 게이먼이 쓴 《신들의 전쟁》에서도 빵을 발효해 밀주를 만드는 비슷한 장면이 나온다.

물론 크바스에 넣는 재료가 이것만은 아니다. 불쾌한 냄새를 없애려고 민트 같은 청량제를 넣거나 사과나 딸기, 포도 등의 과일이나 설탕도 넣는다. 이렇게 해서 만들어진 크바스에는 비타민 B 성분이 풍부하다.

예전에는 집집마다 크바스를 각자의 방법으로 빚었지만, 요즘은 주로 대형 공장에서 만들어낸다. 코카콜라나 펩시콜라 같은 미국의 청량음료가 들어오면서 젊은이들의 관심에서 다소 멀어졌지만 여전히 크바스는 러시아인들에게 사랑받는 음료수로 남아 있다.

러시아 국민주 보드카

그러나 크바스보다 훨씬 대중적인 인기를 누리는 음료가 있으니, 바로 보드카이다. 나라마다 국민주라고 할 만큼 애호하는 술은 하나씩 있다. 한국은 소주, 일본은 사케, 중국은 고량주, 독일은 맥주, 프랑스는 와인, 영국은 위스키, 미국은 버번위스키 하는 식으로 말이다. 그렇다면 러시아인들이 가장 좋아하는 술은 무엇일까? 단연 보드카이다.

보드카 맛에는 러시아인들뿐만 아니라 외국인들도 모두 감탄을 금치 못한다. 하얗고 투명한 보드카는 특별한 냄새도 맛도 없지만 일단 목구멍으로 넘기면 금세 몸 안에서 뜨거운 기운이 감돈다. 보드카를 즐기는 한국인들 중에는 냉동고 안에 보드카를 넣어 얼렸다가 꺼내서 마시는 이들도 있다. 이렇게 하면 보드카가 젤처럼 진득진득해지는데, 마시고 나면 뱃속에서부터 화끈한 열기가 올라온다고 한다.

외국인인 한국인들도 이렇게 맛을 들일 정도니 본고장인 러시아에서는 두말할 필요도 없다. 실제로 러시아인들은 한창 경제위기였던 1998년 당시에도 평균 소득의 8퍼센트가량을 보드카를 비롯한 술을 구입하는 데 썼고, 2003년에는 러시아 전체에서 판매된 보드카 양이 30억 리터에 달했다고 한다.

그렇다면 보드카는 언제부터 생긴 것일까. 보드카vodka는 '물'을 뜻하는 러시아 단어인 보다voda에서 유래했다. 러시아인들은 보드카를 생명의 물이라고 여겼던 것이다. 스코틀랜드인들이 위스키를 생명의 물이라고 부르며 마신 것처럼 말이다. 보드카에 관해서는 1405년 폴란드 산도미에시의 팔라티나테 법원의 재판 기록에서 처음 언급되었다고 전해진다. 그러나 이보다 더 이른 12, 13세기경 러시아에서 이미 보드카를 만들어 마시기 시작했다는 주장도 있다.

처음 보드카는 술이라기보다는 일종의 약으로 쓰였다. 점차 그 맛에 반해 술로서 쓰기 시작했는데, 15세기에 이르면 온 러시아인이 즐기는 국민 술로 자리 잡는다.

보드카 발전에 크게 이바지한 사람이 표트르대제이다. 그는 유럽의 변방 후진국에 불과하던 러시아를 당당한 강대국의 반열로 끌어올린 영웅이기도 하다. 표트르대제는 서유럽을 동경하여 평민으로 신분을 위장하고 심복들과 함께 네덜란드와 영국 등 서유럽 국가들을 직접 방문했다. 그곳에서 선진적인 문화와 기술들을 보고 익히며 조국을 발전시킬 꿈을 키웠다.

1697년 3월 네덜란드로 떠났다가 1698년 러시아로 돌아온 후 서유럽의 새로운 문물들을 도입했다. 특히 표트르대제는 서유럽에 머물 때 감자를 먹어보고는 감자의 뛰어난 맛과 효용성에 감탄했다. 인구의 절대 다수가 가난한 농민인 러시아 현실을 떠올린 표트르대제는 감자를 러시아에서 대량 재배한다면 굶주린 백성들의 배를 채워줄 수 있으리라 기대했다.

그 기대만큼 감자는 밀이나 보리를 대신해 제2의 빵이라 불릴 정도로 농민들에게 톡톡히 도움을 주었다. 또한 감자의 도입은 보드카 제조에도 새로운 변화를 불러일으켰다. 그전까지 보드카는 주로 밀이나 보리, 호밀로 만들었는데, 감자가 들어오면서 감자도 보드카를 빚는 데 쓰인 것이다. 감자를 넣어 만든 보드카는 밀이나 보리로 만든 보드카보다 더 맛이 고소했다. 그래서 지금은 러시아와 폴란드를 비롯한 많은 나라가 밀이나 호밀보다는 싸고 대량 생산할 수 있는 감자를 더 많이 이용해 보드카를 만든다.

보드카를 독점 판매한 표트르대제

표트르대제가 추진하던 북방 정책도 보드카와 관련이 깊다. 영토가 넓었는데도 러시아가 이웃 나라들에게서 미개한 후진국으로 무시당하는 현실을 안타깝게 여긴 표트르대제는 그 이유를 바다에서 찾았다. 남쪽은 오스만제국, 북쪽은 스웨덴 때문에 바다와 접하지 못해 러시아가 진정한 강대국이 되지 못한다고 판단한 것이다.

표트르대제는 전통적인 군대 체제에서 벗어나 서구식으로 새로운 군대를 편성하고 바다로 통하는 영토를 얻으려 했다. 처음의 목표는 남쪽의 오스만제국이었지만, 여전히 군사력이 막강한 오스만제국은 러시아의 공격을 막아내며 끈질기게 버텼다. 결국 1699년 오스만제국과 평화협정(카를로비츠 조약)을 맺으면서 러시아의 남진은 중단될 수밖에 없었다.

하지만 표트르대제는 바다로 나아가는 꿈을 버리지 않았다. 그는 당시 북방의 대국인 스웨덴을 반드시 쓰러뜨리고 발트 해를 손에 넣으려는 계획을 구상했다. 발트 해가 러시아의 내해가 된다면 해양 강국인 네덜란드와 영국과도 직접 교역할 수 있으니, 러시아 국력이 크게 신장된다는 사실을 깨달은 것이다.

보드카 역사에 한 획을 그은 표트르대제.

그러나 전쟁에는 예나 지금이나 돈이 많이 든다. 더욱이 영토만 컸지 유럽에서 제일 가난한 러시아로서는 국고를 모두 털어도 병사들에게 줄 돈이 없었다. 이를 고민하던 표트르대제는 기발한 생각을 짜냈다. 러시아인들이 일상적으로 즐겨 마시는 보드카를 국가에서 독점 판매하여 그 수익으로 전쟁 비용을 마련한다는 발상이었다.

물론 이런 구상이 순순히 이루어지진 것은 아니다. 그때까지 러시아인들은 저마다 가정에서 각자의 방식대로 보드카를 자유롭게 만들어 마셨는데, 이제 그 일을 정부에서 독점한다니 달갑게 반겼을 리 없지 않은가. 하지만 표트르대제는 귀족과 평민들의 반대를 강압적으로 억누르고, 1697년 보드카의 생산과 판매에 관한 모든 권한을 국가에서 독점하는 방안을 추진하고 나섰다. 수많은 반대 여론을 무릅쓰고 보드카에 세금을 매길 만큼 러시아의 사정은 절박했던 것이다.

그러나 현명하게도 표트르대제는 강압적인 수단만 사용하지는 않았다. 전쟁에 참가하는 모든 병사와 그들을 따라다니며 군수 시설과 조선소, 배를 만드는 노동자들에게는 매일 무료로 보드카를 나누어주어 환심을 사기도 했다.

어찌됐든 보드카를 팔아서 번 돈으로 전쟁 비용을 충당한다는 표트르대제의 생각은 대성공을 거두었다. 1709년 7월,

폴타바에서 벌어진 역사적인 전투에서 스웨덴군은 표트르대제가 직접 지휘하는 러시아군에게 크게 참패한다. 당시 유럽에서 가장 선진적인 군대로 알려진 스웨덴군이 낙후되었다고 무시했던 러시아군에게 일격을 당한 폴타바 전투는 국제 사회에서 러시아의 위상을 다시 생각하게 했다. 그 승리의 원천이 보드카를 팔아서 번 수익이었음은 더 말할 나위도 없다.

1751년 6월 8일, 옐리자베타 여제가 정부의 보드카 독점 판매권을 철폐하는 법령을 발표하기 전까지 보드카에서 나오는 세금은 러시아 국가 전체 수입의 40퍼센트나 차지할 정도였다고 한다. 얼마나 많은 러시아 사람이 보드카를 마셔댔는지 짐작이 가는 수치다.

1897년 촬영된 러시아 화학자 드미트리 멘델레예프.

표트르대제와 더불어 보드카 역사에 획을 그은 사람이 한 명 더 있다. 화학자 드미트리 멘델레예프Dmitrii Mendeleev이다.

1865년에 그는 알코올

1893년 촬영된 러시아의 알렉산드르 3세 황제와 마리아 황후 부부 사진. 보드카를 좋아하는 남편 때문에 황후는 무척 속상해했다.

도수는 40도가 가장 적당하고, 그 정도 술은 인체에 해가 없다는 논문을 발표했다. 이때부터 보드카의 알코올 도수가 40도에 맞추어졌다고 한다.

술에는 대개 안주가 뒤따른다. 보드카에 맞는 안주는 무엇일까? 러시아인들은 소금에 절인 연어나 청어를 많이 먹는데, 최근 우리나라에도 노르웨이산 염장 연어들이 많이 들어오니 이런 것을 보드카 안주로 곁들여도 좋을 듯하다. 그밖에 캐비아나 러시아식 꼬치구이인 샤슬릭도 보드카와 잘 어울린다고 한다.

19세기 말, 러시아의 알렉산드르 3세는 보드카를 유난히 좋아해 매일 마셔댔는데, 이를 보다 못한 황후 마리아가 "폐하! 건강과 나라를 생각하신다면 제발 보드카를 끊으십시오!"라고 애걸할 정도였다. 하지만 동서양을 막론하고 주당들이 아내의 등쌀에 술을 끊은 일이 있던가. 황후가 보는 앞에서 계속 보드카를 마시자니 잔소리가 귀찮고 하여, 알렉산드르 3세는 묘안을 생각해낸다. 구두공을 불러 보드카를 숨기고 다닐 수 있는 긴 장화를 만들게 한 것이다. 그 뒤로는 장화 안에 보드카를 넣고 다니며 황후 몰래 보드카를 즐겼다고 한다.

알코올 중독자를 양산한 보드카

제정러시아가 무너지고 소련이 들어선 시절, 스탈린은 보드카를 이용해 자신만의 독특한 방식으로 통치를 했다. 그는 부하들과 함께한 연회에서 부하들이 보드카를 잔뜩 마시고 취한 상태에서 자기도 모르게 내뱉은 온갖 실언을 기억하고 있다가, 어떤 빌미가 생기면 이와 연관시켜 숙청해버리는 괴상한 습관을 가진 걸로 유명했다. 그래서 당시 소련의 고위 간부들은 스탈린과 술자리를 가질 때마다 "혹시 내가 보드카에 취해서 실언을 하기라도 하면 어쩌나?" 하는 두려움에 떨었다.

1970년대 후반으로 가면서 소련은 물가가 상승하는 등 경제난에 시달렸다. 이 여파로 1950년대에 2루블 정도 하던 보드카 가격이 1970년대에는 4루블, 1980년대에는 7루블까

보드카를 즐겨 마신 옐친 전 러시아 대통령.

지 올랐다. 급기야 소련이 붕괴되던 1991년 무렵에는 화폐인 루블화의 가치가 폭락하면서 보드카가 돈처럼 쓰이기도 했다.

1991년 소련이 붕괴되면서 러시아가 된 이후에도 보드카는 러시아인들의 뜨거운 사랑을 받았다. 특히 옐친 대통령은 보드카를 무척 좋아해 평소에도 즐겨 마셨다고 한다. 1994년 아일랜드 총리와 회견을 앞두고 보드카를 잔뜩 마시는 바람에 인사불성이 되어 회담이 취소되는 불상사가 일어났을 정도였다. 의사들의 만류에도 옐친은 보드카를 입에서 떼지 않았고 결국 알코올 중독자로 말년을 보냈다고 한다.

지금도 보드카는 러시아에서 여전히 인기 있는 술이지만, 값이 싼 저질 보드카가 넘쳐나 명성에 타격을 입고 있다. 또 국민들이 보드카를 너무 마셔 알코올 중독자들이 늘어나고 그 바람에 평균 수명이 58세에 머무는 등 보드카가 사회 문제의 원인이 되고 있다. 하지만 누가 말했듯이 보드카를 빼고 진정한 러시아를 알 수는 없다. 유럽과 아시아를 잇는 광활한 대국인 러시아를 느끼고 싶다면, 반드시 보드카를 마셔보기 바란다.

《거대기업스토리》, 박태우 외 지음, 김영사.
《게이 레즈비언부터 조지 부시까지》, 박영배·신난향 공저, 이채.
《굿모닝 러시아》, 조재익 지음, 지호.
《로마제국 쇠망사》, 에드워드 기번 지음, 윤수인·송은주 옮김, 민음사.
《마오 : 알려지지 않은 이야기들》, 장융·존 핼리데이 지음, 황의방 외 옮김, 까치글방.
《마지막 황제》, 진순신·오자키 호츠키 편역, 김정희 옮김, 솔.
《먹거리의 역사》(상, 하), 마궐론 투생-사마 지음, 이덕환 옮김, 까치글방.
《모택동의 사생활》, 리즈수이 지음, 손풍삼 옮김, 고려원.
《무기와 방어구 : 중국 편》, 시노다 고이치 지음, 신동기 옮김, 들녘.
《문명의 씨앗, 음식의 역사》, 찰스 B. 헤이저 2세 지음, 장동현 옮김, 가람기획.
《보물섬》, 로버트 루이스 스티븐슨, 열린책들.
《삼국지》, 나관중 지음, 이문열 평역, 민음사.
《설탕의 세계사》, 가와기타 미노루 지음, 장미화 옮김, 좋은책만들기.
《스코틀랜드 역사이야기 2》, 월터 스콧 지음, 이수잔 옮김, 현대지성사.
《아라비안나이트》, 리처드 F. 버턴 지음, 김하경 편역, 시대의창.
《알라가 아니면 칼을 받아라》, 고원 지음, 동서문화사.
《옛사람에게 전쟁을 묻다》, 도현신 지음, 타임스퀘어.
《오딧세이아》, 호메로스 지음, 혜원출판사.
《이야기 일본사》, 김희영 엮음, 청아출판사.
《이야기 중국사 2》, 김희영 엮음, 청아출판사.
《이야기 중국사 3》, 김희영 엮음, 청아출판사.
《이야기 한국사 6》, 이이화 지음, 한길사.
《이야기 한국사 7》, 이이화 지음, 한길사.

《이집트 역사 100장면》, 손주영·송경근 지음, 가람기획.
《일리아드》, 호메로스 지음, 혜원출판사.
《전투함과 항해자의 해군사》, 전윤재 지음, 군사연구.
《제국의 아침》, 오자키 호츠키·천순천 엮음, 윤소영 옮김, 솔.
《조선시대 사람들은 어떻게 살았을까 1》, 한국역사연구회 지음, 청년사.
《종횡무진 동로마사》, 존 J. 노리치 지음, 남경태·이동진 옮김, 그린비.
《중국, 도적 황제의 역사》, 타카시마 토시오 지음, 신준수 옮김, 역사넷.
《중국을 말한다 8》, 류징청 지음, 이원길 옮김, 신원문화사.
《중동의 역사》, 버나드 루이스 지음, 이희수 옮김, 까치.
《중화요리에 담긴 중국》, 고광석 지음, 매일경제신문사.
《1587 아무 일도 없었던 해》, 레이 황 지음, 박상이 옮김, 가지않은길.
《천하의 명장》, 오자키 호츠키·천순천 엮음, 윤소영 옮김, 솔.
《천하의 모험가》, 이케가미 쇼지·잇카이 토모요시 외 지음, 오자키 호츠키·천순천 엮음, 강미혜 옮김, 솔.
《코카콜라 게이트》, 윌리엄 레이몽 지음, 이희정 옮김, 랜덤하우스코리아.
《코카콜라의 진실》, 콘스턴스 헤이스 지음, 김원호 옮김, 북앳북스.
《태평천하》, 채만식 지음, 소담출판사.
《하얀 전쟁》, 안정효 지음, 고려원.
《환상의 전사들》, 이치카와 사다하루 지음, 이규원 옮김, 들녘.

그 외 옛 책들

《고려사》《고려사절요》《구약성경》《규합총서》《난중일기》《조선왕조실록》《삼국사기》《삼국유사》《세종실록지리지》《수문사설》《식료찬요》《음식디미방》《증보산림경제》《지봉유설》《향약집성방》

사진 제공

1 www.flickr.com/photos/rmrz

13 이지혜

47 www.flickr.com/photos/8jiro

60 선유도

72 www.flickr.com/photos/pigpigscorner(피에로기)

122 blog.naver.com/violetpoppy

153 www.flickr.com/photos/mwalter17

166 www.flickr.com/photos/arnoutdrenthel

195 blog.naver.com/shriya

197 www.flickr.com/photos/armand-marechal

198 www.flickr.com/photos/rafael_dp

222 허말봉

240 www.flickr.com/photos/19175865@N04

242 www.flickr.com/photos/andrewhowe(파에야)

www.flickr.com/people/Mari Liis(필라프)

269 www.flickr.com/photos/sillyjilly

287 www.flickr.com/photos/32356625@N00

303 www.flickr.com/photos/komodoxp

331 www.flickr.com/photos/bennybangas

334 www.flickr.com/people/mila0506

367 www.flickr.com/photos/redpanda6666(보드카)